信息化国家治理

饶玉柱　张　权　李睿深　著

電子工業出版社
Publishing House of Electronics Industry
北京 · BEIJING

内 容 简 介

本书以信息化与国家治理为线索，对信息化国家治理这一重要命题的诸多方面进行了研究。全书共六章，第一章提出国家治理生态概念并加以界定，同时梳理了其内在逻辑；第二章阐述了在信息化时代，信息化重塑国家治理的主要领域；第三章介绍全球范围内信息化国家治理的实践现状；第四、五章重点阐释了信息化国家治理中的中国模式并对其现状重点进行了探讨与分析；第六章展望了信息化国家治理将会面对的挑战，提出了新思路，并描述了更遥远的未来世界中的信息技术与社会形态的关系。

本书主要面向国家公务员、从事信息化和国家治理的研究人员，以及对此感兴趣的其他领域研究人员。

图书在版编目（CIP）数据

信息化国家治理 / 饶玉柱，张权，李睿深著. —北京：电子工业出版社，2018.11
ISBN 978-7-121-35431-1

Ⅰ. ①信… Ⅱ. ①饶… ②张… ③李… Ⅲ. ①国家－行政管理－信息化－研究－中国 Ⅳ. ①D630.1-39

中国版本图书馆 CIP 数据核字（2018）第 255437 号

责任编辑：李 洁　　特约编辑：穆丽丽
印　　刷：北京盛通商印快线网络科技有限公司
装　　订：北京盛通商印快线网络科技有限公司
出版发行：电子工业出版社
　　　　　北京市海淀区万寿路 173 信箱　邮编：100036
开　　本：720×1 000　1/16　印张：17.75　字数：341 千字
版　　次：2018 年 11 月第 1 版
印　　次：2023 年 9 月第 4 次印刷
定　　价：89.00 元

凡所购买电子工业出版社图书有缺损问题，请向购买书店调换。若书店售缺，请与本社发行部联系，联系及邮购电话：（010）88254888，88258888。

质量投诉请发邮件至 zlts@phei.com.cn，盗版侵权举报请发邮件至 dbqq@phei.com.cn。

本书咨询联系方式：lijie@phei.com.cn。

前　言

Foreword

十八届三中全会报告提出“推进国家治理体系和治理能力现代化”，这是党和国家在信息化时代出现众多机遇和挑战后提出的，作为全面深化改革的总目标，其重要性自不待言。

信息化的重要性是一种共识，其具有便捷、多样化等优势，但也存在信息垄断、数字鸿沟的隐患。在当今社会，国家治理生态的良性运转越来越需要依靠信息手段，也越来越受制于信息化传播的后果。一方面，信息化手段的运用能够优化国家治理的绩效，提升治理水平；但另一方面，运用信息化能力的不足将使得社会治理的难度和风险增大，削弱国家治理能力。信息化能力是国家治理能力的重要方面，信息化能力滞后将严重制约国家治理能力迈向现代化。如何进行制度设计？如何将技术更新与制度创新结合起来？信息化的最终目的是全面强化对社会的掌控，还是治理社会与增强社会活力并举？这些核心问题都需要进行系统而认真的回答。

2016 年 12 月，本书作者及所在单位完成了中央网信办信息化发展局的相关项目——“信息化视域下的国家治理研究”并通过了结题评审。之后深感信息化国家治理的重要性，遂萌发拓展成书的想法。本书在写作过程中以信息化与国家治理相结合这条由技术革新所带来的时代命题为主线，对信息化国家治理这一重要课题的诸多内容进行了研究，从基本概念界定到内在逻辑探究，从治理理论演进到信息化发展带来的挑战，从国家治理变革到国内外国家治理的典型案例，再从中国特色国家治理生态到信息化引领国家治理的未来展望等，都进行了广泛而深入的探索。

本书运用多学科知识的分析视角，将国家治理这个相对抽象的概念进行了具体化，提出了国家治理生态这个新概念，并且对国家治理生态从治理体系和治理能力的角度进行了细化分类。本质上，这是对制度设计和制度绩效之间关系的重新解读。

本书在借鉴国内外信息化建设和治理的经验以及总结当前我国信息化建设和治理经验的过程中，辅以生动的案例，并对出现的问题都进行了分析思考，提出了建设中国特色信息化国家治理的基本路径。

本书既注重经典理论阐释又突出鲜活个案剖析，既纵览国际实践又关注中国特色，既体现国家战略意志又具有政策实操高度，对于我们更好地理解信息化如何帮助国家治理能力提升具有比较重要的理论价值和现实意义。希望这些建设性的研究成果能够提升我国信息化国家治理能力。

信息化已经深刻影响人类社会的各个方面并开始走向智能化，各类治理主体也在不断探索更加有效、更加智能、更加公平的治理手段、机制，创新案例也层出不穷，本书受篇幅、编写时间和作者水平所限，纰漏与不妥之处在所难免，敬请读者批评指正。

作者

2018 年 5 月

目录

Contents

1

第一章　国家治理生态

一、治理的概念与内涵
二、国家治理形态的演变
三、国家治理现代化
四、“国家治理生态”：一个新概念
五、国家治理生态之“治理体系”
六、国家治理生态之“治理能力”

国家治理体系和治理能力是一个国家制度和制度执行能力的集中体现。中国共产党十八届三中全会审议并通过了《中国共产党中央关于全面深化改革的若干重大问题决定》，其中明确提出“全面深化改革的总目标是完善和发展中国特色社会主义制度，推进国家治理体系和治理能力现代化”（见图 1-1）。这一改革总目标的提出明确了我国社会主义现代化建设事业的发展方向和要求，也为确保我国社会经济的协调发展和全面建成小康社会提供了重要保障，可谓影响深远、意义重大。十八届三中全会又提出“到 2020 年，国家治理体系和治理能力现代化取得重大进展”。

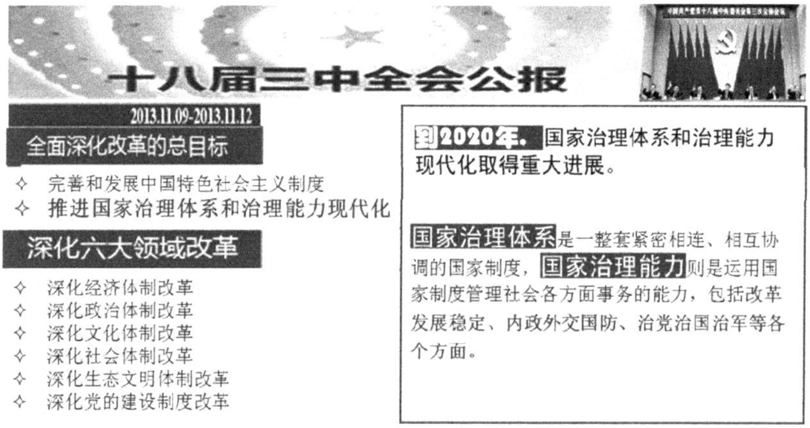

图 1-1　十八届三中全会提出“国家治理体系和治理能力现代化”

习近平总书记强调，国家治理体系是一整套紧密相连、相互协调的国家制度，国家治理能力则是运用国家制度管理社会各方面事务的能力，包括改革发展稳定、内政外交国防、治党治国治军等各个方面。

在全球化、信息化的新时代背景下，推进国家治理体系和治理能力现代化，要求我们充分利用信息化手段，构建新的体制、机制，实现各项事务治理的制度化、规范化、程序化，提高党领导人民管理国家事务的能力。

2018 年 2 月 28 日，中国共产党第十九届中央委员会第三次全体会议通过《中国共产党第十九届中央委员会第三次全体会议公报》，全会强调，深化党和国家机构改革的指导思想是，全面贯彻党的十九大精神，坚持以马克思列宁主义、毛泽东思想、邓小平理论、“三个代表”重要思想、科学发展观、习近平新时代中国特色社会主义思想为指导，适应新时代中国特色社会主义发展要求，坚持稳中求进工作总基调，坚持正确改革方向，坚持以人民为中心，坚持全面依法治国，以加强党的全面领导为统领，以国家治理体系和治理能力现代化为导向，以推进党和国家机构职能优化协同高效为着力点，改革机构设置，优化职能配置，深化转职能、转方式、转作风，提高效率效能，为决胜全面建成小康社会、开启全面建设社会主义现代化国家新征程、实现中华民族伟大复兴的中国梦提供有力制度保障。深化党和国家机构改革，必须贯彻坚持党的全面领导、坚持以人民为中心、坚持优化协同高效、坚持全面依法治国的原则。

全会还提出，深化党和国家机构改革是推进国家治理体系和治理能力现代化的一场深刻变革。党和国家机构职能体系是中国特色社会主义制度的重要组成部分，是我们党治国理政的重要保障。

一、治理的概念与内涵

近些年来，无论是在学术领域还是实践领域，“治理”都是最“热”的概念之一，同时，它也是最“泛”的概念之一。所谓“热”，指的是“时髦”，言必称治理；所谓“泛”，指的是“广泛”，在广泛运用中具有包罗万象的能力。所以我们有必要追根溯源，从不同语境与不同视角尝试厘清治理的概念和内涵。

（一）不同语境谈“治理”

中国古代语境中的“治理”

在中国古代的语境中，“治”的概念可谓源远流长。“治大国如烹小鲜”“治国之道，必先富民”“修身、齐家、治国、平天下”等，都充分体现了中国历代统治者治理国家的智慧和经验[1]。但古人所说的“治”以及部分情况下的“治”“理”连用，都和现代意义上的“治理”，以及现在人们常用的“治国理政”层面的“治理”具有很大差别。具体来讲，中国古代的“治”一般可分为以下四种含义：

1. 管理、统治

这种情况下的“治”和“理”是两个含义接近的动词。

---

[1] 颜晓峰. 国家治理现代化学习读本. 人民日报出版社，2014。

- 《荀子·君道》："明分职，序事业，材技官能，莫不治理，则公道达而私门塞矣，公义明而私事息矣。"
- 《汉书·赵广汉传》："壹切治理，威名远闻。"
- 《孔子家语·贤君》："吾欲使官府治理，为之奈何？"；"任能黜否，则官府治理。"
- 《池北偶谈·谈异六·风异》："帝王克勤天戒，凡有垂象，皆关治理。"

2. 理政的成绩

这种情况下的"治理"整体用作名词。

晋袁宏《后汉纪·献帝纪三》："上曰：'玄在郡连年，若有治理，迨迁之，若无异効，当有召罚。何缘无故徵乎？'"

3. 治理政务的道理

这种情况下"治"用于修饰名词"理"，"治理"即"治之理"。

清严有禧《漱华随笔·限田》："蒋德璟出揭驳之：'……由此思之，法非不善，而井田既湮，势固不能行也。'其言颇达治理。"

4. 处理、整修

如治理黄河。

西方语境中的"治理"

在西方，"治理（Governance）"来源于古拉丁语和古希腊语中的"掌舵"一词，长期以来它与"统治（Government）"一词交叉使用，其意为控制、引导和操纵。除了被广泛运用于与国家公共事务相关的政治统治和管理活动，"治理"这个词也早早出现在柏拉图的《理想国》和亚里士多德的《政治学》等著作中。柏拉图的《理想国》探讨的"治理城邦"问题，就是理想的国家治理问题。亚里士多德的《政治学》致力研究的也是"城邦的治理"，即国家治理。

20 世纪 90 年代，西方学者赋予了"治理"新的含义。治理理论的主要创始人之一詹姆斯 N·罗西瑙认为，治理是通行于规制空隙之间的那些制度安排，或许更重要的是当两个或更多规制出现重叠、冲突时，或者在相互竞争的利益之间需要调解时才发挥作用的原则、规范、规则和决策程序[1]。格里·斯托克

[1] [美]詹姆斯 N·罗西瑙. 没有政府的治理. 江西人民出版社，2001。

指出："治理的本质在于，它所偏重的统治机制并不依靠政府的权威和制裁。'治理的概念是，它所要创造的结构和秩序不能从外部强加；它之所以发挥作用，是要依靠多种进行统治的以及互相发生影响的行为者的互动'。"[1]

需要说明的是，中国语境中的"治理"与西方在 20 世纪 80 年代提出的"治理"概念事实上是有所不同的。中国语境中的国家治理体系和治理能力现代化是以国家建构为角度，更多强调的是国家层面的治国理政。而西方所提出的"少一些政府，多一些治理"更多的是在公共事务管理的操作层面。当前西方发达国家所面临的治理危机，以及中国所面临的国家复兴，其共同点反映在理论上就在于国家如何再次复兴，就在于在当今的信息技术、后工业化、人的流动性以及跨界问题等交织而成的复合风险环境中，如何重新发现国家的作用。这也是国家治理体系现代化超越工业化时代的现代化的关键所在[2]。关于国家治理内涵的进一步辨析将在后文中做系统讨论。

"治理"概念的现代发展

自 1989 年世界银行在"撒哈拉以南非洲：从危机到可持续增长"报告中首次以"治理危机"来概括当时非洲的发展情形之后，"治理"一词便被引入经济、政治、社会等多个领域，提出了公司治理、社会治理乃至全球治理等概念。它们虽然都借用了"治理"这一概念，但在各种治理特别是国家治理的内涵上是有根本不同的含义的[3]。

在治理的各种定义中，全球治理委员会在 1995 年作出的如下界定具有较大的代表性和权威性："治理是或公或私的个人和机构经营管理相同事务的诸多方式的总和。它是使相互冲突或不同的利益得以调和并且采取联合行动的持续的过程。它包括有权迫使人们服从的正式机构和规章制度，以及种种非正式安排。而凡此种种均由人民和机构或者同意、或者认为符合他们的利益而授予其权力。它有四个特征：治理不是一套规则条例，也不是一种活动，而是一个过程；治理的建立不以支配为基础，而以调和为基础；治理同时涉及公、私部门；治理

[1] [英]格里・斯托克. 作为理论的治理：五个论点. 华夏风编译. 国外社会科学（中文版），1999，（1）。

[2] 褚松燕. 论中国国家治理能力现代化——国家构建的视角. 当代世界，2015，（5）。

[3] 杨振武. 准确把握国家治理及其现代化. 国家治理，2014，（1）。

并不意味着一种正式制度，而确实有赖于持续的相互作用。"[1]

可见，与统治、管制不同，治理指的是一种由共同的目标支持的管理过程，这些管理活动的主体未必是政府，也不一定依靠国家的强制力量来实现[2]。从本质上看，治理行政与管制行政有很大的不同。一方面，管制行政的权威主要来自政府，而治理虽然需要权威，但权威并不为政府所垄断。治理行政是政治国家与公民社会的合作、政府与非政府组织的合作、公共机构与私人机构的合作、强制与自愿的合作。另一方面，两者的权力运行向度不同。管制行政的权力运行是自上而下的，它运用地方政府的政治权威，通过发号施令、制定和实施政策，对公共事务实行单一向度的管理。治理行政则是一个上下互动的过程，政府、非政府组织以及各种私人机构通过合作、协商和建立伙伴关系，在共同目标的支持下处理公共事务，所以其权力运行向度是多元的，并非纯粹自上而下的。在治理行政中，社会力量的作用日益增强，各种非政府组织和私人机构可以通过正常途径，自下而上地对政府施加影响。

治理理论的兴起

当代世界的宏观社会、政治、经济状况发生深刻变化这一现实，促进了西方治理理论的兴起，概括起来主要包括三个方面的原因：

一是西方福利国家出现管理危机。许多学科领域的原有范式越来越难以解释和描述现实世界。从 20 世纪 90 年代开始，随着市场失败和政府失败现象的出现，愈来愈多的人热衷于以治理机制应对市场或国家政府协调的失败。所谓市场失败，是指因市场缺陷而引起的资源配置的无效率，包括两种情况：一是市场机制无法将社会资源予以有效配置；二是市场无法解决效率以外的非经济目标。所谓政府失败，是指政府机制存在本质上的缺失，无法使资源配置达到最佳情形。因此，以强调多元主体共同参与的治理开始逐渐替代以单一主体为主的统治，"更少的统治，更多的治理"（Less Government，More Governance）成为当前一些国家政府管理改革和发展的口号。

二是全球化的推动与国家转型。全球问题的出现需要全球治理。全球政治经济一体化产生了大量的、超出民族国家治理能力范围的公共问题，这些问题

[1] 全球治理委员会. 我们的全球伙伴关系. 牛津大学出版社，1995。

[2] 詹姆斯 N・罗西瑙. 没有政府的治理. 江西人民出版社，2001。

的最大特点就是共同性和不可分割性，没有一个国家可以置身于这些问题之外，也没有一个国家可以独立解决这些问题。这就决定了必须通过“全球治理”（Global Governance）的方式解决这些问题。全球化大大推进了具有全球性特征的某些意识形态，改变了民族国家的地位和政府的实际角色，削弱或限制了政府的公共服务能力，导致政府管理的“空心化”。在这种冲击和影响下，强调与基于国家主权之上的民族国家体系合作的多方治理主体参与协调的治理理论应运而生[1]。

三是技术进步带来的全球性变革。技术进步使全球化成为可能的信息科技和运输系统，可以使任何一个地方都不再“偏远”，使地方得以（越过国家）直接与全球（某个地方）相连。地方经受着全球化的影响，但地方也登上了全球舞台，这就是所谓的“在全球中的地方、在地方中的全球”。在这种情况下，实现全球治理逐渐具备了技术与方法层面的基础和保障。

> 小贴士——**马克斯·韦伯**
>
> 马克斯·韦伯（Max Weber，1864 年 4 月 21 日—1920 年 6 月 14 日）是德国的政治经济学家和社会学家，被公认为现代社会学和公共行政学最重要的创始人之一。韦伯最初在柏林大学开始教职生涯，并陆续于维也纳大学、慕尼黑大学等大学任教。
>
> 韦伯的主要著作围绕社会学的宗教和政治研究领域，但他也对经济学领域作出了极大的贡献。他的著作《新教伦理与资本主义精神》是他对宗教社会学最初的研究，韦伯在这本书中主张宗教的影响是造成东西方文化发展差距的主要原因，并且强调新教伦理在资本主义、官僚制度和法律权威的发展上所扮演的重要角色。马克斯·韦伯被后世称为“组织理论之父”。代表作品有《古犹太教》等。

国内外部分学者主要论点

1998 年英国学者格里·斯托克（Gerry Stoker）对当时流行的各种治理概念作了一番梳理后，总结出作为一种理论的治理的五种主流论点，提出治理是指一

[1] 马丽娟. 治理理论研究及其价值述评. 辽宁行政学院学报，2012，(10)：77–80。

系列来自政府，但又不限于政府的社会公共机构和行为者的复杂体系[1]。1995 年，罗伯特·罗茨总结出六种有关治理的不同用法，即作为最小国家的治理、作为公司的治理、作为新公共管理的治理、作为“善治”的治理（Good Governance，即良好的治理）、作为社会—控制系统的治理和作为自组织网络的治理[2]。学者们基于不同的分析角度和对象，对治理概念的内涵有着不同的理解（见表 1-1）。

表 1-1　西方代表学者的主要观点

代表学者	主要观点
格里·斯托克（Gerry Stoker，1988）	治理意味着一系列出自政府又不限于政府的社会公共机构和行为者；治理意味着在为社会和经济问题寻求解答的过程中存在着界限和责任方面的模糊性；治理明确肯定了在涉及集体行为的各个社会公共机构之间存在着权力依赖；治理意味着行为者网络的自主自治；治理意味着办好事情的能力并不在于政府的权力，不在于政府的发号施令或运用权威，政府可以动用新工具和技术来控制和指引，而政府的能力和责任均在于此
詹姆斯 N·罗西瑙（James N.Rosenau，1992）	与统治不同，治理指的是一种有共同目标支持的活动，这些管理活动的主体未必是政府，也无须依靠国家的强制力量来实现。治理既包括政府机制，也包括非正式、非政府的机制
罗伯特·罗茨（Robert Rhodes，1995）	治理标志着政府管理含义的变化，指的是一种新的管理过程，或者一种改变了的有序统治状态，或者一种新的管理社会的方式。治理意味着将市场的激励机制和私人部门的管理手段引入政府的公共服务，意味着政府与民间、公共部门与私人部门之间在信任与互利基础上建立的社会协调网络
埃莉诺·奥斯特罗姆（Elinor Ostrom，1990）	公共资源的治理在政府与市场之外存在第三条路径，即相互依赖的个体有可能将自己组织起来，进行自主治理，从而能在所有人都面对搭便车、规避责任或其他机会主义行为诱惑的情况下，取得持续的共同收益。多中心治理意味着政府、市场的共同参与和多种治理手段的应用，这些应用能发挥更为有效地对公共资源的配置
皮埃尔·塞纳克伦斯（Pierre de Senarclens）	治理意指由许多不具备明确等级关系的个人和组织进行合作以解决冲突的工作方式，灵活地反映着多样化的规章制度甚至个人态度
肯尼思·华尔兹（KennethWaltz）	实现国际体系的治理只有一种方法，就是权力均势。均势是无政府状态中功能类似的个体互动的自动结果
K.J .霍尔斯蒂（K.J .Holsti）	治理在一定意义上就是秩序加上某种意向性，秩序意味着对行为的限制。国际社会的规范以及用来维护国家地位、减少战争频率的治理制度可以部分地解释国家生存的原因

[1] Gerry Stoker. Governance as Theory：Five Propositions. International Social Science Journal No 155，March 1998.

[2] R. Rhodes. The New Governance Governing Without Government. Political Studies，XIIV，1996.

（续）

代表学者	主要观点
贝阿特·科勒-科赫（Beate Kohler-Koch）	"治理"这一术语涉及随国家不同而变化的治理模式，实质上，治理是关于不同公民的偏好意愿转化为有效政策选择的方法手段和多元社会利益如何转化为统一行动以及怎样实现社会行为体的服从
星野昭吉（2011）	治理是个人与权力机关、社会与私人之间管理共同事务多种方式的总和。它是一个不断持续的过程，在这个过程中，冲突与对立的利益得到协调，人们之间相互合作。治理包括能迫使人们服从的正规权力机关和管理，还包括那些人民与权力机关都乐于接受、享有共同利益的非正规的措施

除学者外，世界银行、全球治理委员会等国际机构与组织也基于不同的视角提出了治理的概念，见表 1-2。

表 1-2 国际机构和组织的主要观点

机构名称	主要观点
经合组织发展援助委员会	治理是运用政治权威，管理和控制国家资源，以求经济和社会的发展
世界银行	治理是为了发展在一个国家的经济与社会资源的管理中运用权力的方式
全球治理委员会——《我们的全球伙伴关系》	治理是各种公共的或私人的机构管理其共同事务的诸多方式的总和，是使相互冲突或不同的利益得以调和并且采取联合行动的持续的过程。这既包括有权迫使人们服从的正式制度和规则，也包括各种同意或认为符合其利益的非正式的制度安排

我国理论界也对治理理论给予了大量关注，并产生了丰富的研究成果。根据郁建兴等人的研究，国内最早介绍"治理"或者"治道"的文章，发表在《公共论丛·市场逻辑与国家观念》专辑（1995 年）上署名"智贤"的论文"Governance：现代"治道"新概念"。此外，徐勇 1997 年发表的论文"Governance：治理的阐释"、毛寿龙等人的专著《西方政府的治道变革》（1998 年）、俞可平 1999 年发表的论文"中国公民社会的兴起与治理的变迁"等，都相当及时地介绍了治理理论的基本理念及其发展态势（见表 1-3）。

表 1-3 国内部分研究者的主要观点

研究者	主要观点
毛寿龙、李梅、陈幽汉	治道（治理）是在市场经济条件下政府如何界定自己的角色，如何运用市场方法管理公共事务的道理。治道变革指的是西方政府在适应市场经济有效运行条件下，进行市场化改革，并把市场制度的基本观念引进公共领域，建设开放而有效的公共领域

（续）

研 究 者	主 要 观 点
俞可平	“治理”一词的基本含义是指官方的或民间的公共管理组织在一个既定的范围内运用公共权威维持秩序，满足公众的需要。治理的目的是在各种不同的制度关系中运用权力去引导、控制和规范公民的各种活动，以最大限度地增进公共利益。所以，治理是一种公共管理活动和公共管理过程，它包括必要的公共权威、管理规则、治理机制和治理方式
徐勇	公共权力是治理最为核心的概念，公共权力集中于少数人乃至个别人手中，称为集权治理；公共权力依其性质和职能，分别由不同的人执掌，称为分权治理。治理不同于统治，统治更强调权力的归属，强调治者与被治者不可僭越的关系；治理注重的是权力的配置与运作，强调政府权威与公民社会的共同治理过程
沈荣华、周义程	从权力的角度阐述治理理论，治理主体构成多元化。各种治理主体，都要放弃自己的部分权利，最终建立一种公共事务的管理联合体

根据前述的各种治理定义可知，治理不是一整套规则条例，也不是一种活动，而是一个过程；治理的基础不是控制和支配，而是协调；治理既涉及公共部门，也包括私人部门；治理不意味着一种正式的制度，而是持续的互动[1]。这反映出治理的内涵至少包括如下方面[2]：

（1）在治理的主体上，超越企业治理的局限，也突破一国治理的范围。存在着一个由来自不同领域、不同层级的公私行为体（如个人、组织，公私机构，次国家、国家、超国家，权力机关、非权力机构，社会、市场等）、力量和运动构成的复杂网络结构。

（2）在治理的基础上，超越国家权力中心论。对内，国家已不再享有唯一的、独占性的统治权威，国家仍然发挥主要作用，但必须和其他行为体合作；对外，国家主权或自主性观念也逐渐受到各类超国家体制概念的挑战和削弱。

（3）在治理的方式上，既实行正式的强制管理，又有行为体之间的民主协商、谈判妥协；既采取正统的法规制度，有时，所有行为体都自愿接受并享有共同利益的非正式的措施和约束。

（4）在治理的目的上，各行为体在互信、互利、相互依存的基础上进行持续不断的协调谈判，参与合作，求同存异，化解冲突与矛盾，维持社会秩序，在满足各参与行为体利益的同时，最终实现社会发展和公共利益的最大化。

---

[1] 全球治理委员会. 我们的全球伙伴关系. 牛津大学出版社，1995。

[2] 吴志成. 西方治理理论述评. 教学与研究，2004，（6）：60-65。

（二）多种视角看“治理”

通过对跨学科的治理理论文献进行回顾可以发现，治理理论主要有以市场、网络和国家为中心的三种视角[1]。

以市场为中心的视角

市场视角的治理理论的主要思想来源于经济学理论。首先是公共选择学派的理论，这一学派的研究者假定，在公共组织中工作的人们同样会受到自私天性的制约，这就导致人们的行为模式类似于在市场中进行交易。该种治理理论的第二个思想资源来自对企业内部管理结构的研究。新制度的学者们发展了独特的研究范式，以考察私营部门内部管理制度的性质，并以此来解释在不同管理层级之间出现冲突的模式和原因。企业治理中，普遍存在的信息不对称和管理目标上的不一致是造成股东与其代理人之间对各自的行为目标和责任发生混乱的主要原因。这一理论通过将公共和私人部门概念化为可抉择的治理结构，从而拓展了企业治理概念和方法的使用范围。

与抽象的经济学的学理性讨论相比，市场观点在治理领域内的应用则更加具体，其中两个最重要的应用领域是政府结构和人事管理。在市场观点看来，政府最严重的治理问题源自其庞大的规模和复杂的结构，即传统上大型的、垄断式的政府部门很难应对不断变化的环境因素（如市场信号），它们的焦点通常会集中在内部的正规制度和科层权威方面，并以此作为行动依据。因此，改革者们建议，有效的变革方案就是分散制定政策的权力，并创造出大量竞争性的小型机构来分解原先较大的部门。

治理理论的市场视角有效地将人性中的自利取向作为分析治理问题的个人主义基础，并强调其应作为治理理论建构的起点。此外，它还为在复杂条件下提高治理水平的技术工具作出了贡献。但其缺陷也很明显，由于将治理问题简单还原为公司治理和商业交易活动，它在很大程度上模糊了政治学与经济学的理论边界，也因此忽视了政治制度和机构的独特性。更加突出的是，它将权力结构简化为市场意义上的资源分配，从而难以充分解释特定环境下权力运作的

[1] 李泉. 治理理论的谱系与转型中国. 复旦学报（社会科学版），2012，54（6）：130-137。

具体逻辑和规律。

以网络为中心的视角

网络视角的治理理论植根于政治科学中的政策研究领域。这种观点认为，现代社会中公共政策的制定和执行越来越依赖于国家与社会领域内多元主体之间的双向互动。这便意味着，在某种程度上国家或政府嵌入网络状的政策环境中，并必须通过与其他社会团体进行合作才能达到治理的目标。学者们将这些现象定义为“新型治理（New Governance）”或“现代治理（Modern Governance）”，认为其主要的特征是“自我组织的组织间网络”的形成。治理也因此成为一个系统层次的概念，指的是由多元参与者进行协同决策时的特定结构和过程。

网络视角的思想基础之一是政策网络的研究。学者们主张使用“治理”这一新的概念来描述这种在微观环境下提供公共服务的新形式，认为其主要特点就是从地方政府到各种社区组织对公共政策的全面参与。网络视角的另一个思想基础是欧盟研究中浮现的多层治理观。在多层治理的分析框架中，一个典型的政策制定过程通常要包括超国家、国家与次国家层面的公共机构以及非公共组织之间复杂的协调和谈判活动。

在分析治理问题方面，网络思路首先意味着对政府治理环境的重新确认。根据“权力互赖（Power Interdependence）”的概念，任何投身于集体行动的组织都需要借助其他组织的力量来进行资源交换并合作达成共同目标，这便要求网络参与者建立起一种彼此信任和基于规则的互动模式。网络治理被罗兹和其他英国学者归纳为一种社会网络性的控制系统，它强调单一中心的主体进行治理时的局限和多元化的主体针对特定政策领域进行治理的优越性。

以国家为中心的视角

从这一视角来说，治理就是指政府做事的方式。因此将国家作为中心应是探讨治理问题的最佳途径。这一视角假定，在很大程度上现代民族国家及其机构仍然是治理的主导力量，其在目标设定方面的重要作用仍是达到有效治理的关键因素。国家主义视角的一个重要特点就是坚持以批判的和整体性的方法来考察政治理论或学说。因此，在理论层面它能够提供一个有效的工具来发掘治理理论潜在的政治含义。以国家为中心的治理理论对将国家作为治理理论的焦点给予了持续的关注，特别是将其看作在变动环境中稳定的治理结构和有规则的政策过程的主要维系。

二、国家治理的形态演变

国家治理实际上体现的是国家之于人类社会的价值和意义，因此，随着人类社会的现代化进程，国家治理的形态也在发生变化。正如李景鹏所说，国家治理的现代化是人类社会的第五个“现代化”[1]。

概括来说，国家治理的形态变化本质是国家与社会之间、国家与市场之间关系的变化，包含了治理主体与治理对象的角色变化。其经历了由统治型到管制型、管理型，再到治理型的演变，这一演变体现出的治理内涵变化趋势为：国家对于社会的控制强度减弱，而市场主体、社会主体参与国家治理的程度逐渐增强。

对国家治理先后形成的四种形态概括如下[2]。

（一）统治型：剥削与抗争

奴隶制国家和封建制国家的治理，其重要的职能在于“统治”，统治就是治理，治理也就是统治。而作为统治的治理，必须维持一个阶级对另一个阶级的剥削和压迫的规矩和秩序。近代的资本主义国家，也是建立在暴力的基础上，并凭借暴力维持自己的阶级统治。马克思和恩格斯曾指出，国家的本质特征在于，它是凌驾于社会之上和人民大众分离的公共权力。在这种公共权力形成时，国家就体现为军队、监狱、警察等暴力公共权力机关，起到镇压的功能。当然，国家在进行统治的同时，为了把被剥削阶级控制在一定的生产关系秩序范围内，也具有非暴力的社会管理职能，如兴修水利、兴办教育、实行社会救济、环境保护等。此外，国家也具有经济管理职能，表现为国家通过不同形式干预经济活动，直接为剥削阶级的经济利益服务，其实质在于通过国家干预来加强对劳动阶级的剥削，从而巩固剥削阶级的政治统治地位。因此，从国家产生开始，

[1] 李景鹏. 关于推进国家治理体系和治理能力现代化——“四个现代化”之后的第五个“现代化”. 天津社会科学，2014，2（2）：57-62。

[2] 许耀桐. 治理与国家治理的演进发展. 中共福建省委党校学报，2016，（9）：4-12。

统治人民和管理社会的机构和职能也就同时产生了。但与统治的机构和职能相比，管理的机构和职能并非是主要的。

（二）管制型：命令与服从

资产阶级取代封建阶级后，随着资本主义国家政权的逐渐稳固，资产阶级统治者开始转向对公共行政事务的治理。资本主义国家也就从早期赤裸裸镇压的“统治型”，转向了更多地处置社会公共事务的“管制型”，这是国家治理形态的第一次转型。

“管制型”治理的基本特点如下：

一是严谨精准。公务员在处理公共事务时，强调专业性和技术性。科层制拥有完美的技术化程序和手段，不仅愈益倚重各类专家，而且在管理的方法和途径上也越来越科学化、合理化。从 19 世纪中叶到第一次世界大战结束，英、法、美等主要资本主义国家陆续建立了公务员制度，用以协调资产阶级内部的矛盾和冲突，节省政府开支，抑制和减少腐败。

二是责任到位。公务员的从属关系一般由严格的职务或任务等级序列进行安排，对每个职务本身的规定细致而明晰，使得每个人都能够照章办事而不致越出权利义务体系范围。美国学者威尔逊 1887 年发表《行政之研究》，主张把政治和行政分开科学管理，另一学者古德诺于 1900 年发表《政治与行政》，认为政治是国家意志的表达，而行政是这种意志的执行。在政府里的政务官员负责决策，贯彻执政党和国家的政治意图，公务员则只负责具体的执行办事。

三是法治原则。公务员受到法律条文规定和制度的约束，必须依法办事。马克斯·韦伯创立了科层制理论，提出了以科层制为核心的行政组织理论，并确立了法理型的命令—服从关系。韦伯指出，现代国家是通过法定选举产生的，具有合法性，政府内部科层制结构的上下级关系是命令—服从类型。在法理型命令—服从类型中，个人对领导的服从是根据所认可的法律对职级制表示的承认。服从不是对个体的服从，而是对由法律规定的某个职位的服从。

管制型的治理表明，国家是一个庞大的官僚制机器，政府无所不能、无所不管，具有垄断性、神秘性，不讲经济效益，具有无限扩张倾向。正如英国学者帕金森总结的那样，国家患有“机构病”，不断进行自身机构和人员的扩张、膨胀。管制型的国家和政府发号施令，民众得求它办事。它高高在上、冷若冰霜，正像老百姓所抱怨的“门难进、脸难看、话难听、事难办”。

（三）管理型：干预与响应

针对“管制型”治理的弊端，20 世纪 60 年代欧美国家发起了行政改革运动，使国家的行政管理进入了“新公共管理”的阶段，这是国家治理形态的第二次转型。

“新公共管理”提倡的“小政府”模式，要求充分发挥市场的作用，把政府的行政局限于弥补“社会不能”和“市场失灵”的范围之内，主张把企业经营理念和市场竞争的机制引入公共部门，建立顾客导向的政府，从而提高行政效率，降低行政成本，提倡政府购买公共服务，将原来由政府直接举办的、为社会发展和人民生活提供服务的事项，交给有资质的社会组织来完成，并根据社会组织提供服务的数量、质量，按照一定标准进行评估后支付服务费用。这是一种“政府承担、定项委托、合同管理、评估兑现”的新型政府提供公共服务方式。

新公共管理的理论大家奥斯本、盖伯勒等人主张，把决策制定（掌舵）和决策执行（划桨）分离，政府“掌舵而不划桨”。为了实现两者的分离，新公共管理主张通过民营化等形式，把公共服务的生产交由市场和社会力量来承担。而政府主要集中于掌舵性的职能，如拟订政策、建立适当的激励机制、监督合同执行等。由于政府不再干预具体的公共事务，而且重视第三部门组织的作用，可以减少机构人员，实现“大社会、小政府”。

新公共管理理论提出，“公共品”如国防、公安、城市基础设施等必须由政府独家经营，但政府在采购中容易产生寻租活动，因此应在政府管理中引入市场竞争，通过招标降低成本。同时，将企业管理的理念和方法引入公共部门，企业家是最精明的，最知道如何优化配置。要提升绩效，对精明管理的官员进行奖励，建立有使命感的政府。

新公共管理在实践中存在的问题及其不良影响包括：对市场机制过分推崇，具有严重的市场化倾向，过于讲求经济效益，把政府等同于企业，鼓励了一切向钱看的动机，导致了公共服务意识的弱化；过于强调绩效管理，对产出或绩效目标进行精确的界定、测量和评估是必要的，但政府的许多服务项目，其产出、成本以及绩效都是难以量化的，因而也就难以准确测量和评估；有害的私营化，公营部门过分私营化，实际上是放弃政府公共服务职能，逃避政府必须承担提供社会福利的责任。

可见，新公共管理以市场化和企业化管理作为核心理念，意图形成高效率、低成本、重绩效的行政管理机构，但它的服务确实还不到位。

（四）治理型：协商与合作

针对新公共管理的弊端，20 世纪 90 年代兴起了“治理理论”，使当代国家的治理形态转向“治理型”，这是国家治理形态的第三次转型。

治理型国家的出现，是应对后工业社会新情况、新问题的要求。在后工业社会中人们的价值追求日趋多元化，人们对国家治理的多样化也提出了更高的要求。当代之所以兴起治理理论并要求国家转向“治理型”，显然是因为“治理”比统治、管制、管理具有更广泛的适用范围，治理中的权力主体和手段也更为多元，强调沟通和协调。概括地说，“治理”和“统治”“管制”与“管理”之间存在以下方面的不同：

其一，权力主体不同。统治、管制和管理的主体是单一的，只有政府或其他国家公共权力；治理的主体则是多元的，除政府外还包括企业组织、社会组织和居民自治组织等。

其二，权力性质不同。统治、管制和管理都是带有强制性的，虽然强制的程度不同；治理可以是强制的，但更多的是协商。

其三，权力来源不同。统治、管制和管理的权力来源是强制性的国家法律；治理的权力来源除法律外，还包括各种非国家强制的契约。

其四，权力运行的向度不同。统治、管制和管理的权力运行是自上而下的；治理的权力运行可以自上而下，但更多是平行的。

其五，作用所及的范围不同。统治、管制和治理所及的范围以政府权力所及领域为边界；治理所及的范围则以更为宽广的公共领域为边界。

三、国家治理现代化

改革开放以来，我国政治稳定、经济发展、社会和谐、民族团结，开创了社会主义现代化建设事业的良好局面，我国国家治理体系总体上适应了我国国情和发展要求。进入新时代以来，党中央面对新的矛盾变化，提出国家治理现代化的改革目标。

全面深化改革的总目标

党的十八届三中全会《决定》明确指出，“全面深化改革的总目标是完善和发展中国特色社会主义制度，推进国家治理体系和治理能力现代化”。这一总目标的提出具有重大理论意义和实践意义。在这一总目标中，完善和发展中国特色社会主义制度在过去几十年间一直是国家发展和现代化建设的重要任务，相对而言，推进国家治理体系和治理能力现代化则是新的任务和挑战。

一般来说，国家治理体系和治理能力是一个国家制度建设和制度执行力的集中体现。就我国而言，国家治理体系主要是指党领导人民治理国家的制度体系，包括政治、经济、文化、社会、生态文明和党的建设等各领域体制机制、法律法规安排。这是一整套相互衔接、相互联系的制度体系。国家治理能力则是指运用制度体系管理国家和社会各方面事务的能力，包括治党治国治军、促进改革发展稳定、维护国家安全利益、应对重大突发事件、处理各种复杂国际事务等方面的能力。

治理体系与治理能力二者之间是相辅相成、密不可分的。一方面，治理体系是治理能力形成的基础，治理能力的提升有赖于治理体系的建构；另一方面，治理能力彰显治理体系的功能，治理能力强大是治理体系完备的表现，只有不断提升治理能力才能充分发挥治理体系的效能[1]。

习近平总书记指出，“邓小平同志在 1992 年提出，再有 30 年的时间，我们才会在各方面形成一整套更加成熟更加定型的制度。这次全会在邓小平同志战略思想的基础上，提出要推进国家治理体系和治理能力现代化。这是完善和发展中国特色社会主义制度的必然要求，是实现社会主义现代化的应有之义。”

《中国共产党中央关于全面深化改革的若干重大问题决定》将邓小平的这一战略思想付诸实施，指明了国家治理体系和治理能力建设的方向。它将使国家治理体系和治理能力建设由“倒逼推进”向“主动推进”转变，或者说是由“自发推进”向“自觉推进”转变。这必将加快我国治理体系和治理能力现代化的进程，进而推动我国现代化的全面发展。

2017 年 10 月 18 日，习近平总书记在党的十九大报告“四、决胜全面建成小康社会，开启全面建设社会主义现代化国家新征程”中更加明确地指出：

[1] 韩振峰. 怎样理解国家治理体系和治理能力现代化. 人民日报，2013.12.16（07 版）。

综合分析国际国内形势和我国发展条件，从2020年到本世纪中叶可以分两个阶段来安排。

第一个阶段，从2020年到2035年，在全面建成小康社会的基础上，再奋斗十五年，基本实现社会主义现代化。到那时，我国经济实力、科技实力将大幅跃升，跻身创新型国家前列；人民平等参与、平等发展权利得到充分保障，法治国家、法治政府、法治社会基本建成，各方面制度更加完善，国家治理体系和治理能力现代化基本实现；社会文明程度达到新的高度，国家文化软实力显著增强，中华文化影响更加广泛深入；人民生活更为宽裕，中等收入群体比例明显提高，城乡区域发展差距和居民生活水平差距显著缩小，基本公共服务均等化基本实现，全体人民共同富裕迈出坚实步伐；现代社会治理格局基本形成，社会充满活力又和谐有序；生态环境根本好转，美丽中国目标基本实现。

第二个阶段，从2035年到本世纪中叶，在基本实现现代化的基础上，再奋斗十五年，把我国建成富强 民主 文明 和谐 美丽的社会主义现代化强国。到那时，我国物质文明、政治文明、精神文明、社会文明、生态文明将全面提升，实现国家治理体系和治理能力现代化，成为综合国力和国际影响力领先的国家，全体人民共同富裕基本实现，我国人民将享有更加幸福安康的生活，中华民族将以更加昂扬的姿态屹立于世界民族之林。

党的十九大报告关于国家治理的阐述（部分）（见图1-2）。

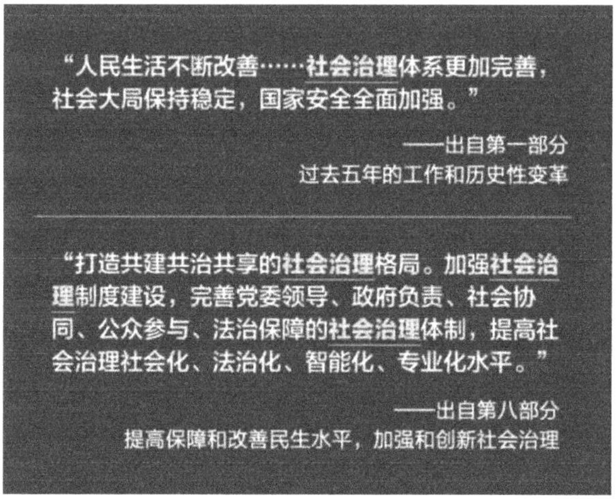

图1-2　党的十九大报告关于国家治理的阐述（部分）

由此可见，"国家治理体系和治理能力现代化"是我国实现现代化的重要内容，是实现中国梦的两个阶段中的关键要素。

报告也进一步阐释了国家治理现代化的内涵，强调“治理体系”和“社会治理”，给出了社会治理社会化、法制化、智能化、专业化的发展目标。

十九大报告提出了一系列的体系建设。通过提取和“体系”相关的关键词，我们可以对各类体系建设做一简单分析。由图 1-3 可以清晰地看到，“国家治理体系”和“社会保障体系”构成了坚固的塔基；“现代化经济体系”“中国特色社会主义法治体系”和“监督体系”等组建了稳定的塔身。由此可见，正是有了这一系列“体系”的保障，才构筑了牢不可破的中国特色社会发展理论体系的金字塔。

图 1-3 国家治理体系在十九大报告中的关键词词频表现

图片来源：互联网。

社会发展新要求和人民群众新期待

推进国家治理体系和治理能力现代化，是适应社会发展新要求和人民群众新期待的必然选择。新中国成立后尤其是改革开放以来，我们党不断探索适合我国国情的国家治理之路，积累了宝贵经验，取得了重大成果，建立了具有中国特色的国家治理体系。

实践证明，我们的国家治理体系和治理能力总体上是适应我国基本国情和经济社会发展要求的，对此我们应有足够的自信。但是，随着改革开放的深入和社会主义现代化事业的发展，相比形势任务的新变化、经济社会发展的新要求、人民群众的新期待，我们在国家治理体系和治理能力方面还有这样那样的不足和缺陷，还有许多亟待完善和提高的地方。要确保全面深化改革任务的完成，要实现“两个一百年”奋斗目标和中国梦，就必须进一步推进国家治理体系和治理能力现代化。

社会主义现代化新认知

推进国家治理体系和治理能力现代化，体现了社会主义现代化在制度层面的基本要求。长期以来，我们比较强调物质文明层面、精神文明层面的现代化建设。其实，社会主义现代化除了物质文明层面、精神文明层面的现代化，还应包括制度层面、治理层面的现代化。

推进国家治理体系和治理能力现代化，就是要使国家治理体系制度化、规范化、程序化和科学化，使国家治理者善于运用科学思维、民主思维和法治思维等，善于依靠法律制度来治理国家，从而把中国特色社会主义的制度优势转化为治理国家的效能。把推进国家治理体系和治理能力现代化作为全面深化改革的总目标提出来，表明我们党对社会主义现代化的认识提升到了一个新的、更高的水平，表明完善和发展中国特色社会主义制度已经成为我国现代化建设的内在要求。

社会主义制度建设的系统工程

推进国家治理体系和治理能力现代化是一项系统工程。一方面，要继续完善制度体系。不断改革那些不适应实践发展要求的体制机制，形成系统完备、科学规范、运行有效的制度体系，使各方面制度更加成熟、更加定型。另一方面，要继续提升治理能力。当前，我们虽然在各方面都建立了制度，但在发挥制度效能方面还存在明显不足，很多制度虽然建立起来了，但并没有充分发挥作用。这就要求我们必须更加注重治理能力的提升，努力把制度体系的优势转化为国家治理的实际效能。

同时，我国经济社会发展离人民群众期待的、真正实现现代化、实现社会和谐稳定和国家长治久安的状态，还有一定的差距，还需进一步完善国家治理体系、提高国家治理能力。在政府职能转变的过程中，应注意研究政府对经济运行发挥作用的方式、方法。市场经济不排除政府对市场的干预，关键是要研究什么地方需要干预，用什么手段干预以及怎样干预，才能完善和发展市场经济。经济手段、法律手段和行政手段的运用，都应以相关信息的收集、研究为前提。

推进国家治理体系和治理能力现代化，就是要适应时代变化，既改革不适应实践发展要求的体制机制、法律法规，又不断构建新的体制机制、法律法规，使各方面制度更加科学、更加完善，实现党、国家、社会各项事务治理的制度化、规范化、程序化；要更加注重治理能力建设，增强按制度办事、依法办事意识，善于运用制度和法律治理国家，把各方面制度优势转化为管理国家的效能，提高党的科学执政、民主执政、依法执政水平。

四十年的改革开放实践充分说明，只有坚持完善和发展中国特色社会主义制度，中国才能实现现代化；只有适应国家现代化总进程，不断提高国家治理体系和治理能力现代化水平，才能妥善应对和解决现代化进程中出现的各种矛盾问题，确保全面建成小康社会、不断夺取中国特色社会主义新胜利。

> 小贴士——**系统工程**
>
> 系统工程是实现系统最优化的科学，是运用系统思想直接改造客观世界的一大类工程技术的总称。系统是由互相关联、互相制约、互相作用的若干组成部分构成的、具有某种功能的有机整体。系统工程包括设计过程、方案实现过程、体系管理过程。
>
> 系统工程方法是一种现代的科学决策方法，也是一门基本的决策技术。系统工程方法把要处理的问题及其有关情况加以分门别类、确定边界，又强调把握各门类之间和各门类内部诸因素之间的内在联系和完整性、整体性，否定片面和静止的观点和方法。在此基础上，它没有遗漏地、有区别地针对主要问题、主要情况和全过程，运用有效工具进行全面的分析和处理。系统工程方法的特点是整体性、综合性、协调性、科学性及实践性。

国家治理体系和治理能力的水平是一个国家有序运行、健康发展、持续上升的重要条件，现代社会的国家治理体系与治理能力有着时代的内涵和要求。我们推进国家治理体系和治理能力现代化，不是西方模式的简单照搬，而是要按照完善和发展中国特色社会主义制度这一要求来推进国家治理体系和治理能力现代化；同时，“治理体系”不是独立体系，而是党的执政体系、国家管理制度体系、现代社会治理体系的有机统一，是中国特色社会主义的治理体系。

四、“国家治理生态”：一个新概念

（一）“生态学”和“生态系统”

生态学自诞生以来，其基本理论被广泛应用于社会科学领域，为认识人类社会行为、行为者之间以及行为者与环境的关系提供了科学的方法论和有效的分析工具。例如，创新生态系统理论，又如城市生命系统理论，以及信息生态系统理论……从生态学视角考察治国理政，我们提出“国家治理生态”的新概念。

生态学是什么

生态学是研究生物与环境之间相互关系的科学。环境由两方面结合而成，一是物理环境，如温度、可利用水分、光照、土壤等；二是其他生物所施加的任何影响，即生物环境，如竞争、捕食、寄生和互利合作等[1]。

德国生物学家海克尔（E.Haeckel）首次提出“生态学”这一名词，并于1886年创立生态学这门学科。生态学的英文名称Ecology来源于希腊文Oikos+logos，其中Oikos意为住所，而logos意为研究，两者结合起来的意思是生物栖息场所的研究。

生态系统是什么

“生态系统”可定义为：在一定的地域内由全部生物和物理环境相互作用的统一体。生态系统是一般系统的一种特殊形态，是具有一定相互关系的各个部分的集合体。所谓系统，就是由相互作用、相互联系和相互依赖的若干组成部分结合而成的、具有特定功能的有机整体。要构成一个系统，必须具备以下三个条件：

（1）系统由一些要素组成。要素即系统的组成成分，生态系统就是由许多生物成分和非生物成分组成的特殊系统。

（2）要素之间相互联系、相互作用、相互制约。要素按照一定的方式结合

[1] 蔡晓明. 生态系统生态学. 科学出版社，2001。

成一个整体，才能成为系统。生态系统是各种生物成分和非生物成分相互联系、相互影响，并按照一定的结构方式组合而成，并不是杂乱无序的。

（3）必须具有整体功能。即各个组成部分通过相互联系和相互作用，产生与各个部分不同的新功能。

生态系统的特征

生态系统具有一定的营养结构、生物多样性等结构特征，以及生物生产、物质循环、能量流动和信息传递等系统功能。生态系统的边界依具体研究情况而定，因此其范围可大可小，大到整个地球生物圈、陆地或海洋，小到一块农田、一片草地、一个池塘或一片森林，甚至动物体内消化道中的微生物系统。例如，研究核降尘、杀虫剂残留、酸雨、全球气候变化对生态系统的影响等，其空间尺度变化很大，可能相差若干数量级。

生态系统是一种开放系统，其中某些部分是有生命的。在这个系统内，太阳能、降水等是输入系统，而水、无机养分、有机物质和能量往外输出。例如，在一片人工经营的森林生态系统内，木材、动物、水、风景和旅游价值是可供人们利用的输出物，自然界生态系统示意图如图 1-4 所示。

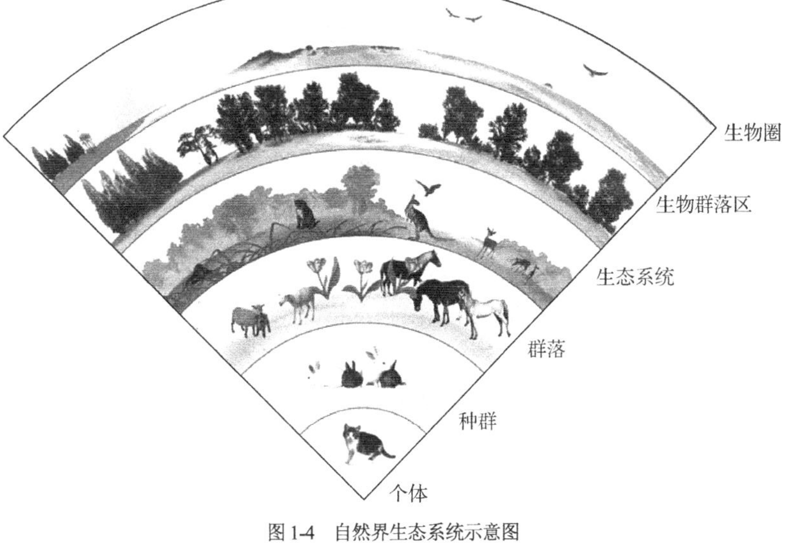

图 1-4　自然界生态系统示意图

图片来源：互联网。

（二）“国家治理生态”的概念解析

国家治理生态是什么

“治理生态”是类比“生态系统”，以生态学基本理论和治理基本理论为基础发展出来的，强调的是将治国理政视为一种系统运行，系统内各个行动者之间是有机联系的，他们基于维护自身利益等动机发生互动，共同参与治理过程，使国家治理生态系统持续运行，进而实现可持续发展。

具体而言，“国家治理生态”指的是，在现代国家治理过程中，多元治理主体通过各种治理机制进行互动，共同形成的一个有机整体，它涵盖了国家治理体系与国家治理能力的诸多要素。多元主体彼此分享共同的价值、理念，彼此协同、合作，在相互联系、相互依存的治理生态系统中共同使用各类资源，最终实现国家治理生态系统的良性发展，维护并实现各个主体的权利和利益。

国家治理生态的特征

国家治理生态具有以下三个主要特征：

一是治理主体的多元化。几乎治理生态系统中所有的主体都分享了治理权力，参与到治理过程中来。在现代化的国家治理中，中央政府、地方政府、企业和各种市场主体（包括消费者和代表整体利益的行业组织等）、社会组织（公益性和互益性）、公民和各种公民形式的自组织都成为治理主体并享有治理权力。

二是治理责任的分散化。治理主体的多元化造成了治理权力的分散化，治理责任也相应地分散于平台、消费者、企业、第三方治理机构、政府等。这种责任的分散化可能导致治理责任边界的模糊，但同时也会加深对于合作的需求以及各主体的合作意愿。

三是治理方式的协同化。治理主体的多元化和治理权力的分散化，决定了治理不是某个主体能独立完成的任务，而是必须依赖于各治理主体形成密切合作的机制，也称之为治理方式的协同化。此种合作机制的形成，一方面有赖于各主体共享、共通的价值观念，或者进行协商而达成共识；另一方面又取决于各主体能否通过合作关系实现各自的利益追求。各个治理主体之间是相互独立的，可能存在多种交叉关系，例如，委托代理关系、合作关系或是兼具竞争与合作的博弈关系。

国家治理体系和治理能力的有机统一

国家治理体系和国家治理能力不是孤立的、静态的，它们只有在国家治理的过程中相互匹配、融合才能实现各自的价值。国家治理的过程，在于充分动员各方面的力量，以多元主体共治激发国家、社会和市场的活力，促使各方积极互动，实现国家治理的目标。

国家治理体系和国家治理能力相辅相成、有机统一。有了好的国家治理体系才能提高治理能力，提高国家治理能力才能充分发挥国家治理体系的效能。只有把国家治理体系和国家治理能力两者统一起来，才能治理好国家。

一方面，在国家治理体系中，制度起到根本性、全局性、长远性的作用。制度是社会发展与文明进步的决定性因素，只有不断推进制度变革、推进治理体系的完善，才能推进社会发展进步。中国百余年落后与奋斗的历史启示我们，社会制度变革是现代化变革的关键性因素，实现国家现代化，最根本的是在制度层面改革创新。

另一方面，没有高超的治理能力，再好的制度也难以发挥作用。不是国家治理体系越完善，国家治理能力自然而然就强。综观世界各国，各有各的治理体系，而治理能力却由于客观情况的差异和主观努力程度的不同，有着或大或小的差距，甚至同一个国家在同一治理体系下，在不同历史时期的治理能力也有很大差异。有了严密的制度，还要有严格的执行力。再健全的治理体系，再完美的治理机制，最终都要依靠高超的治理能力去体现和落实。如果不能落到实处，制度只会束之高阁、形同虚设，其作用也会荡然无存。

推进国家治理现代化，既要包括国家治理体系的现代化，也要包括国家治理能力的现代化。只有国家治理体系和国家治理能力有机结合、共同完善，才能解决事关党和国家长治久安的治理能力现代化问题，因此，引入“国家治理生态”新概念非常必要，它充分体现了将国家治理体系和国家治理能力视为有机整体的重要性和必要性。国家治理体系和治理能力的有机统一的治理生态系统如图 1-5 所示。

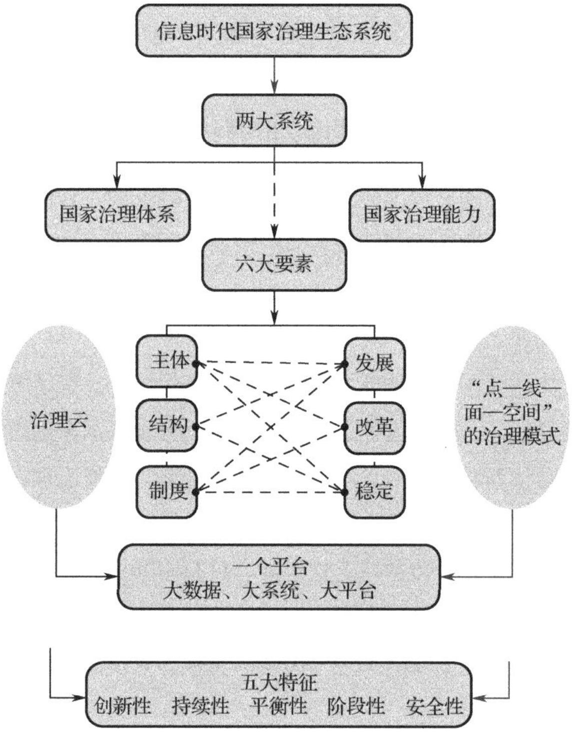

图 1-5 信息化国家治理生态系统

中国电子科学研究院管理研究中心制图。

五、国家治理生态之"治理体系"

"国家治理体系"是指，根据国家治理的需求，由功能上相互联系、相互作用的各种治理子系统构成的、更高层次的整体，它具有整体性、内部组成多样性、多层次性、综合集成性等特点。国家治理体系是建立在一定的历史文化传统和社会经济基础之上的上层建筑，是由政治权力系统、社会组织系统、市场经济系统、宪法法律系统、思想文化系统等构成的一个有机整体。

我国的国家治理体系，主要就是在党的领导下管理国家的制度体系，包括作为根本政治制度的人民代表大会制度、中国共产党领导的政治协商制度，以及政治、经济、文化、社会、生态文明和党的建设等各领域的体制机制、法律法规，是一整套紧密相连、相互协调的国家制度。

谁来治理、治理主体之间的关系、以什么为依据进行治理，是国家治理体系需要重点明确的三个问题，分别对应的是治理主体、治理结构和治理机制（制度），治理体系的构成如图 1-6 所示。

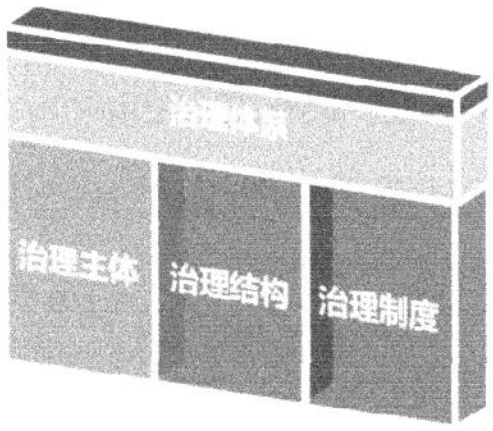

图 1-6　治理体系的构成

（一）治理主体

治理主体的特征

改革开放以前，我国在经济上实行计划经济体制，在政治上实行一元化的组织和领导体制，公与私、国家与社会、政府与民间几乎完全合为一体。国家作为唯一的治理主体，拥有强大的社会控制能力，社会没有机会参与国家治理。

在改革开放后的社会转型期间，既有的治理体系逐渐发生变化。构建一个由执政党组织、政权组织、条线管理部门、市场组织、企事业单位、基层社区、公民等治理主体组成的平等、互信、互利的新型治理结构，是实现国家治理体系现代化的主要内容。

根据党的十八大报告，现代化的国家治理主体，是"党委领导、政府负责、社会协调、公众参与"新型国家治理体系中的主体，是积极自觉参与国家治理的、自愿而非行政强制和政治动员的主体。显然，在新的治理框架中，政府不再是唯一的管理者，作为社会力量的私营部门和公民社会都会进入公共事务管理领域中。与政府比肩的各参与主体更加积极地在政治、经济和社会活动中发挥作用，多元主体共同治理。

同时，治理模式也不仅限于传统的"命令—执行"的模式，而是更尊重社会的自主管理和自我调整机制，协商、指导等更加柔性的管理手段也越来越多地得到运用。随着治理理念的逐渐发展和成熟，政府与社会力量将进一步形成有机互动的整体，在不断的对话、协商中拓展民主参与方式并加深民主化程度，合力创造透明、法制与负责的共治体。

党的十九大报告明确指出，加强社会治理制度建设，完善党委领导、政府负责、社会协同、公众参与、法治保障的社会治理体制，提高社会治理社会化、法治化、智能化、专业化水平。相较于之前的表述，十九大报告将“社会协调”改为“社会协同”，并增加了“法治保障”的内容。这表明党更加重视社会力量参与治理的意愿和能力，努力通过法治保障等制度性手段来号召、指引社会力量参与治理，同时认可社会力量在法律框架内有序、灵活、创造性地参与治理，旨在通过发挥社会组织的作用，实现政府治理和社会调节、居民自治的良性互动。

服务型政府与职能转变

治理主体角色的转变，体现于政府，在很大程度上需要依赖于一种服务型理念。所谓“服务型政府”，就是以“管理就是服务”为根本理念，满足社会公众需求，提供充足、优质公共产品与公共服务的现代政府。公共服务型政府是充满生机和活力、不断追求发展和进步的政府。它突出以民为本，以提高政府工作的整体效能和服务水平为中心，以政治、经济、社会协调发展为目标，构建以市场为主导，以公共服务为特征的政府管理体系，形成有利于社会资源合理调配的机制和各种生产要素竞相迸发的社会舆论和文化环境。

新中国成立以来，我国的政府职能完成了三次转变。

第一次转变开始于党的十一届三中全会。这次会议确立了“把工作重心转移到经济建设上来”的战略决策，实际上理顺了行政关系，明确了政府的主要工作，将政府工作从“文革”时的混乱状态调整为条理有序的状态。

第二次转变开始于改革开放初期。沿海地方政府都着重于制定、实施各种优惠政策和相关配套政策，大力招商引资，政府工作的重心开始真正转移到经济建设上来。沿海地区初步形成了各具特色的经济发展模式，区域经济得到了良好发展，基本满足了国家和地方经济建设的需要，并且在国际经济竞争中，利用本地优势形成了一定规模的经济空间和市场领域。

第三次转变发生在 20 世纪 90 年代中后期。此时，在我国的经济发达地区，特别是沿海发达地区，政府职能在经济领域的重点已经转移并升级为经济空间的开拓、资源的优化配置、经济结构的调整等对经济增长的宏观调控，整个政府职能也转变为对政治、经济、社会发展的综合调控。1998 年的国务院机构改革明确将政府职能定位为三项：宏观调控、社会管理和公共服务。党的十六大报告也指出，政府的职能是经济调节、市场监督、社会管理和公共服务，其核心理念就是由原来的“管理型政府”向“服务型政府”转变。

可以说，党和政府一直在推动政府职能的转变，并取得了巨大成果。但是随着经济社会的不断发展，政府在职能建设方面依然存在很多问题。党的十九大指出，新时代的矛盾集中体现在人民日益增长的美好生活需要和不平衡不充分的发展上。为了解决这一矛盾，十九届三中全会对此提出一系列目标与方案，目前正在进行第四次政府职能转变的积极探索。

（二）治理结构

治理结构的特征

治理结构主要指的是治理主体在治理网络中的位置及相互之间的关系。在我国政治与行政合一的体制框架内，政府在整个国家治理体系中扮演着决定性的角色，无论是市场体系的成熟、公民社会的成长，还是政府治理结构的完善，最终都取决于政府角色的现代转型[1]。政府体制的演变直接决定着现代国家治理体系成长的进程。因此，政府角色及其管理方式的现代转型，是现代化进程的重要组成部分，也是现代国家治理体系建构的核心问题。

在形成现代化国家治理结构的过程中，政府应向社会还权和授权，给予非政府组织更多的活动空间，充分发挥社会组织自主管理的能力与作用，建设多元共治的社会管理与公共服务体系。

在实现路径上，向社会主体购买服务。将部分公共服务外包给社会化组织和个人，充分发挥市场机制、行业自律和社会监督在公共服务领域的作用。

在实现动力上，培育参与型公民，重视行业协会、企业工会、民间慈善组织和企业等市场力量，建立多元化的社会主体参与机制和渠道，将国家治理的部分职能“对接”到社会自治组织，把社会能办好的事情尽量交给社会承担，形成社会治理的合力。

事实上，相关的组织已经在部分行业内进行了探索。2005 年 6 月 18 日，互联网治理工作组（WGIG）在研究报告中提出“互联网治理”的内涵，即“政

[1] 何显明. 政府转型与现代国家治理体系的建构——60 年来政府体制演变的内在逻辑. 浙江社会科学，2013，（6）：4–13。

府、私营部门和民间社会根据各自的作用制定和实施旨在规范互联网发展和运用的共同原则、规范、规则、决策程序和方案”。

当互联网的流动性、无国界、高技术及创新性等特征日趋凸显时，互联网的治理逐渐摆脱狭隘的物理层面的资源管理，而拓展到多元主体为解决互联网的全球性问题，共同设定发展目标、规划路线方针并制定行为规则的协同行动机制。该组织提出的互联网治理方式可以为我们探索国家治理结构的具体实现方式提供一定的参考。

网络化治理[1]

网络化治理理论是 20 世纪 90 年代在美国兴起的公共治理理论，并在政府的管理实践中得到了运用。网络化治理代表的不仅是一种挑战传统政府制度的治理模式，更是对传统科层官僚制治理结构的完善，甚至是重塑。

网络治理理论由美国印第安纳波利斯前市长斯蒂芬·戈德史密斯（Stephen Gold-smith）和德洛特研究所（Deloitte Research）的威廉·艾格斯（William D.Eggers）联合提出。在他们共同的著作《网络化治理：公共部门的新形态》一书中提出“网络治理主要指一种全新的通过公私部门合作，非营利组织、营利公司等广泛参与提供公共服务的治理模式”。在网络化治理模式下，政府角色、组织结构以及组织间关系发生了很大变化，从传统的管理人民、控制社会向协调资源转变，行政管理序列变得更为扁平，参与的部门也更为广泛。在传统的官僚体制时代，政府在提供公共服务、满足公共政策目标方面占据支配地位。目前的世界变化节奏更快、权力更加分散，界限也更加模糊，传统的治理模式已经不能满足人们复杂而多变的需求，代之而起的是一种与传统模式有着根本区别的公共管理模式，即网络化治理。

（三）治理机制

治理机制的特征

机制指的是因果之间稳定的实现过程。治理机制主要指的是制度以及制度

[1] 何植民，齐明山. 网络化治理：公共管理现代发展的新趋势. 甘肃理论学刊，2009，(03)。

的运行机制。新中国成立 60 多年来，国家治理的指导思想、思维方式和体制建构都发生了深刻演变。在经历了种种反复、迷惘，并在改革开放实践中重新回归常态之后，建构现代化的国家治理体系合乎逻辑地成为中国政治和行政体制改革的总体目标。中国共产党十八大明确提出“党领导人民有效治理国家”的命题，并将国家“制度体系”建设提到前所未有的战略高度，寓意极为深刻。

现代化的治理机制应具有以下特征：

一是能够正确处理政府和社会的关系，实行政社分开，培育各类社会组织。该机制能够让人民群众依法通过社会组织实行自我管理、自我服务，并参与社会事务管理，有利于更好地发挥人民的主人翁精神，推动社会和谐发展。

二是能够发挥政府在国家治理中的主导作用。在鼓励和支持社会多方面参与国家治理的同时，坚持和巩固政府的主导作用，实现政府治理和社会自我调节、公民自治的良性互动。

三是能够对社会组织科学、分类管理。进行社会组织的去行政化、公开透明化、规范有序化的改革，推进和引导社会组织明确权责、依法自治，激发社会组织的活力。

四是能够完善基层群众自治制度。建立有效预防和化解社会矛盾的体制，发挥城乡社区在发展民主自治、扩大有序参与、提供公益服务、加强社会管理、防止和化解矛盾纠纷、维护社会稳定等方面的作用。

多层次治理

多层次治理（Multi-Level Governance），指的是政府、市场及社会等不同层次的主体各司其责，以协议的方式、适当的角色加入治理过程之中。其中，政府作为民意的代言人，需要牢牢把握新行业（如信息化、人工智能等）的发展方向，同时为该行业制定统一的安全标准和法律规范；企业作为技术的拥有者，既要承担科技研发的重任，也要承担相应的社会责任，即进行透明、公开、严格的自我监管，并带动和促进同行监督、标准监督、体制监督的形成；同时，社会也需要积极参与到相关规则的制定过程中，助力打造自上而下的协同治理体系。

适度性监管

适度性监管，指的是监管机构在保持权力的的同时，把更多的创新活动交给市场规律进行调节。例如，2015 年 10 月 19 日，国务院发布《关于实行市场准入负面清单的意见》，提出自 2018 年起在全国统一正式实行“市场准入负面清单制度”。在该意见中，国务院以清单方式明确列出在中国境内禁止和限制投资经营的行业、领域、业务等，清单之外的行业、领域、业务则可以任由各类市场主体依法平等进入。可以说，负面清单制度正是对适度性监管的良好实践，体现了权力赋予了市场主体更多的主动权，能够更好地激发市场活力，有利于形成长期稳定、繁荣的市场业态。

深化党和国家机构改革

2018 年 2 月 28 日，党的十九届中央委员会第三次全体会议提出，深化党和国家机构改革的目标是，构建系统完备、科学规范、运行高效的党和国家机构职能体系，形成总揽全局、协调各方的党的领导体系，职责明确、依法行政的政府治理体系，中国特色、世界一流的武装力量体系，联系广泛、服务群众的群团工作体系，推动人大、政府、政协、监察机关、审判机关、检察机关、人民团体、企事业单位、社会组织等在党的统一领导下协调行动、增强合力，全面提高国家治理能力和治理水平。既要立足实现第一个百年奋斗目标，针对突出矛盾，抓重点、补短板、强弱项、防风险，从党和国家机构职能上为决胜全面建成小康社会提供保障；又要着眼于实现第二个百年奋斗目标，注重解决事关长远的体制机制问题，打基础、立支柱、定架构，为形成更加完善的中国特色社会主义制度创造有利条件。

全会强调，面对新时代新任务提出的新要求，党和国家机构设置和职能配置同统筹推进“五位一体”总体布局、协调推进“四个全面”战略布局的要求还不完全适应，同“实现国家治理体系和治理能力现代化”的要求还不完全适应。

全会提出，全党必须统一思想、坚定信心、抓住机遇，在全面深化改革进程中，下决心解决党和国家机构职能体系中存在的障碍和弊端，加快推进国家治理体系和治理能力现代化，更好发挥我国社会主义制度优越性。

全会提出，以加强党的全面领导为统领，以国家治理体系和治理能力现代化为导向，以推进党和国家机构职能优化协同高效为着力点，改革机构设置，优化职能配置，深化转职能、转方式、转作风，提高效率效能，为决胜全面建成小康社会、开启全面建设社会主义现代化国家新征程、实现中华民族伟大复兴的中国梦提供有力的制度保障。

全会提出，深化党和国家机构改革的首要任务是，完善坚持党的全面领导的制度，加强党对各领域各方面工作领导，确保党的领导全覆盖，确保党的领导更加坚强有力。要建立健全党对重大工作的领导体制机制，强化党的组织在同级组织中的领导地位，更好发挥党的职能部门作用，统筹设置党政机构，推进党的纪律检查体制和国家监察体制改革。

全会提出，转变政府职能，优化政府机构设置和职能配置，是深化党和国家机构改革的重要任务。要坚决破除制约使市场在资源配置中起决定性作用、更好发挥政府作用的体制机制弊端，围绕推动高质量发展，建设现代化经济体系，调整优化政府机构职能，合理配置宏观管理部门职能，深入推进简政放权，完善市场监管和执法体制，改革自然资源和生态环境管理体制，完善公共服务管理体制，强化事中事后监管，提高行政效率，全面提高政府效能，建设人民满意的服务型政府。

全会提出，统筹党政军群机构改革，是加强党的集中统一领导、实现机构职能优化协同高效的必然要求。要统筹设置相关机构和配置相近职能，理顺和优化党的部门、国家机关、群团组织、事业单位的职责，完善党政机构布局，深化人大、政协和司法机构改革，深化群团组织改革，推进社会组织改革，加快推进事业单位改革，深化跨军地改革，增强党的领导力，提高政府执行力，激发群团组织和社会组织活力，增强人民军队战斗力，使各类机构有机衔接、相互协调。

全会提出，治理好我们这样的大国，要理顺中央和地方职责关系，更好发挥中央和地方两个积极性。要统筹优化地方机构设置和职能配置，构建从中央到地方运行顺畅、充满活力、令行禁止的工作体系，中央加强宏观事务管理，地方在保证党中央令行禁止前提下管理好本地区事务，赋予省级及以下机构更多自主权，合理设置和配置各层级机构及其职能，增强地方治理能力，加强基层政权建设，构建简约高效的基层管理体制。

全会提出，机构编制法定化是深化党和国家机构改革的重要保障。要完善党和国家机构法规制度，依法管理各类组织机构，加快推进机构、职能、权限、程序、责任法定化，全面推行政府部门权责清单制度，规范和约束履职行为，让权力在阳光下运行，强化机构编制管理刚性约束，加大机构编制违纪违法行为查处力度。

全会强调，深化党和国家机构改革是一个系统工程，各级党委和政府要把思想和行动统一到党中央关于深化党和国家机构改革的决策部署上来，增强“四个意识”，坚定“四个自信”，坚决维护以习近平同志为核心的党中央权威和集中统一领导，把握好改革发展稳定关系，不折不扣地抓好党中央决策部署贯彻落实，依法依规保障改革，增强改革的系统性、整体性、协同性，加强党政军群各方面机构改革配合，使各项改革相互促进、相得益彰，形成总体效应。

六、国家治理生态之“治理能力”

“国家能力”是指国家将自己的意志、目标转化为现实的能力。对于国家能力的概念和内涵，不同时期的不同研究者提出的答案不尽相同。例如，马克斯・韦伯认为，理性国家应当有自主能力、成本—收益的计算能力和制度化能力。联合国发展研究所的报告《建设减少贫困的国家能力》(2010 年)认为，国家要有基本能力保障五个方面，即帮助获取新技术、动员资源到生产性部门、执行标准和规制、建立社会公约、资助和监管社会服务项目供给。在中国主要指中央政府能力，国家能力可以概括为以下五种能力[1]：一是汲取能力；二是调控能力；三是分配能力；四是合法化能力；五是强制能力。为此，国家必须能够有达成必要的同盟或政治解决方案的政治能力、为投资和社会发展提供资源的资源动员能力、向生产性部门和福利促进性部门分配资源的能力[2]。

在当前时期，我国的国家治理能力就是运用国家制度管理社会各方面事务的能力，来保证我国在当前国内外环境中坚持中国共产党的领导、坚持社会主义道路和坚持实现中华民族的伟大复兴。我们认为，在新时代探索特色社会主义道路的过程中，重点仍然是要平衡好改革、发展、稳定之间的关系。邓小平同志深刻指出，“我们评价一个国家的政治体制、政治结构和政策是否正确，关键看三条：第一是看国家的政局是否稳定；第二是看能否增进人民团结，改善人民的生活；第三是看生产力能否得到持续发展。”[3]这正是我们重点研究的国家治理能力，即发展能力、改革能力和稳定能力。党中央在十八届三中全会上研究全面深化改革问题并作出总体部署。习近平总书记强调，我们必须处理好

[1] 参考王绍光、胡鞍钢《中国国家能力报告》中关于国家能力的分类。

[2] 褚松燕. 论中国国家治理能力现代化——国家构建的视角. 当代世界，2015，(5)。

[3] 邓小平文选第三卷《怎样评价一个国家的政治体制》。

改革、发展、稳定三者之间的关系，以更大的政治勇气和智慧，进一步解放思想、解放和发展社会生产力、增强社会创新活力。治理能力也要平衡好改革能力、发展能力和稳定能力之间的关系，如图 1-7 所示。

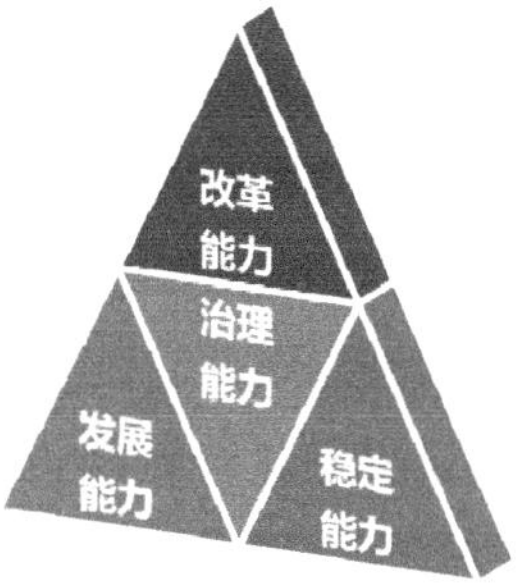

图 1-7　国家治理能力

（一）发展能力

从 1979 年 3 月中央政治局会议正式确定对国民经济实行“调整、改革、整顿、提高”八字方针以来，发展已成为“党执政兴国的第一要务”。改革开放 40 年来，我国坚持聚精会神搞建设、一心一意谋发展，开创了中国特色社会主义现代化辉煌篇章。

邓小平同志高度重视生产力的发展，把是否有利于生产力的发展看作衡量各种体制和政策的根本标准，他指出，“社会主义优越性最终要体现在生产力能够更好的发展上。”[1]“发展才是硬道理。”[2]

国家发展能力是什么

对于国家治理主体尤其是政府来讲，发展能力包括以下三类能力：

一是驾驭社会主义市场经济的能力。科学的宏观调控、有效的政府治理是发挥社会主义市场经济体制优势的内在要求。在紧紧围绕使市场在资源配置中起决定性作用的深化经济体制的改革中，政府等部门要不断提高把握市场经济发展的能力，切实解决好关系到深化经济体制改革全局的重大问题，使改革符

[1] 邓小平文选第三卷《社会主义和市场经济不存在根本矛盾》。

[2] 邓小平文选第三卷《在武昌、深圳、珠海、上海等地的谈话要点》。

合社会主义社会的本质要求和社会主义市场经济的本质要求。

二是发展社会主义民主政治、先进文化、生态文明的能力。建设社会主义政治文明，是全面建成小康社会的重要目标。根据十八届三中全会精神，发展社会主义民主政治，就是要坚持党的领导、人民当家做主和依法治国的有机统一，就是要坚定不移地走中国特色社会主义道路。建设社会主义先进文化，就是要积极推动党的理论创新、积极推进文化体制改革、掌握舆论主动权，构建现代公共文化服务体系。发展社会主义生态文明，就是紧紧围绕建设美丽中国深化生态文明体制改革，加快建立生态文明制度，健全国土空间开发、资源节约利用、生态环境保护的体制机制，推动形成人与自然和谐发展的现代化建设新格局。

三是应对国际复杂形势和处理国际事务的能力。具体包括准确把握国际格局变化的能力、统筹国内国际两个大局的能力以及维护国家利益的能力等。

（二）改革能力

“改革”原意指战国时期赵武灵王“胡服骑射”变革中的“改穿胡服”，因为胡服多是皮革所做成，故称“改革”，表达了改变旧事物、旧制度的意思。当代“改革”更指“对旧有的生产关系、上层建筑作局部性或根本性调整变动”。改革是社会发展的强大动力。

中国已经改革开放 40 年，取得了巨大的成就，关键就在于始终积极地推进改革，逐步形成和拓展改革能力，并形成具有中国特色的改革能力。邓小平同志指出，中国“要做到发展，必须坚持对外开放，对内改革。”[1]改革“是决定中国命运的一招。”[2]“不开放不改革没有出路，国家现代化建设没有希望。”[3]

国家改革能力是什么

对于国家治理主体来讲，国家治理过程包括决策、执行、监督等环节，改革能力也可以根据以上环节分为关于改革的决策能力、执行能力、监督能力等。对于以上能力，可以从民主化、科学化、公开化、透明化、合法化等维度来衡

[1] 邓小平文选第三卷《加强四项基本原则教育，坚持改革开放政策》。

[2] 邓小平文选第三卷《总结经验 使用人才》。

[3] 邓小平文选第三卷《会见香港特别行政区基本法起草委员会时的讲话》。

量。国家改革能力的分类如下：

第一，决策能力：科学决策能力、合法决策能力、民主决策能力等。

第二，执行能力：科学执行能力、公开执行能力、合法执行能力等。

第三，监督能力：民主监督能力、合法监督能力、科学监督能力等。

综而述之，改革能力是一种执政能力，包括科学执政能力、民主执政能力、依法执政能力等。

（三）稳定能力

既然确定了改革开放的方针路线，就要坚决贯彻执行。国家的发展需要稳定和平的环境，需要长期稳定不动摇的政策。

邓小平同志指出，“中国的问题，压倒一切的是需要稳定。没有稳定的环境，什么都搞不成，已经取得的成果也会失掉。”[1]“进行全面的经济体制改革需要勇气，胆子要大，步子要稳。这是我们党和国家当前压倒一切的最艰巨的任务。”[2]“所谓胆子要大，就是坚定不移的搞下去；步子要稳，就是发现问题赶快改。”[3]

近年来，群体性社会冲突越来越频繁。过去对“稳定压倒一切”方针理解偏颇，形成了一种思维定式，一出现问题就如临大敌。但当前社会冲突本质上是人民内部的利益矛盾，在稳定问题上应该有新思维，即用新的秩序观来弥补过去那种被动的、预防性的稳定观的不足。稳定的本质是系统的动态平衡、系统要素的良性互动，而不是系统的“不动”和“不变”。

新思维就是要形成柔性处理社会矛盾的方式，培养体制对社会矛盾和社会冲突的容纳能力，重点是要形成用制度化的方式解决矛盾的机制。我们要有信心建立经济社会生活的新秩序，即以表达权为基础的市场经济条件下的利益均衡机制。

国家稳定能力是什么

在实现现代化国家治理中，维护稳定、和谐的能力包括以下两种：

[1] 邓小平文选第三卷《压倒一切的是稳定》。

[2] 邓小平文选第三卷《改革开放是很大的试验》。

[3] 邓小平文选第三卷《在政治上发展民主，在经济上实行改革》。

一是增强政治定力的能力。当西方敌对势力出于意识形态和战略利益的需要，不择手段地对我国进行思想文化观念渗透，以遏制我国发展、破坏我国和谐稳定的时候，要始终保持头脑清醒、旗帜鲜明和坚定的政治自信，坚决地与之作斗争。

二是预防和处理矛盾纠纷的能力。由于发展不均衡、不协调，地区差距、城乡差距、居民收入差距没有得到根本扭转等原因，当前出现了大量社会矛盾，引发这些社会矛盾的原因有食品药品安全、安全生产、劳资纠纷、医患纠纷、环境污染等。这些问题的解决需要强化从源头预防的思想，健全社会利益协调机制和社会风险评估机制，形成“党委总揽全局、各部门齐抓共管、人民群众广泛参与”的工作格局，妥善化解各类矛盾。

国家治理生态之“治理能力”：典型案例一

“互联网+”先进制造行动计划

在2015年全国两会上，李克强总理亲手描绘了一幅“互联网+”的宏伟蓝图。“互联网+”行动计划的提出，彰显出国家层面对互联网拉动中国经济增长潜力的认可和鼓励，也让业界对互联网在中国经济转型中扮演的角色产生无限遐想。

李克强总理在2015年夏季达沃斯论坛上指出，分享经济是拉动经济增长的新路子，为我国发展分享经济指明了方向。我国已具备发展分享经济的良好基础，建议进一步制定发展策略，“促”“管”齐下，趋利避害，抓住分享经济引领发展变革的重大机遇。

“互联网+”是把互联网的创新成果与经济社会各领域深度融合，推动技术进步、效率提升和组织变革，提升实体经济创新力和生产力，形成更广泛的以互联网为基础设施的创新要素的经济社会发展新常态。

充分发挥我国互联网先发优势，在工业领域加快实施“互联网+”先进制造行动计划，培育基于互联网的新产品、新业态、新模式。重点做好以下几方面的工作：

一是加速培育工业互联网新产品。

开展面向重点领域的工业云、工业大数据、物联网创新应用试点，培育基于互联网的个性化定制、众包设计、云制造等新型制造模式，推动形成基于消费需求动态感知的研发、制造、服务新方式。鼓励和支持行业企业间（B2B）电子商务平台、综合物流服务平台发展，推广普及移动电子商务。加快构建“大数据、大支撑、大安全”安全生产平台，推动安全生产监管监察动态化、实时化，以及事故预判和风险防控自动化、智能化。

二是加速制造业服务化转型。

研究制订服务型制造发展的指导意见，支持企业积极发展在线监控诊断、远程维护、融资租赁、全生命周期管理等新业务。支持合同能源管理、排污权交易、碳交易等专业服务发展。

三是加强工业互联网基础设施体系建设。

研究制订工业互联网整体网络架构方案，超前部署面向智能制造单元、智能工厂的低延时、高可靠、广覆盖的工业互联网。搭建连接多地、多方参与、安全可靠的工业互联网试验网络，为工业互联网领域基础研究、技术创新、应用创新提供验证服务。在众筹众创过程中，政府的投资比例会不断下降，从2015年的大于50%到2030年预计低于30%，如图1-8所示。

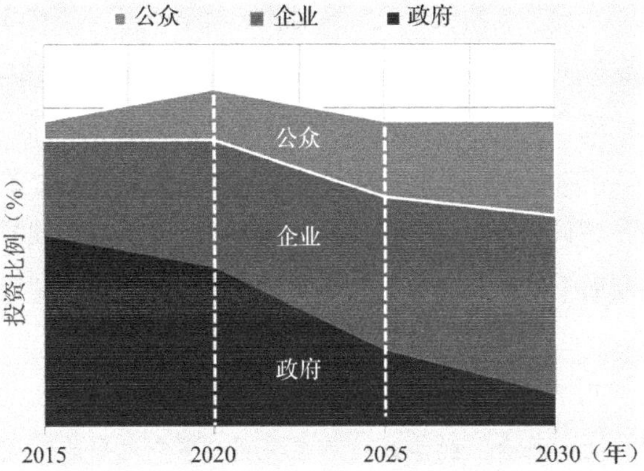

图1-8 公众、企业与政府2015至2030年投资趋势

中国电子科学研究院管理研究中心制图。

国家治理生态之“治理能力”：典型案例二

19世纪末美国治理转型

在社会解组、社会失范及个体原子化的社会大溃败中，西方国家凭借悠久的社会自治传统，涌现出了大规模的抵制市场入侵的“社会保护”运动。

以美国为例，19世纪末20世纪初的进步主义时期作为美国社会转型最为剧烈的历史阶段，正是“社会奋起保护自己”的关键时期。一大批有良知的知识分子掀起的“扒粪运动”，对资本力量野蛮地侵蚀社会生活价值的种种丑恶现象的揭露和抨击，以捍卫弱势群体权益为主旨的公益性社会团体的迅速成长，及其在社会各领域开展的社会改良运动，有力地催化了人们对“市场社会”的警觉。

正是广泛的社会自卫运动逐步营造出了社会改造的基本共识，凝聚形成了推动政府进行社会改革的现实力量。正如当时最有声望的政治学家赫伯特·克罗利指出的那样，“改革是不可避免的，改革的目标是重建社会而不是恢复旧状态，改革的核心问题是扩大政府职能，加强国家对经济和社会生活的干预”。于是，主张放弃自由放任，加强政府干预的“新国家主义”成为社会变革的主流思潮。对政府管得凶的恐惧心理减退了，对自由竞争的无限信仰也减退了；取而代之的是人们认识到一定要有一个组织完善的政府，这个政府具有广泛的权力去控制不公平的竞争，提高社会效率和促进普遍福利。

由此应运而生的“罗斯福新政”通过扩大政府干预，扶持社会力量，限制垄断势力，完成了一场资本主义经济、社会、政治体制的重大变革。“新政”从两方面永远地改变了美国的自由主义：一是政府开始加强干预，减少市场经济的不确定性；二是政府开始在社会福利方面承担起更大的社会责任。“新政”开启的政府转型，将促进社会公平的社会保障体系建设，以及调节社会利益关系和限制市场垄断的干预行为纳入了政府职责范围，极大地缓解了转型期的社会阵痛。

罗斯福之后几任总统推行的“公平施政”“新边疆”政策、“向贫困开战”计划及建设“伟大的社会”的实践，都在巩固“罗斯福新政”成果的基础上，深化了社会结构的改造。在这一过程中，传统的守夜人式的弱政府逐渐演变为干预范围日益扩大的强政府，碎片化的社会也借助于各种形式的社会组织而在一定程度上实现了再组织化，最终有效地阻止了“市场社会”的降临，奠定了政府、市场、社会相互抗衡又相互补位的格局。

从“罗斯福新政”、欧洲福利国家建设，到凯恩斯主义大行其道，西方国家的政府职能和政府规模在20世纪成倍地扩大。与传统国家相比，现代国家不仅完全垄断了其统辖范围内的暴力或强制力量，而且借助于其系统化的监控、干预、规训能力，能够将其强制力量延伸到领土范围内的各个部分，渗透到社会生活的各个环节。

现代民族国家的产生，其目标是要造就一个有明确边界、社会控制严密、国家行政力量对社会全面渗透的社会，它的形成基础是国家对社区的全面监控。

现代国家在给公民提供经济权利保障的同时，也建立起了对每个公民出生、婚姻、经济状态、疾病、信用等各方面信息的详细记录，行政权力也因此介入日常生活的细枝末节，渗入了最为私密的个人行动过程和人际关系。事实证明，国家权力的渗透和扩张，同样不可能有什么自制力，而只会本着无限扩张的惯性不断蚕食社会生活的自主空间，结果只能是“政府越来越多地作为一个侵犯性的管理机构存在于日常生活之中”，直至将整个社会生活纳入自身的控制范围。

国家治理生态之“治理能力”：典型案例三

中央网络安全和信息化领导小组

2014 年 2 月 27 日，中国成立了“中央网络安全和信息化领导小组”，习近平总书记发表重要讲话指出，“网络安全和信息化是事关国家安全和国家发展、事关广大人民群众工作生活的重大战略问题”“没有网络安全就没有国家安全，没有信息化就没有现代化。”

我们的国家治理中存在信息共享、资源统筹、工作协调不够等问题，制约了国家治理效率和公共服务水平。这个问题要深入研究。我们提出推进国家治理体系和治理能力现代化，信息是国家治理的重要依据，要发挥其在这个进程中的重要作用。要以信息化推进国家治理体系和治理能力现代化，统筹发展电子政务，构建一体化在线服务平台，分级分类推进新型智慧城市建设，打通信息壁垒，构建全国信息资源共享体系，更好地用信息化手段感知社会态势、畅通沟通渠道、辅助科学决策。

——习近平在网信工作座谈会上的讲话 2016 年 04 月 19 日

2

第二章　信息化与国家治理

一、信息化的概念与内涵

二、信息化时代的国家治理

三、信息化重塑国家治理的主要领域

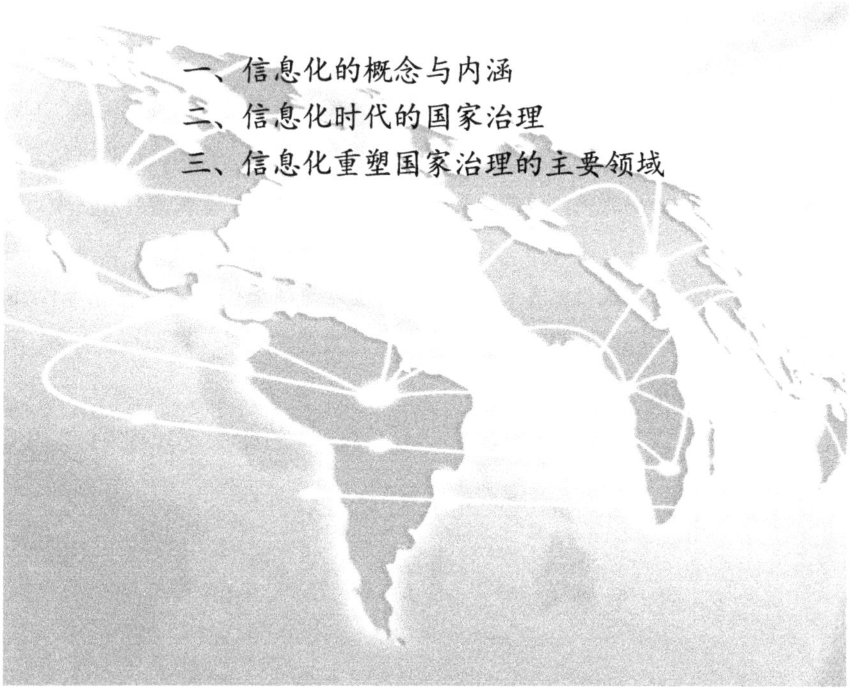

一、信息化的概念与内涵

“信息化”概念源起

“信息化”的概念起源于20世纪60年代的日本，日本学者梅棹忠夫于1963年在题为“论信息产业”的文章中提出，信息化是指通信现代化、计算机化和行为合理化的总称。其中，行为合理化是指人类按公认的合理准则与规范进行活动；通信现代化是指社会活动中的信息交流基于现代通信技术基础上进行的过程；计算机化是指社会组织和组织间信息的产生、存储、处理（或控制）、传递等广泛采用先进计算机技术和设备管理的过程。现代通信技术是在计算机的控制与管理下实现的，因此，社会计算机化的程度是衡量社会是否进入信息化的一个重要标志。

“论信息产业”一文向人们描绘了“信息革命”和“信息化社会”的前景。当时梅棹忠夫就预见到，信息科学技术的发展和应用将会引起一场全面的社会变革，并将人类社会推入“信息化社会”。从这一点上来看，他是把“信息革命”与“信息化”这两个概念等量齐观的。但严格来说，它们之间是有区别的。“信息革命”是信息领域中的一次质变过程，它将会产生一系列的新思想、新学科、新技术、新方法和新设备，从而对信息工作产生巨大的促进作用。而“信息化”则是一个外延很广的概念，它是指“信息革命”的社会后果，即“信息革命”对人类社会发展所施加的影响。它不仅涉及信息领域，还涉及人类社会生活的其他所有领域。因此，梅棹忠夫未能对“信息化”这一概念作出完整、准确的阐述。

> 小贴士——**信息**
>
> 信息是用来消除随机不确定性的东西。——香农（C.E.Shannon）（信息论奠基人）
>
> 信息就是信息，不是物质，也不是能量。——维纳（Norbert Wiener）（控制论奠基人）
>
> 信息是人们在适应外部世界，并使这种适应反作用于外部世界的过程中，同外部世界进行互相交换的内容和名称。——维纳（Norbert Wiener）（控制论奠基人）
>
> 信息是事物的存在方式或运动状态，并以这种方式或状态直接或间接的表述。——钟义信（我国著名信息学专家，全信息论奠基人）

虽然梅棹忠夫对“信息化”的定义并不全面，但他确实为后来的信息化理论研究及其实践应用确立了一个基本方向，即“信息产业”。这一概念后来被译成英文传播到西方。西方社会普遍使用“信息社会”和“信息化”的概念是在20世纪70年代后期才开始的。20世纪80年代初期以来，随着阿尔文·托夫勒的《第三次浪潮》、约翰·奈斯比特的《大趋势——改变我们生活的十个新趋向》的出版和20世纪90年代初美国“信息高速公路”计划的提出，“信息化”一词逐渐为人们所普遍接受和使用。

“信息化”的多种内涵

虽然“信息化”这一概念已经被广泛接受和使用，但由于人们研究的角度和使用的出发点不同，对其内涵的表述也不尽相同，其中较具代表性的有以下十种：

（1）信息化主要是指以计算机技术为核心来生产、获取、处理、存储和利用信息。

（2）信息化就是知识化，即人们受教育程度的提高以及由此而引起的知识信息的生产率和吸收率的提高过程。

（3）信息化就是在人类社会的经济、文化和社会生活的各个领域中广泛而普遍地采用信息技术。

（4）信息化是生产特征转换和产业结构演进的动态过程，该过程是由以物质生产为主向以知识生产为主转换，由相对低效益的第一、第二产业向相对高效益的第三、第四产业演进[1]。

（5）信息化是指国民经济发展从以物质和能源为基础向以知识和信息为基础的转变过程，或者说是指国民经济发展的结构框架重心从物理性空间向知识性空间转变的过程。

（6）信息化是指从事信息获取、传输、处理、提供信息的部门及各部门的信息活动（包括信息的生产、传播和利用）的规模相对扩大及在国民经济中的作用相对扩大，最终超过农业、工业、服务业的全过程。

（7）信息化是向信息产业高度发达且在产业结构中占优势地位的社会，即信息社会前进的动态过程，它反映了由可触摸的物质产品起主导作用向难以捉

[1] 付建光. 领导干部信息素质及其培养. 北京大学学报（哲学社会科学版），2006，（51）。

摸的信息产品起主导作用的根本性转变。

(8)信息化是当代新技术革命引起的新的经济和社会发展现象。

(9)信息化即信息资源(包括知识)的空前普及和空前高效率的开发、加工、传播和利用,人类的体力劳动和智力劳动获得空前的解放。

(10)信息化是利用现代信息技术实现比较充分的信息资源共享,以解决社会和经济发展中出现的各种问题。

我国的官方定义

关于信息化的表述,中国学术界和政府内部做过较长时间的研讨。有人认为,信息化就是计算机、通信和网络技术的现代化;有人认为,信息化就是从物质生产占主导地位的社会向信息产业占主导地位的社会转变的发展过程;还有人认为,信息化就是从工业社会向信息社会演进的过程,等等。

1997年召开的首届全国信息化工作会议,将信息化和国家信息化定义为:"信息化是指培育、发展以智能化工具为代表的新的生产力并使之造福于社会的历史过程。国家信息化就是在国家统一规划和组织下,在农业、工业、科学技术、国防及社会生活各个方面应用现代信息技术,深入开发广泛利用信息资源,加速实现国家现代化进程。"实现信息化就是要构筑和完善六个要素的国家信息化体系,这些要素包括开发利用信息资源、建设国家信息网络、推进信息技术应用、发展信息技术和产业、培育信息化人才、制定和完善信息化政策。

中国通信学会科普中国百科科学词条评审专家委员会则认为:信息化是指培养、发展以计算机为主的智能化工具为代表的新生产力,并使之造福于社会的历史过程。智能化工具又称信息化的生产工具,它一般必须具备信息获取、信息传递、信息处理、信息再生、信息利用的功能。与智能化工具相适应的生产力,称为信息化生产力。智能化生产工具与过去生产力中的生产工具不一样的是,它不是一件孤立分散的东西,而是一个具有庞大规模的、自上而下的、有组织的信息网络体系。这种网络性生产工具将改变人们的生产方式、工作方式、学习方式、交往方式、生活方式、思维方式等,将使人类社会发生极其深刻的变化。信息是人类连接赛博空间与实体空间的媒介(见图2-1),信息化是以现代通信、网络、数据库技术为基础,将所研究对象各要素汇总至数据库,供特定人群生活、工作、学习、辅助决策等和人类息息相关的各种行为相结合的一种技术,使用该技术后,可以极大地提高各种行为的效率,并为推动人类社会进步提供极大的技术支持。

图 2-1　信息是人类连接赛博空间与实体空间的媒介

二、信息化时代的国家治理

(一)信息技术对经济社会发展的全面渗透

在信息化时代，信息技术及其应用已经渗透到政治、经济、社会的各个方面，信息化应该而且已经成为发展、改革、稳定的重要基石，这对国家治理提出了新的、更高的要求[1]。

经济上，以信息产业为主导、以信息产品的生产和信息服务为主体的新经济模式——数字经济，正在成为经济转型的新动力。

技术上，信息技术已经成为创新驱动拉动全面创新的核心技术领域，信息技术是当前全球创新最活跃、带动性最强、渗透性最广的领域。

社会结构上，信息化已经成为重塑社会秩序和社会结构的重要推动性力量、践行社会主义核心价值观的主阵地、决定社会政治参与的主渠道和影响社会稳定的主动力。

国际关系上，信息化已经成为我国与发达国家博弈的核心议题，也是我国与发展中国家构建命运共同体的重要合作领域。

习近平总书记指出，信息化是事关国家安全和国家发展、事关广大人民群众工作生活的重大战略问题，要从国际国内大势出发，总体布局，统筹各方，

[1] 中国工程院院士吴曼青. 信息化已经成为发展、改革、稳定的重要基石. http://cpc.people.com.cn/n/2015/1107/c399882-27789241.html。

创新发展。因此，从国家治理角度来看，信息化已经成为党加强领导、政府转变职能、实现治理体系和治理能力现代化的重要物质基础和必由之路。

国家治理体系和治理能力是一个国家制度和制度执行能力的集中体现。在全球化、信息化的新时代背景下，我们要充分利用信息化手段，构建新的体制机制，实现各项事务治理的制度化、规范化、程序化，提高党领导人民、管理国家事务的能力。

（二）信息技术与经济社会发展的全面融合

在信息时代，信息已成为国家和社会发展的重要战略资源，国家在网络空间的信息主权已经成为继陆权、海权、空权之后的另一个大国博弈的焦点。信息安全问题已不再仅是影响到公众隐私安全、社会安全、经济安全，而是涉及军事、外交，乃至国家安全层面，是不容忽视的战略性问题。信息安全越发成为牵动国际关系和国家利益的敏感神经。

信息科技革命除了带来新的经济发展形态之外，还对整个社会的形态与理念进行了革新，促进了整个社会的信息化，从而产生了所谓的“信息社会”。

由于信息社会的复杂性、多维性等特点，理论界对它的定义往往存在较大的差异。2003 年，“信息社会世界峰会”在日内瓦召开，该会议通过了关于信息社

> **小贴士——信息技术**
>
> 信息技术（Information Technology，IT），是主要用于管理和处理信息所采用的各种技术的总称。它主要是应用计算机科学和通信技术来设计、开发、安装和实施信息系统及应用软件。
>
> 它也常被称为信息和通信技术（Information and Communications Technology，ICT），主要包括传感技术、计算机技术和通信技术等。
>
> 广义而言，信息技术是指能充分利用与扩展人类信息器官功能的各种方法、工具与技能的总和。该定义强调的是从哲学上阐述信息技术与人的本质关系。
>
> 进一步说，信息技术是指对信息进行采集、传输、存储、加工、表达的各种技术之和。该定义强调的是人们对信息技术功能与过程的一般理解。
>
> 狭义而言，信息技术是指利用计算机、网络、广播电视等各种硬件设备及软件工具与科学方法，对文图声像各种信息进行获取、加工、存储、传输与使用的技术之和。该定义强调的是信息技术的现代化与高科技含量。

会的“原则声明”和“行动计划”，对信息社会作出了界定：“信息社会是一个以人为本、具有包容性和面向全面发展的社会。在此信息社会中，人人可以创造、获取、使用和分享信息和知识，使个人、社会和各国人民均能充分发挥各自的潜力，促进实现可持续发展并提高生活质量。”上述定义从个人和社会的视角对信息社会进行了界定，揭示了信息社会所特有的广泛内涵和深刻理念[1]。

2005 年，联合国通过决议，从 2006 年起将 5 月 17 日定为“世界信息社会日”。

信息社会与传统工业社会相比，呈现出了显著的区别，其新特征主要体现在信息经济、网络社会、在线政府和数字生活等方面。

1. 信息经济

信息经济是信息社会最基本的经济形态，也是决定信息社会发展水平高低的重要因素。信息经济是指以知识的生产、分配、拥有和使用为主特征的经济形态。信息与知识以人才和研究开发为基础，也是创新的主要动力，因此信息经济也是一种以创新为主要驱动力的新型经济形态。

信息经济、信息技术的应用与普及存在着密切关联。正是信息技术的应用极大地提高了信息与知识的生产和创造能力，降低了获取信息成本，加快了信息与知识的传播和扩散，提升了人们利用信息与知识的能力。

2. 网络社会

网络化是信息社会最为典型的特征。主要表现在两个方面：信息服务的可获得性和社会发展的全面性。

（1）信息服务的可获得性。

高速、泛在、便宜、好用的基础设施的全面普及是网络社会的基本要求。从信息技术扩散的一般规律来看，较高的资费是制约信息产品与服务进入大众生活的瓶颈。在信息社会，数字包容日益受到人们的关注，能否让所有人最大限度地享受基本的信息服务，关键是降低信息获取成本、提升人们的支付能力。

（2）社会发展的全面性。

根据总体趋势，人口向城市转移是工业社会的基本特征，但也带来了环境恶化、贫富差距扩大、矛盾突出等各种城市病。进入信息社会后，由于人们的需求层次从基本的衣食住行要转变为对健康生活的需求、人与自然和谐发展的

---

[1] 张新红. 走近信息社会：理论与方法. 电子政务，2010，（8）。

追求，信息社会城市将提供更多的医疗健康服务，更加强调生态环境保护，绝大多数人将充分享受现代城市文明生活。

3. 在线政府

信息社会的发展对政府治理提出了新要求，同时也为实现治理体系的现代化创造了条件。在线政府是充分利用现代信息技术实现社会管理和公共服务的新型政府治理模式。在现代技术的支撑下，在线政府具有科学决策、公开透明、高效治理、互动参与等方面的特征。

（1）科学决策。

由于信息技术的广泛应用，特别是电子政务的大力推进，政府与公众间信息沟通朝着网络化、交互方向发展，政府获取信息更为及时、便捷和充分。

基于信息技术的各种决策分析工具、模型的使用有助于决策过程和方法的科学化。同时，网络方便了更多人参与到政府决策形成过程中，使决策民主化成为可能，不仅可以提高决策的科学性，也将提高政策的实施效果。

（2）公开透明。

网络、数字广播电视等多种信息渠道形成多元化的信息公开方式，公众可以突破时空的限制随时随地获取所需的各类政府信息。同时，通过网络对政府行为进行监督，可有效保证政府运行更加公开透明，从而打造信息社会下的阳光政府。

（3）高效治理。

各种信息系统的建立对政府业务进行改造，改变了传统手工办理的方式，有效降低行政成本，提高了政府办事效率。电子政务改变了集权和等级制的金字塔政府结构，使得政府组织更为扁平化，促使治理模式从管制型向着以公众为中心的服务型转变，为公众提供更好的服务。人们可以随时在网上找到自己所需的服务种类和方式，使公共效率和质量都得到大幅提升。

（4）互动参与。

互联网成为政府与公众之间直接沟通的重要桥梁，公众可以通过网络直接向政府反映自己的利益诉求，政府也可了解民情、汇聚民智，不断完善服务。网络使政民沟通渠道更加畅通和多元化，有助于政民之间相互理解和达成共识，促进决策民主化和社会和谐发展。

4. 数字生活

信息技术广泛应用于人们的日常生活方面，人们的生活方式和生活理念发生了深刻变化。

（1）生活工具数字化。

网络成为人们的生活必需品。传统生活用品的技术与信息含量越来越高，成为每个人日常生活必不可少的信息终端。随着技术的不断创新与广泛扩散，其应用成本将显著下降，数字化生活工具将高度普及，数字化生活工具带来的舒适和便捷被看作是自然而然的事情。

（2）生活方式数字化。

信息社会中，借助于数字化生活工具，人们的工作将更加弹性化和自主化，终身学习成为可能。网络购物成为主流消费方式，人际交往范围与空间无限扩大，娱乐数字化，数字家庭成为未来家庭的发展趋势。

（3）生活内容数字化。

数字化生活时代，人们的工作以创造、处理和分配信息为主，学习内容更加自主化和个性化，信息成为最主要的消费内容，数字化内容成为多数人娱乐活动的首选。

信息技术在新一轮科技革命中创新最活跃、交叉最密集、渗透性最强，以无线、宽带、移动、泛在为特征的网络建设和应用推动着群体性技术突破，具体体现在：

一是信息技术的创新步伐不断加快，技术创新活力和应用潜能裂变式释放。新一代感知、传输、存储、计算技术加速融合创新，万物互联、模式识别、语义分析、深度学习、虚拟现实共同驱使人类智能迈向更高境界。

二是信息技术（见图 2-2）与制造、能源、材料、生物等技术加速交叉融合，引领新一轮科技革命。智能控制、人机交互、分布式能源、智能材料、生物芯片、生物传感等领域的融合创新方兴未艾，孕育了工业互联网、能源互联网、新材料等新产品和新业态，引发了多领域的系统性、革命性、群体性技术突破。

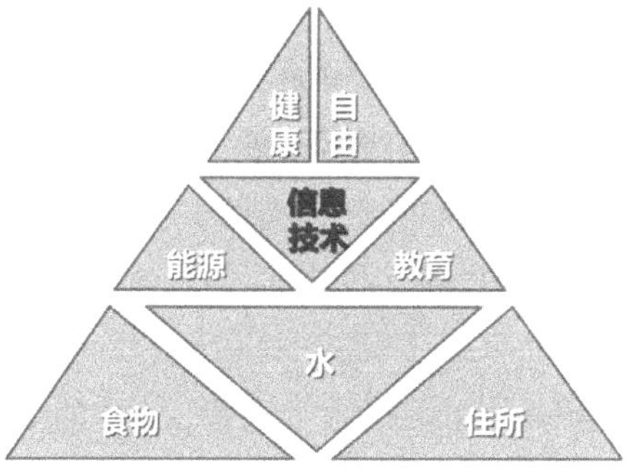

图 2-2　信息技术在各领域信息化中的核心位置

信息技术在社会、政治、经济、文化等各个领域不断渗透和推陈出新。政府信息化浪潮的背后体现的是政府理念的转变，围绕“无缝隙政府”“响应型政府”“透明政府”“变革政府”和“一体化政府”等先进的公共管理理念，各国政府在治理实践中引入了信息化和网络化治理的思维方式和手段。

近年来提出的智慧政府、智能政府、无际政务以及政府 3.0、数字化政务、在线政务、智慧治理等概念层出不穷，尽管这些概念的表述形式有所不同，但其内涵和外延却极为相近，逐渐成为信息时代下政府治理的先进理念和实践，为政府职能转变和治理能力提供了更具效率的创新思维和工具。

正确把握信息技术变革趋势、合理运用信息化手段成为我国政府在重要历史机遇期实现跨越式发展和转型升级的重要抓手，通过信息化推进政府职能转变和政府管理服务创新，已成为信息时代下实现国家治理体系和治理能力现代化的重要途径。

（三）信息化国家治理生态新特征

信息化的国家治理生态，具有如下特征：

第一，在多元治理主体之间建立和谐、共赢、互助的生态关系，从而达到有序有为、欣欣向荣的生态化治理效果。

第二，治理生态规范不断改进。以以往的治理基本原则和信息网络时代新的网络规范为基础和经验，不断发展并探索新的治理规范。

第三，利用信息流动解决问题。对网民等群体赋权和赋信息，即信息加权利就是能动的主体，可以解决很多由信息不对称造成的问题。加强信息流动凸显了信息公开、信息透明、信用制度等的重要性。

第四，治理创新是唯一出路。充分利用信息化治理手段和思维，进行柔性化治理。不轻易使用强制手段，尽量通过利益手段引导，实现共赢。

大数据时代来临

在全球化和信息化的背景下，“大数据时代”已经随着信息化的浪潮而至。大数据时代，数据无所不在，谁拥有数据资源、用活数据资源，谁就拥有未来。大数据作为信息时代新的战略资源，不仅提供了大量的商机和财富，更是政府的“中央处理器”和“大脑”，奥巴马政府称之为“未来的石油”[1]，包括美国在内的诸多国家已经将大数据上升为国家层面的战略。

事实上，政府对信息的治理，很大程度上已经成为对数据的分享、利用与治理。数据也不仅仅是政府所提供的数据，在大数据时代，以下五种类型的数据最为重要：

> 小贴士——**大数据（Big Data）**
>
> 一种规模大到在获取、存储、管理、分析方面大大超出了传统数据库软件工具能力范围的数据集合，具有海量的数据规模、快速的数据流转、多样的数据类型和价值密度低四大特征。
>
> ——Gartner（研究咨询机构）/麦肯锡（研究咨询机构）
>
> 大数据的5V特点：Volume（大量）、Velocity（高速）、Variety（多样）、Value（低价值密度）、Veracity（真实性）
>
> ——IBM（研究机构）

一是政府数据。包括公民数据（户籍、财产、档案）、社会管理数据（健康、社会保障、医疗保障、犯罪）、公共数据（气候、能源、生物、资源、交通、科技、历史文化）、经济数据（金融、产业、资本、税收）、政府行为/政策数据（法律法规、制度、规则、政府行为、社会反馈）等。

二是企业数据。包括传统行业的各类商业、技术、市场等数据，更包括信息时代巨头如谷歌、IBM、Facebook、阿里巴巴、腾讯、百度、京东等通过提供互联网服务获得的数据，以及基于互联网产生的所有企业交易而形成的分散数据。这些数据可以系统地展示全球经济活动与交易行为。

三是传感数据。是指通过特殊的传感器装置不断搜集、反馈的数据，如温度、气候、电压、天文数据，甚至包括城市交通的实时监控数据等。物联网的不断深化发展，将产生更加多元的传感数据。

四是组织数据。包括各类社会组织，如媒体、教育机构、社会发展机构、非营利组织等产生的各类数据。组织数据是专业化的数据，比政府数据更具有开放性、可编辑性。

五是个体数据。该类数据产生的根源是移动互联网与社交媒体的发展。移动互联网使得个体表达和数据生产可以随时随地发生，个体在数字空间中留下的任何“痕迹”，如时间、位置、行为，都可以被准确地记录下来，这些“痕迹”

[1] 梁智昊. 美国大数据战略及其治理逻辑. https://www.sohu.com/a/134225828_465915。

包括购物、情感表达、与他人的交流互动，甚至交易倾向、心理活动等都成为个体数据的组成部分。

由此可见，几乎所有的社会主体都是信息与数据的生产者与传播者，都要依赖信息与数据开展基本的社会活动。

大数据促进产业转型升级

党的十八大报告明确把“信息化水平大幅提升”纳入全面建成小康社会的目标之一，并提出要“走中国特色新型工业化、信息化、城镇化、农业现代化道路”，促进“四化”同步发展，信息化与工业化深度融合。大数据的科研和产业化有利于拉动内需，提高信息化建设的水平。海量在线、快速互通的数据集成分析平台，是社会良性发展的强力资源，是政府最优决策的有效凭借，是我国信息化建设的最终目的。

大数据因其巨大的市场需求和商业价值，正成为推动信息产业和经济社会持续高速增长的新引擎。随着行业用户对大数据价值的认可程度增加，市场需求将出现井喷，面向大数据市场的新技术、新产品、新服务、新业态会不断涌现，大数据将为信息产业打开一个高增长的新市场。2012 年，全球大数据市场产值为 63 亿美元。2016 年，全球大数据硬件、软件和服务整体市场增长 22%，达到 281 亿美元，大数据已经成为技术领域更具吸引力的领域之一。预计 2018 年该产值将达到 483 亿美元，增长近 7 倍。我国 2012 年的大数据产值已达 4.7 亿元，2013 年增长 138.3%；2016 年大数据市场规模达 168 亿元，增速达 45%；预计 2017—2020 年增速保持在 30%以上[1]。

大数据维护国家安全

大数据时代，一国拥有数据的规模、活性及对数据进行解释运用的能力，将成为综合国力的重要组成部分，如表 2-1 所示。国家在网络空间的数据主权已经成为继陆权、海权、空权之后的另一个大国博弈的焦点。可以说，大数据和网络安全是相互依存、相互促进的，即大数据促进网络安全的提升，安全的网络也保护着大数据的安全。信息网络空间的可知、可管、可控则是大数据维

[1] 中国信息通信研究院. 中国大数据发展调查报告（2017）. 2017.3.27。

护网络安全的基本前提和根本保证。

表 2-1 大数据与产业发展

<table>
<tr><th rowspan="2">应用情景</th><th colspan="3">产业分析</th><th rowspan="2">产业创新</th></tr>
<tr><th>分析内容</th><th>数据源</th><th>获取途径</th></tr>
<tr><td>战略性新兴产业</td><td rowspan="6">宏观数据
● 产业发展政策
● 整体产业构成
● 产业市场大小
● 产业增长率
● 产业核心业务
● 产业核心参与者
● 产业从业人数
● 产业竞争情况
● 产业核心驱动力
● 产业价格波动趋势
● ……
企业情况
● 行业最小数据集
● 月份经营情况
● 季度经营情况
● 年度经营情况
● ……</td><td rowspan="6">● 关键基础设施企业数据库
● 互联网企业社交数据
● 政府部门数据库
● ……</td><td rowspan="6">● 企业、机构、政府部门数据库抽取
● 企业、机构、政府部门上报</td><td rowspan="6">● 通过重点支持的项目和计划来创新大数据产业</td></tr>
<tr><td>金融服务、医疗卫生、零售、交通运输……</td></tr>
<tr><td>区域产业</td></tr>
<tr><td>产业园区</td></tr>
<tr><td>自贸区</td></tr>
<tr><td>两化融合</td></tr>
</table>

资料来源：中国电子科学研究院。

> **小贴士——数据主权**
>
> 在大数据、云计算背景下，一国对本国的数据及本国国民跨境数据拥有所有权、控制权、管辖权和使用权，是国家数据主权和个人数据权利的总和，体现为对内的最高数据管控权和对外的数据处理权。
>
> 狭义数据主权单指国家数据主权，广义数据主权包含了国家数据主权和个人数据主权。
>
> 美国学者乔尔·荃齐曼（Joel Trachtman）指出，个人数据主权的实现需要以国家数据主权作为基础和前提，而国家数据主权的维护又基于个人数据主权的支撑和表达。

大数据的发展和应用也为国家经济安全、政治安全、文化安全、社会安全、科技安全、生态安全、资源安全、核安全、军事安全、国土安全的保障提供了手段和契机，如表 2-2 所示。

在这一方面，美国再次走到世界的前沿。例如，“9・11 事件”之后美国就开始利用大数据反恐。2013 年，美国反恐局局长在国会作证时提到，语音通话等大数据成功地挫败了 50 多起恐怖事件。基于数据资源体系的公共安全数据资源管理平台为城市运行安全监测、综合分析、预警预测、辅助决策等提供服务，充分发挥数据的潜在价值，以提高城市公共安全管理水平。

随着大数据技术的不断成熟及其应用范围的不断扩大，通过对互联网企业社交数据、互联网流通数据、国家安全部门数据库、政府部门数据库、统计部门数据库等数据进行模式识别、网络分析，能够挖掘出数据中蕴涵的大量有意义的信息，为维护国家安全提供重要的支撑和保障。

表 2-2　大数据与国家安全

应用情景	分析内容	数据源	获取途径
政治安全 国土安全 军事安全 经济安全 文化安全 社会安全 科技安全 信息安全 生态安全 资源安全 核安全	● 国家安全事态 ● 恐怖危险分子识别与管控 ● 犯罪嫌疑人识别与管控 ● 间谍分子识别与管控 ● 危险物品管控 ● 生产安全预警 ● 基础设施状况 ● 经济危机预测 ● 国土居民危机预测 ● ……	● 互联网企业社交数据 ● 互联网流通数据 ● 国家基础设施经营企业数据库 ● 国家安全部门数据库 ● 国家军事机构数据库 ● 政法部门数据库 ● ……	● 企业、机构、政府部门数据库抽取 ● 企业、机构、政府部门上报 ● 互联网社交数据抽取 ● 互联网网际流通数据截流 ● ……

资料来源：中国电子科学研究院。

大数据发展历程与国家治理

大数据是国家治理体系和治理能力现代化的战略资源，同时作为一种新兴的数据处理技术，它能够更为有效地集成国家政治、经济、文化、社会、生态等各领域方方面面的信息资源，为国家治理提供重要数据基础和决策支撑。优化国家治理过程，扩展治理体系的有效空间，是提升治理能力、推动国家改革和发展的有效工具。

目前，大数据时代的国家治理主要存在以下四个问题：第一，政府部门缺乏大数据意识；第二，重复建设造成的资源浪费；第三，条块分割造成的信息壁垒；第四，信息安全受到威胁，包括国家安全和个人隐私安全。上述问题并不是大数据时代独有的问题，而是我国政府长期存在的信息治理环境亟待改善的遗留问题。大数据之“大”，不仅在于来源之多、规模之大，更在于数据关系复杂、潜在价值丰富，并非一方之力可以解决。

在政府走向“治理”的今天，如果我们依然用传统的管理和规划方式，必然难以适应时代的进步。大数据带来的变革是全方位的，具有强大变革能力的大数据不仅引发技术革命、经济变革，更引发国家治理的变革。单纯依靠政府管理来保护数据的做法，会使政府在面对复杂的大规模数据时应接不暇、不堪重负。而大数据战略可以通过对海量、动态、高增长、多元化、多样化数据的高速处理，快速获得有价值的信息，提高政府和公共的决策能力。大数据时代的政府面临全面转型，“数据主权”的提出使政府、企业和个人的角色发生转变，使国家治理结构逐步实现从“国家独大”转向“多元共治”，从封闭性治理结构转向开放性结构，从政府配置资源模式转向市场配置资源模式。作为基础设施的大数据和作为基础性制度的大数据同时存在。大数据时代国家治理应从以下几方面着手：

第一，由“国家独大”的治理结构转向“多元共治”。大数据进一步赋权于市场组织与社会组织，使其分享了原本由国家独占的治理权力，形成多元共治或多中心治理的国家治理结构，尤其在公共交通与城市发展、公共卫生与食品安全、治理污染与环境保护、公共安全与应急管理等领域，市场组织、社会组织与政府部门几乎具有同等的数据治理能力。

第二，由封闭性治理结构转向开放性结构。大数据要求数据开放，实现公共信息共享机制，在一定程度上破解了制度黑箱问题。在大数据、云计算、社会化媒体等全新信息技术的猛烈冲击下，原来存在于政府和公众之间的信息差、文化差、知识差、能力差正在逐步消除。

第三，由官僚科层制转向扁平化结构。大数据将抑制传统科层机构的权力独断，形成科层机构共享的公共数据，拉平政府机构。因此，大数据时代直接推动了政府权力下放和行政体制改革。

第四，由权力决策机制转向公共决策机制。大数据战略能够树立透明的政府、智慧的政府和负责任的政府形象。

大数据不仅是技术或生产力，更是对生产关系的重塑。从国家经济基础到政府治理的上层建筑，大数据在全方位地改变着经济、社会，甚至包括一些传统的经济规律，如规模经济、3E 理论等。每个个体不仅是生产者也是需求者、创造者，其自身是数据生产商和数据价值的创造者。在这种情况下，经济规律，比如共享经济、零边际成本创新理论正在改变传统的基于工业化社会的经济发展门槛，给更多人创新、创造的机会。

对于国家治理主体而言，如何清晰把握大数据时代国家治理的特征和演化规律，构筑科学的国家治理大数据系统是占据主动和更好地践行为民服务的关键所在。要切实做到这一点，不仅需要中央政府良好的顶层设计，还需要地方各级政府以及社会多元参与主体的协同配合。只有通过建构科学、全面和有效的大数据系统，在数据挖掘、数据分析、数据应用、数据管理等方面进行全方位优化、形成大数据联盟，并最终拧成国家治理的合力，我国的国家治理体系和治理能力建设才能实现现代化。

大数据助力国家治理

在大数据时代，国家如何利用大数据提高治理能力，使其发挥巨大的正能量，推动经济社会的全面发展进步，如何构建大数据国家治理体系，已成为政府、企业界甚至每个公民需要共同面对的问题。

运用大数据提高国家治理能力、完善国家治理体系，需要从以下方面着手：

一是提升科学决策水平。例如，医疗、“三公”经费、保障性住房、食品药品安全等改革焦点问题，都可借助大数据辅助决策。通过对海量数据的交换、整合和分析，能够挖掘新知识、带来新发现、创造新价值，增强国家战略制定的前瞻性和先导性。更为重要的是，大数据的广泛应用，有利于形成用数据分析、决策、创新的治理思维和文化，对于实现“数据治国”具有重要价值和深远影响，如表 2-3 所示。

表 2-3　大数据在国家治理中的重要价值

<table>
<tr><th>应用情景</th><th>分析内容</th><th>数据源</th><th>获取途径</th></tr>
<tr><td>经济治理</td><td rowspan="6">● 市场经济秩序
● 社会纠纷和冲突
● 流动务工人员、农村留守人员
● 天灾人祸
● 城市运营
● 国计民生
● 资源环境
● 反腐倡廉
● 互联网秩序
● ……</td><td rowspan="6">● 互联网企业社交数据
● 互联网流通数据
● 国家基础设施经营企业数据库
● 政府部门运营、监管数据
● ……</td><td rowspan="6">● 企业、机构、政府部门数据库抽取
● 企业、机构、政府部门上报</td></tr>
<tr><td>政治治理</td></tr>
<tr><td>文化治理</td></tr>
<tr><td>社会治理</td></tr>
<tr><td>生态文明治理</td></tr>
<tr><td>党的建设</td></tr>
</table>

资料来源：中国电子科学研究院。

二是增强国家治理能力。大数据与公共危机管理的有效对接，能够强有力地推动完善公共安全信息网络，促进跨部门、跨区域管理信息协同共享，提升公共危机事件的源头治理、动态监控、应急处置和事前预警能力。大数据与互联网、微信、微博等新媒体的深度融合，可以突破时间和空间的限制，从更深层次、更广领域促进政府与民众之间的互动，形成政府主导、公众参与、多元协同治理的新格局。同时，大数据是维护国家数据主权、增强信息和网络安全的新引擎。让世界震惊的美国“棱镜门”事件，敲响了世界各国维护信息安全的警钟，也再次证明了大数据在维护国家数据主权中的重要价值。

三是提高政府服务效能。大数据与物联网、云计算等技术的“联姻”，能够加快智慧城市的建设步伐，推进智能交通、智能物流、智能社区、智能医疗、智能教育的快速发展，我国的工业化、城镇化、信息化、生态化建设也将因大数据的革命而加速转型升级。大数据集成的数据挖掘、遗传算法、机器学习等前沿技术，具有智能判断分析、智能纠错优势，应用于财政、金融、税收、政府转移支付等领域重大项目的跟踪审计，可实现对项目实施过程的实时动态监控与预警，减少差错和舞弊行为，对建设阳光、高效、服务型政府具有积极意义。

四是国家治理进程透明化。大数据时代的信息来源多样化为推进国家治理进程的透明化提供了可能。互联网上的图文信息，社交媒体上的语音视频信息、日志文件信息，传感器和移动电话的 GPS 定位数据等在当下可谓无孔不入，而且随着数据传播技术的突破与更新，新的数据形式和数据源会不断出现。在这种情况下，在国家治理中进行暗箱操作已失去可能，透明化和公开化成为国家治理的必然趋势，反过来也构成了国家治理能力提升的重要渠道。

五是国家治理过程公开化。大数据环境下，数据的多样性促进了国家治理的公开化。在传统的国家治理进程中，国家机构发挥主导作用，国家治理的流程由于缺乏必要的参与和监督，往往易于脱离民众的真实需求，权力寻租和腐败问题也难以得到有效遏制。现代治理强调公开与协调，各参与治理主体必要的信息公开和透明是国家治理过程的基本要件。可以说，透明化既是化解治理矛盾、提升治理能力的重要前提，也是现代国家治理的根本趋向——国家“善治”（Good Governance）的重要特性。

（四）信息化国家治理生态能力清单

信息时代的大数据是国家的重要战略资源，国家必须具有对这种资源进行治理的能力，可以从稳定、改革、发展的角度来分析（见图 2-3）。从稳定的角度来看，国家治理的目的是实现国家安全，涉及自主可控、防护保障、体系对抗和风险管理等方面。从改革角度来看，涉及对大数据资源的普查、利用、再生和掌控等方面。从发展角度来看，涉及社会发展的顶层设计、产业生态、产业主体和创新驱动等方面。

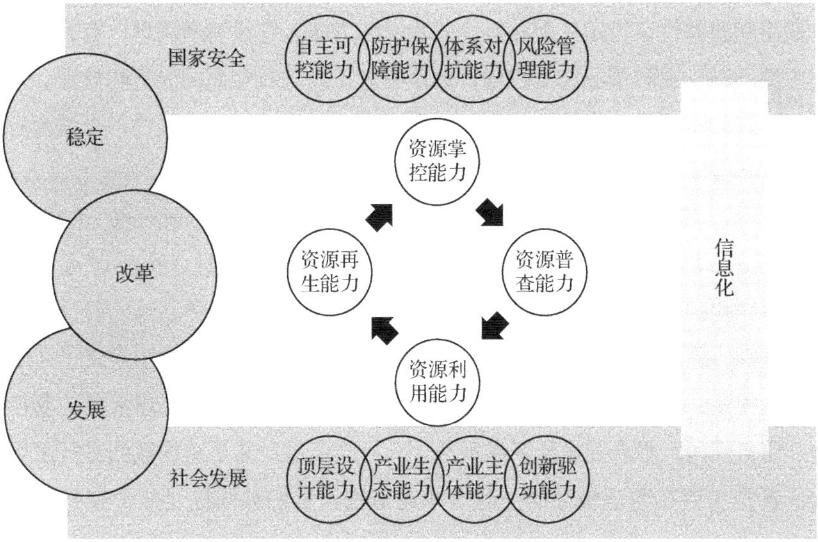

图 2-3　我国信息化治理生态之信息化能力清单

资料来源：中国电子科学研究院。

梳理国家治理生态能力清单后形成这些能力应当从以下四个方面着手。

第一，政策法规先行，强化资源整合能力。

大数据时代的信息被视为一种国家战略资源，国家必须具有对这种资源进行统筹整合的能力。由于信息的技术特性，只有实现数据资源的有效整合，信息之“大”才能真正发挥效益。可以说，资源整合能力是解决信息“有无”问题的前提，也是国家信息化治理的关键。提升信息资源整合能力，首先应建立完善的政策法规，其次应在政府部门内部建立有效的协调机制，最后以部分地区、领域为试点，逐步推广实施信息资源整合的范围。

第二，体系化建设，注重顶层设计，全面推进。

在信息化推动下，我国现代化过程是由各行业相互联系、业务上相互补充的子系统构成的，最终会按照一定的结构关系和数量比例综合集成为更高层次的、统一的体系。不同类型的子系统通过信息交互形成一个复杂的一体化网络信息体系，因此必须采用体系化的设计和评估方法对网络信息体系进行顶层设计。在设计的过程中需要协调各系统之间的关系，以提高网络信息体系的整体效能为设计目标。

系统工程方法是一种现代的体系化方法，是把要处理的问题及有关情况加以分门别类、确定边界，又强调把握各门类之间和各门类内部诸因素之间的内在联系和整体性，否定片面和静止的观点和方法。它没有遗漏地、有区别地针对主要问题、主要情况和全过程，运用有效工具进行全面的分析和处理。系统工程方法的特点是整体性、综合性、协调性、科学性以及实践性，很适合应用于梳理各类复杂系统和体系。

在此，我们借鉴美国“国防部体系结构框架”（Department of Defense Architecture Framework，以下简称“DoDAF”）的设计思想。DoDAF 是一种描述体系结构的规范化方法，其定义的体系结构产品构成了体系结构设计的基本语法规则，是设计或开发体系结构的指南。DoDAF 的 2.0 版本中定义了 8 个体系结构视角，分别为全视角、能力视角、数据和信息视角、操作视角、项目视角、服务视角、标准视角和系统视角，从不同角度对体系结构数据进行逻辑分组。各视角存在着逻辑上的一致性和完备性，它们共同描述一个完整的体系结构。

第三，技术创新驱动，提升信息产业发展能力。

目前信息技术和产业勃兴伊始，我国在核心技术上虽处于落后地位，但赶超国际先进水平的可能性很大。政府促进信息产业发展，应当紧紧把握信息以新兴技术为支撑和立足的基本属性，大力强化以政府为主导的技术创新，全面实施创新驱动战略，扶持和鼓励企业参与信息核心技术的研发与运用，为公民积极参与信息运用营造良好环境。在此过程中，应正确处理政府与市场的关系，在充分发挥市场在资源配置的决定性作用的同时，加强政府的政策引导和宏观调控。不断加速技术向产业的扩散速度与广度，构建适应信息产业发展的竞争环境，促进产业升级。这应当成为国家治理信息产业的出发点与落脚点。

第四，使信息自主、安全、可控，确保国家安全能力。

信息时代，数据爆炸式增长，技术漏洞层出不穷。安全形势的紧迫和安全风险的加剧警示我们，只有拥有过硬的核心技术，大力实施创新驱动战略，全面理解和把握信息治理过程中的体系风险和安全隐患，具备全面的风险管理意识与能力，才能确保虚拟空间与现实空间的长治久安。

信息化资源整合能力清单

一是资源掌控能力：指对分布于网络空间的各类数据资源进行汇总收集，并在必要时对该数据资源的分布进行强制约束的能力。

二是资源普查能力：指对各类产业的信息数据资源的存在和变化进行有效感知，并对其进行宏观和微观尺度调查的能力。

三是资源利用能力：指对各类产业的信息数据资源进行分析处理，并产生信息情报的能力。

四是资源再生能力：指对各类产业的信息数据资源进行备份和保护，并通过再加工产生新的数据资源的能力。

信息产业发展能力清单

一是顶层设计能力：指对信息产业进行制度安排、战略规划和规则设计的能力。

二是产业生态能力：指构建适应信息产业健康发展的市场环境，并维护产业生态正常运行的能力。

三是产业主体能力：指使信息产业相关生产者、消费者在产业生态环境中健康成长、有序活动的能力。

四是创新驱动能力：指信息相关技术不断创新、不断进行技术扩散，推动产业持久发展和转型升级的能力。

信息化国家安全能力清单

一是自主可控能力：指能够依托自身的科研生产，通过技术手段实现信息化治理自主创新、安全可控的能力。

二是防护保障能力：指对各种主客观因素导致的，或个人、组织及国家等不同行为主体造成的安全危害进行有效防护和持久保障的能力。

三是体系对抗能力：指在体系层面对各种主观恶意攻击进行有效遏制及反击的能力。

四是风险管理能力：指在信息化治理过程中，识别风险要素和关键资产、开展风险预警、设置应急预案、评估灾害损失、进行灾后重建的综合能力。

三、信息化重塑国家治理的主要领域

（一）公共服务

公共服务的概念和内容

公共服务是指由政府、公共组织或经过公共授权的组织提供的、具有共同消费性质的公共物品和服务。

根据内容和形式，可以将公共服务分为基础公共服务、经济公共服务、公共安全服务、社会公共服务等类型。

基础公共服务是指通过国家权力介入或公共资源投入，为公民及其组织提供的从事生产、生活、发展和娱乐等活动需要的基础性服务，如提供水、电、气，交通与通信基础设施，邮电与气象服务等。

经济公共服务是指通过国家权力介入或公共资源投入，为公民及其组织即企业从事经济发展活动所提供的各种服务，如科技推广、咨询服务以及政策性信贷等。

公共安全服务是指通过国家权力介入或公共资源投入，为公民提供的安全服务，如军队、警察和消防等方面的服务。

社会公共服务则是指通过国家权力介入或公共资源投入，为满足公民的社会发展活动的直接需要所提供的服务。社会发展领域包括教育、科学普及、医疗卫生、社会保障以及环境保护等领域。社会公共服务满足公民的生存、生活、发展等社会性直接需求，如公办教育、公办医疗、公办社会福利等。

公共服务的特征

公共服务具有公共物品的特性：一是非排他性。一旦这种公共服务存在，人人可以享用（见图 2-4），如便利的交通使所有乘客都能得到方便快捷的服务。二是非竞争性。一个人的消费和收益，不会影响其他人的消费和收益。但在现实生活中，纯粹的公共服务相对较少，大量存在的是“准公共服务”，这就要求政府在生产和供给上采取更加灵活的方式和手段。

图 2-4　公共服务

图片来源：互联网。

公共服务的现状

目前，我国许多重要的公共服务指标已经从低收入国家行列跃升到了中下等收入国家行列。社会支出总量不断增加，支出结构日益合理，科教文卫等各项社会事业发展迅速。以养老、医疗、失业保险为主要内容的社会保险制度基本确立。

近年来，我国各级政府在公共服务改革领域不断推陈出新。在改革政府与社会的关系方面，推进社会事业社会化、培育民间力量、加强城市社区建设、加强农村基层民主建设。但也存在着政府职能转变未完全到位、政府公共服务的投入严重不足、公共服务产品短缺、基本公共服务不到位、公共服务产品分配严重不均衡等问题。

信息化提升公共服务

在以信息化支撑国家治理现代化的过程中，通过信息化手段有步骤地扩大公共服务的覆盖面，能够解决政府提供公共服务中的突出问题，如通过电子政务建设推进公共服务的技术创新和公共服务社会化等。通过信息化手段提升公共服务的效果和影响如下：

> **小贴士——基本公共服务均等化**
>
> 基本公共服务均等化是指政府要为社会成员提供基本的、与经济社会发展水平相适应的、能够体现公平正义原则的大致均等的公共产品和服务，是人们生存和发展最基本的条件的均等。
>
> 从我国的现实情况出发，基本公共服务均等化的内容主要包括：
>
> 一是基本民生性服务，如就业服务、社会救助、养老保障等；
>
> 二是公共事业性服务，如公共教育、公共卫生、公共文化、科学技术、人口控制等；
>
> 三是公益基础性服务，如公共设施、生态维护、环境保护等；
>
> 四是公共安全性服务，如社会治安、生产安全、消费安全、国防安全等。

一是促进政府运行公开透明。网络、数字广播电视等多种信息公开渠道形成多元化的信息公开网络，公众可以突破时空的限制，随时随地获取政府提供的各类信息。同时，公众通过网络对政府行为进行监督，可以促进政府运行更为公开透明。

二是推动政府与公众互动。互联网成为政府与公众之间直接沟通的重要桥梁。公众可以通过网络直接向政府反映自己的利益诉求，政府也可以通过网络了解民情、汇聚民智，不断完善服务。网络使政民沟通渠道更加通畅和多元化，有助于政民之间相互理解和达成共识，促进决策民主及社会和谐。

提升公共服务：典型案例一

“零距离”居家养老服务信息管理服务系统

北京市西城区老年人中，空巢家庭比例高达49.43%，其中独居的老年人占10.83%，夫妻户占38.6%。空巢家庭中的老年人，由于缺乏家庭成员的及时帮助，在居家生活方面存在很大的安全隐患。

西城区根据国务院、北京市《关于加快发展养老服务业的若干意见的要求》，用科技手段助推养老服务的新型工作机制，研究开发了“零距离”居家养老服务信息管理系统。

“零距离”居家养老服务信息管理建设模式为1+6+N，1是指一个“家福云”计算基础设施数据中心；6是指六大共性基础平台，即云应用支撑平台、移动接入平台、互联网接入支撑共享管理平台、共享交换平台、网络安全平台和综合应用整合平台；N是指为全区各委办提供的多种服务，目前包括统一认证系统、数字证书系统、短信平台、邮件系统、门户系统、电子通信录、办公OA和审批平台等。

“零距离”居家养老服务信息管理服务系统可以实现以下三大功能。

（1）居家安全管理。具体内容包括：帮助家属根据GPS定位追踪老年人的位置；了解社区老年人的需求，并根据需求作出回应；将周边的服务商优化整合后，让其进入市区的服务中心平台，为社区老年人提供服务。

（2）入户巡视管理。具体内容包括：实时定位，掌控全局；记录轨迹，透明管理；各种报表，决策分析。

（3）服务商服务管理。具体内容包括：打造“零距离”O2O平台；制定、完善、规范一整套养老助残的服务标准，形成养老助残的“服务商联盟”。

提升公共服务：典型案例二

智民梦——让网络引领居民智慧化生活

辽宁省大连市西岗区日新街道提出了建设“智慧日新”的目标，在区委、区政府大力支持下，建立和完善了“服务管理云端系统”，从街道到社区都实现了居民全部诉求网上受理、协调处理、分拨反馈的运行模式。

街道综合服务大厅安装了电子信息查询系统和电子屏幕发布系统，将服务信息、办事指南、政策解答、工作动态等同时发布，方便居民咨询查阅。辖区主要商务区、公共场所和居民小区实现了无线网络全覆盖。

此外，街道还采取了以下便民措施：开发了ihome“E家E本”应用系统，逐步实现智能家居、在线购物、物业管理、家政服务、安防报警等智能化服务；推进高清电视互动便民智能服务平台入户，建设以高清电视为依托的信息服务系统，通过电视就可以实现图书报刊阅览、电视购物、高清电视、3D电视、互动点播、新闻阅览等多项便民服务；在高清电视平台设置“智慧日新”板块，为居民提供六大类 29 项便民服务栏目，辖区居民在高清电视上就可以收看多种街道服务项目和信息资讯；开通了“智慧日新”微信平台，居民通过手机就可以浏览街道的服务信息。

提升公共服务：典型案例三

全天候服务新模式——无锡市 96158 便民信息服务平台

近年来，无锡市太湖花园第二社区（以下简称“太二社区”）依托无锡市社会管理信息化建设的契机，创新工作方式，打造扁平化管理模式，不断提高社区服务管理水平。

根据政府信息化建设的顶层设计，无锡市民政部门在全市推广“96158 便民信息服务平台”，为市民提供安全服务、健康服务以及便捷生活服务。以此为基础，太二社区进行了如下便民服务创新，拉近了政府与群众的距离。

（1）为 70 岁以上空巢老人免费发放“老年安康宝”关爱手机；

（2）为 60 岁以上老人家庭安装防火报警器，直接连至最近的消防大队；

（3）2013 年 6 月，区域一孩准生证由原来的审批制管理改为登记备案制，诚信计生，现场办结。

（二）公共治理

公共治理的概念和特征

公共治理是由开放的公共管理与广泛的公众参与二者整合而成的公域之治模式，具有治理主体多元化、治理依据多样化、治理方式多样化等典型特征[1]。

现代的公共治理模式抛弃了传统公共管理的垄断和强制性质，强调政府、企业、团体和个人的共同作用；不再单单指望政府做什么和提供什么，而是希望政府能充分挖掘各种管理和统治工具的潜力；不要求政府整天疲于应付，而希望政府有自知之明，做自己应做和能做的事；不强求自上而下、等级分明的

[1] 罗豪才. 公共治理的崛起呼唤软法之治. 出自行政法论丛第 11 卷。

社会秩序，而重视网络社会各种组织之间平等对话的系统合作关系[1]。

信息化优化公共治理

在公共危机面前，仅仅依靠政府的力量很难做到危机应对的高效、快速、协调、灵活。各类非政府组织、企业以及公众自身的危机意识、危机协防能力和危机应对水平就成为决定政府危机治理质量的重要因素。因此，必须强调政府危机治理系统中参与主体的多元性，最大可能地吸纳各种社会力量、调动各种社会资源共同应对危机，形成社会整体的危机应对网络。在信息化支撑国家治理体系和治理能力现代化的过程中，可以通过信息化手段优化公共治理，具体方式如下：

> 小贴士——**科学决策**
>
> 科学决策是指决策者为了实现某种特定的目标，运用科学的理论和方法，系统地分析主客观条件作出正确决策的过程。科学决策的根本是实事求是，决策的依据要实在，决策的方案要实际，决策的结果要实惠。
>
> 参与科学决策的主体一般有以下六个：决策领导、决策助手、决策专家、学科专家、实际工作者和广大群众。在科学决策过程中，上述六个决策主体缺一不可。他们在决策过程中相互配合、相互补充、环环相连，共同构成科学决策运行的动态系统。

一是促进科学决策。在信息时代，信息技术广泛应用于政府管理领域，电子政务建设不断推进。越来越多的国家和组织利用大数据开展民意调查，通过在线交互，让民众成为政务流程的节点，让公众参与到政策制定与执行、效果评估和监督之中，使民众参政议政成为可能，全面辅助决策研判。大数据可以通过全息、整体的数据呈现，使社会治理从“经验主义”的模糊方式，迈向“数据驱动”的精准方式。政府信息沟通的网络化、交互性不断增强，政府获取信息更为及时、便捷和充分，基于信息技术的各种决策分析工具和模型的使用，有助于决策过程和方法的科学化，同时网络化方便更多人参与政府的决策过程，使决策民主化成为可能，不仅能够提高决策的科学性，也有助于提升政策的实施效果。

[1] 朱纪华. 协同治理：新时期我国公共管理范式的创新与路径. 上海市经济管理干部学院学报，2010，8（1）：5-10。

二是带动高效治理。建立各种信息系统，对政府业务进行信息化改造，改变了传统手工办理的方式，大大降低行政成本、提升政府效能。同时，电子政务改变了集权和等级制的金字塔政府结构，使得政府的组织结构更为扁平化，促使政府治理模式从“管制型”向以公众为中心的“服务型”转变，为企业、个人等社会主体提供丰富、有效的服务。此外，人们获取公共服务的渠道和方式不断多样化，使公共服务的效率和质量都大大提升。

优化公共治理：典型案例一

嘉兴市 96345 热线信息服务平台

浙江省嘉兴市通过理顺社区党组织与居委会、事务站、业委会、物业公司、社区民间组织和驻区单位等的关系，特别是通过加强和整合市县两级的“96345 社区服务中心”，构建了一个覆盖全市、辐射城乡社区的信息服务平台，为居民提供 24 小时全天候、全方位的服务，实现了全市社区公共服务、市场服务和志愿服务“三位一体”的服务全覆盖。

城乡居民有事，只要拨打 96345 热线、登录服务网站或者发送短信，就能够享受方便、快捷的服务。96345 热线已经被市民誉为方便生活的“贴心线”、与政府沟通的“连心桥”。截至 2013 年，该热线已经为 200 万人次提供服务，满意率达 99.95%，做到了“零投诉”。

优化公共治理：典型案例二

搭建智慧化管理平台——大连市西岗区 365 社会治理体系

辽宁省大连市西岗区注重应用信息化载体，促进社会治理的智慧化与现代化。西岗区搭建了多维诉求受理平台、事件协调解决平台、社情民意引导平台、矛盾调处化解平台、便民惠民服务平台、资源整合统筹平台、网格监测监控平台、体系运行保障平台 8 个智慧化管理专业平台。

通过 8 个智慧化管理专业平台，西岗区有效实现了对网格内各大要素的实时监控和动态管理，有效提升了社会治理的精细化、智慧化水平，为构建 365 社会治理体系奠定了良好基础。

（三）经济发展

经济发展新概念

经济发展就是在经济增长的基础上，一个国家或地区的经济结构和社会结构持续的创新过程或变化过程。经济发展不仅意味着国民经济规模的扩大，更意味着经济和社会生活水平的提高。所以，经济发展涉及的内容超越了单纯的经济增长，它不仅是财富和经济体量的增加和扩张，还意味着质的方面的变化，即经济结构和社会结构的创新、社会生活质量和投入产出效益的提高。

信息经济的兴起与界定

2014 年年初，习近平总书记在中央网络安全和信息化领导小组第一次会议上作出“建设网络强国”的战略部署，提出“信息经济全面发展”的目标。这赋予了信息经济新的内涵，业界掀起研究信息经济的新高潮。

“信息经济”的产生与兴起，可以追溯到第二次世界大战后。随着现代科学技术和社会经济的迅速发展，社会信息总量与知识总量激增，知识、信息的传递手段不断更新，其经济价值也逐步引起了人们的高度重视。20 世纪 50 年代以来，随着电子计算机、光纤通信技术、卫星通信技术等信息技术的出现和普及应用，很多国家的经济结构、产业结构、就业结构和经营方式等都发生了新的变化，科学技术创新的突破对经济发展的推动日益增大，科技进步对经济增长的贡献率日益提高，知识、信息作为物质、能源之后的第三资源在国民经济中所占比重越来越大。人类社会也从工业时代向信息时代转变，以知识和信息为依托的新兴经济结构正在形成和发展。

面对以信息为载体和纽带的经济发展新趋势，学术界开始将之界定为“信息经济”，即信息时代的经济形态。

1962 年，美国经济学家弗里茨・马克卢普在《美国的知识生产与分配》一书中首次提出“信息经济”的概念，建立了一套关于信息经济的核算体系，奠定了研究“信息经济”概念的基础[1]。

---

[1] [美]弗里茨・马克卢普. 美国的知识生产与分配. 孙耀军译，中国人民大学出版社，2007。

1973 年，美国哈佛大学的社会学家丹尼尔·贝尔在《后工业社会的来临——对社会预测的一项探索》一书中拓展了“信息经济”的概念。贝尔认为发达国家已经从前工业社会发展到工业社会，最终到达后工业社会阶段。在新的社会阶段，经济活动的基本战略资源、工具、劳动环境、文化观念都有一系列的变化[1]。

1977 年，美国斯坦福大学博士马克·波拉特（M.V.Porat）提出按照农业、工业、服务业、信息业分类的产业划分方法，获得广泛认可，他以大胆而富有创新精神的工作测算出“知识产业”（即信息产业）在美国国民经济中的比例。根据他的估计，1958 年美国国民生产总值（GNP）中有 29%来自信息产业，整个劳动者的投入 32%以上来自信息生产和活动。

1977 年，波拉特在美国商务部资助下完成了 9 卷巨著《信息经济：定义与测量》。波拉特在马克卢普研究成果的基础上，进行了更深入的研究。首先，他把经济划分为两个范畴：①涉及物质与能源从一种形态转换到另一种形态的领域；②涉及信息从一种形式转换到另一种形式的领域。其次，他提出了“信息”“信息资源”“信息劳动”“信息活动”等一系列既有经济含义又能计量的概念。

根据波拉特的区分，自有人类社会以来，就存在着两类不同的经济活动：一类主要与物质和能量的转换有关；另一类主要与知识、信息形态的转换有关。前者构成物质经济，后者构成信息经济。纵观人类历史，可以说每一个技术进步和社会进步都离不开知识的增进和信息的积累，但是限于经济发展水平，传统的物质经济在人类几千年的生产活动中一直占据着主导地位，社会经济活动中信息和知识所占比例也非常有限，更新速度缓慢，对社会经济结构不足以产生根本性的影响。政治家和经济学家所关心的也只是物质经济。

波拉特、马克卢普等人继贝尔区分工业社会和后工业社会之后，用具体的经济分析与数值计算，说明了自 20 世纪 60 年代中后期至 70 年代，美国等资本主义经济发达国家已先后由工业化经济过渡到信息化经济，其主要标志是经济活动有一半以上已与信息活动相关。

1985 年，美国企业家保罗·霍肯在《未来的经济》一书中将信息经济描述为一种以新技术、新知识和新技能贯穿于整个社会活动的新型经济形式，认为其根本特征是经济运行过程中信息成分大于物质成分并占主导地位。

---

[1] [美]丹尼尔·贝尔. 后工业社会的来临——对社会预测的一项探索. 高铦等译，新华出版社，1997。

20 世纪 90 年代以来，全球范围内拉开了讨论“信息经济”概念及理论体系的序幕。2005 年，联合国发布的“信息经济报告”认为，信息经济不仅仅是 ICT，也不仅包括 ICT 发挥重要作用的电子商务，还包括因 ICT（包括 Internet 和电子商业模式）的扩散和使用而带来的广泛的社会与经济影响。2012 年，OECD（经济合作与发展组织）发布了“信息经济测度报告”，并提出：信息经济由内容创建行业以及保证内容的输送与显示得以实现的 ICT 行业的经济活动构成，信息经济表现的是 ICT 更为广泛意义上的影响。

20 世纪 80 年代中期，我国也有一批学者对信息经济进行了系统的研究和测算，以著名经济学家乌家培为代表。乌家培在其 20 世纪 90 年代出版的《经济信息与信息经济》一书中认为，信息经济以信息技术为物质基础，以信息产业为部门构成，以信息活动作用的强化为主要特征。他进一步区分了信息经济的广义和狭义概念：广义信息经济是信息社会的经济，表明的是信息产业居主导地位的经济形态；狭义信息经济是信息部门的经济，主要表明信息部门经济本身。

> 小贴士——**信息产业**
>
> 信息产业应该由硬件业、软件业和服务业、通信设备制造业以及通信服务业四部分内容组成。
>
> ——美国商务部
>
> 信息产业是依靠新的信息技术和信息处理的创新手段，制造和提供信息产品、信息服务的生产活动的组合。
>
> ——美国信息产业协会（AIIA）
>
> 信息产业是提供信息产品和信息服务的电子信息工业。
>
> ——欧洲信息提供者协会（EURIPA）
>
> 信息产业是提高人类信息处理能力、促进社会循环而形成的由信息技术产业和信息商品化产业构成的产业群，包括信息技术产业及信息产品化。
>
> ——日本科学技术与经济协会

《中国信息年鉴》则将信息经济定义为“以信息产业和信息化为主要特征的经济系统和经济形态”。“2015 年中国信息经济研究报告”认为，信息经济是以数字化信息资源为核心生产要素，以信息网络为运行依托，以信息技术为经济增长内生动力，并通过信息技术、信息产品、信息服务与其他领域紧密融合，形成的以信息产业、融合性新兴产业以及信息化应用对传统产业产出和效率提升为主要内容的新型经济形态。知识经济、信息经济与网络经济的对比如图 2-5 所示。

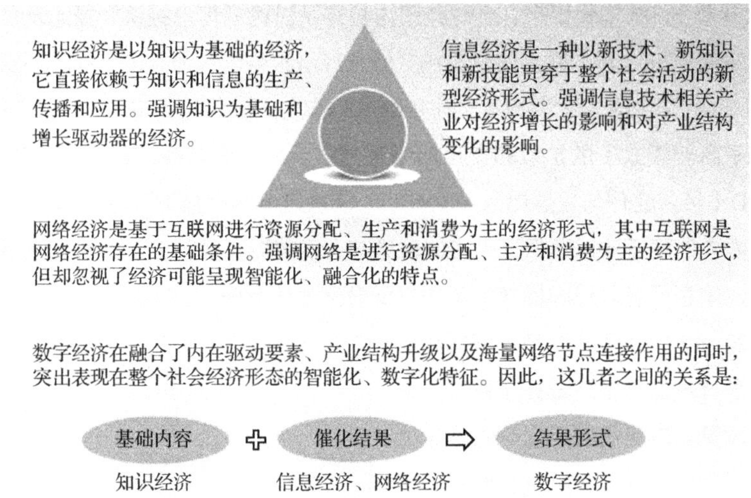

图 2-5　知识经济、信息经济与网络经济的对比[1]

概括来讲，信息经济有两种含义，一种是指信息社会的经济，需从社会经济的宏观层次上理解，另一种是指信息部门的经济，需从部门经济的中观层面理解。前一种理解是广义的，后一种理解是狭义的。广义的信息经济，正像广义的工业经济是指工业居主导地位的经济形态一样，所要表明的是信息产业居主导地位的一种经济形态，强调信息产业与其他非信息产业之间的联系和协调。狭义的信息经济，也像狭义的工业经济是指工业部门经济一样，所要表明的是信息部门经济本身，而不涉及同时存在的农业、非信息的制造业和服务业等其他经济部门。

广义的信息经济和狭义的信息经济，恰恰是以信息商品或信息企业为基础的。信息部门经济无疑是信息企业经济的总和，而信息社会经济同时要以信息商品或信息企业作为经济细胞。所以，在上述两种含义的信息经济之外，没有必要提出第三种含义的信息经济。

信息化促进经济发展

通过信息化提升国家治理体系和治理能力，能够促进经济的发展，具体体现在以下三个方面：

[1] 中国信息社会发展报告 2016. 国家信息中心网站。

一是带动经济量的增长。即信息化国家治理促进国家产品和劳务的增加，这是经济发展的物质基础。

二是促进经济结构的改进和优化。即信息化国家治理促进国家技术结构、产业结构、收入分配结构、消费结构以及人口结构等经济结构的变化，这是经济发展的关键（见图 2-6）。

三是推动经济质量的改善和提高。即信息化国家治理促进国家经济效益和经济稳定程度的提高、卫生健康状况的改善、自然环境和生态平衡以及政治、文化和人的现代化进程，这是经济发展的质量。

图 2-6　中国经济及时调整结构，转换发展动力

图片来源：互联网。

信息化成绩显著

经过几十年的发展，我国信息化取得了十分显著的成绩，信息基础设施实现了跨越发展，信息产业已成为名副其实的战略性、支柱性龙头产业，经济、社会、文化、政府、军事各领域的信息化水平都得到了大幅提升。

近年来，信息化发展更加受到党和国家的高度重视。中央成立了最高级别的“网络安全与信息化领导小组”，出台了强国战略、“互联网+”行动计划、大数据战略等一系列政策措施，促进了信息社会全面、快速发展。据统计，到 2013 年底，中国互联网上网人数共 6.18 亿人，普及率已达 45.8%，其中手机网民有 5 亿人。2015 年，中国固定宽带的家庭普及率和 3G/LTE 用户普及率分别达到 50%和 32.5%，城市和农村家庭宽带接入能力分别达 20M/s 和 4M/s。2017 年，中国在全球 126 个 ISI（全国信息社会指数）测评国家中排名第 81 位，比上年前进两位，比 2011 年前进 20 位；在 55 个“一带一路”沿线国家中排名第

35 位，比上年提升 1 位；在亚洲 35 个国家中排名第 19 位，与上年相同。2017 年，中国 ISI 比上年提高 4.6%，远高于全球（2.96%）、“一带一路”沿线国家（3.41%）、G20（1.78%）[1]。

信息经济发展良好

我国的信息经济已经呈现良好的发展状态，主要表现在：

一是互联网和实体经济深度融合发展，以信息流带动技术流、资金流、人才流、物资流，促进资源配置优化，促进全要素生产率提升，带动社会兴起了创新创业热潮。信息经济在我国国内生产总值中的占比不断攀升，对推动创新发展、转变经济发展方式、调整经济结构发挥了积极作用。

二是信息基础设施建设提速。建成了全球最大的 4G 网络，实现社会信用等信息资源的深度整合，经济社会发展的“大动脉”初步打通。

三是社会领域“互联网+”促进了基本公共服务均等化，在教育、医疗、文化等方面取得实质性进展。互联网在精准扶贫、精准脱贫方面也在发挥效能，一二三产业融合等帮助农产品走出乡村。

四是在线政府初步建立，社会保障、食品安全监测、社会信用、地理信息系统等一批提供公共服务、改善民生的重要信息化系统建设初见成效。跨部门、跨层级和跨系统的信息共享、资源整合、业务协同受到重视，网上办事大厅和并联审批已经推广至区县级基层政府，政务微信、政务微博、政务大数据电子云得到广泛应用，信息化支撑的事中、事后监管逐步成为政府履职的主要内容。

> 小贴士——**O2O**
>
> O2O 即 Online To Offline，是指将线下的商务机会与互联网结合，让互联网成为线下交易的前台，这个概念最早来源于美国。O2O 的概念非常广泛，只要产业链中既可涉及线上，又可涉及线下，均可称为 O2O。
>
> O2O 电子商务模式需具备五大要素：独立网上商城、国家级权威行业可信网站认证、在线网络广告营销推广、全面社交媒体与客户在线互动、线上线下一体化的会员营销系统。

五是数字生活日益繁荣，微信、微博等社交网络逐渐成为主流沟通方式。

[1] 2017 全球、中国信息社会发展报告. 国家信息中心网站。

网络电视得到大范围推广，网约车在大中型城市广泛应用，餐饮、购物、教育等领域“O2O”蓬勃兴起。老百姓体验到多种用得上、用得起、用得好的信息服务，享受到了实实在在的数字化成果。

从衡量信息经济发展的四个重要指标来看，在2007—2016年的十年间，我国经济发展指数、人力资源指数、产业结构指数和发展方式指数分别提高了151.40%、38.45%、25.76%和72.10%，意味着过去十年经济快速增长是我国信息社会发展的重要推动力。在转变发展方式方面，我国也取得了明显成效，研发投入指数、创新指数和能效均得到明显提高。

信息经济在国民经济中的地位不断提升。在中国经济进入新常态的大背景下，信息经济正在逐渐成为国家经济稳定增长的主要引擎。全国信息经济指数的阶段划分如表2-4所示。

表2-4 全国信息经济指数（ISI）的阶段划分

发展阶段	准备阶段		发展阶段		
	起步期	转型期	初级阶段	中级阶段	高级阶段
ISI	0.3以下	0.3～0.6	0.6～0.8	0.8～0.9	0.9以上
基本表现	信息技术初步应用	信息技术应用扩散加速，实效开始显现	信息技术的影响逐步深化	经济、社会各领域都发生了深刻的变化	实现充分包容的社会
面临问题	基础设施跟不上需求	发展不平衡	互联互通问题，实用性问题	包容性问题	进一步的技术突破与创新应用
主要任务	加快基础设施建设、宣传推广（提高认识）	调整与改革，消除发展的不利因素；教育培训，信息素质	改进体制机制	关注弱势群体实施普遍服务	鼓励创新

2017年我国的ISI为0.4749，相比2016年增长了4.61%。不同收入组国家差距明显，高收入国家信息经济指数达到0.7724，中等收入国家信息经济指数为0.4324，低收入国家信息经济指数仅为0.2541。

2016年日本信息经济指数达0.9098，位居全球首位，比平均值高出62.43%。排名第二至五位的分别是以色列、丹麦、美国和瑞士，信息经济指数分别为0.9073、0.8800、0.8799和0.8666。排名前20位的国家中，欧洲占了14位，如表2-5所示。

表 2-5　全球 ISI 排名 30 强（2017 年）

排　名	国　家	2017 年信息经济指数	2016—2017 年增幅	2011—2017 年增幅
1	日本	0.9098	−0.02%	1.90%
2	以色列	0.9073	0.08%	1.29%
3	丹麦	0.8800	0.03%	0.60%
4	美国	0.8799	0.80%	3.69%
5	瑞士	0.8666	0.34%	2.57%
6	瑞典	0.8630	0.35%	1.27%
7	芬兰	0.8629	0.18%	2.21%
8	比利时	0.8626	0.75%	4.25%
9	韩国	0.8621	0.31%	4.77%
10	新加坡	0.8588	0.81%	4.69%
11	英国	0.8573	0.37%	2.71%
12	澳大利亚	0.8523	0.76%	4.02%
13	法国	0.8510	0.16%	2.37%
14	卢森堡	0.8499	0.31%	0.90%
15	奥地利	0.8478	0.46%	3.64%
16	挪威	0.8432	0.58%	0.74%
17	塞浦路斯	0.8398	0.08%	1.78%
18	德国	0.8357	0.21%	0.73%
19	荷兰	0.8269	−0.10%	1.86%
20	爱尔兰	0.8152	0.28%	−1.60%
21	加拿大	0.8152	0.05%	−0.17%
22	新西兰	0.8125	0.31%	1.79%
23	爱沙尼亚	0.8071	0.91%	14.00%
24	巴巴多斯	0.8006	0.03%	1.21%
25	西班牙	0.7955	0.02%	−0.55%
26	意大利	0.7764	0.03%	0.43%
27	葡萄牙	0.7761	−0.12%	4.27%
28	马耳他	0.7733	0.05%	0.94%
29	冰岛	0.7632	−1.18%	−4.49%
30	斯洛文尼亚	0.7605	0.61%	2.20%

促进经济发展：典型案例一

分享经济之交通分享[1]

交通分享是指在分享经济的大背景下，以互联网平台为依托，整合社会闲置车辆、车内空间或驾驶技能等交通资源，通过大数据计算高效匹配出行供给与需求，实现分享出行能力的各种智慧出行方式的总和。

在“互联网+”的背景下，交通分享成为传统出行需求与大数据、移动互联网等新技术交叉组合、叠加应用下催生出的全新出行模式，并在短时间内成为影响范围较广、活跃程度较高、备受消费者追捧和市场关注的热门领域。

交通分享在短期内实现了服务类型的快速拓展和运营模式的迭代创新，交通分享发展阶段如图 2-7 所示。

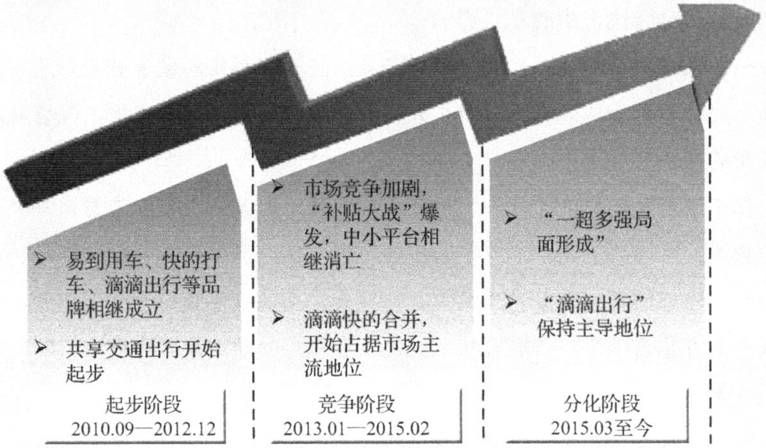

图 2-7 交通分享发展阶段图

根据平台与车辆、司机的关系，分享交通的服务类型可以分为 P2P 和 B2C 两大运营模式：①P2P 即个人车辆或司机接入互联网平台，平台只提供信息对接服务，但会对其进行安全审核及培训，并提供保险支持。②B2C 即平台拥有车辆及职业司机，在接到消费者出行需求后指派专车为其服务。

交通分享已成为影响交通出行乃至经济增长的巨大产业。目前，主流交通分享平台介入车辆数量逾千万，占全国汽车总量的 6.5%以上；覆盖用户 2.5 亿，占全国人口 18.3%；覆盖全国约 60%的城市。保守估计 2015 年各平台成交额为

[1] 六大领域分享经济发展概况（之一）. 交通出行. 国家信息中心网站，2016.03.09。

1000亿元左右。

分享经济的发展增加了交通出行领域的有效供给，在一定程度上改善了城市出行服务的供求关系，客观上促进了出行市场的扩展与完善。

——改善出行供给，增加用户收益。通过移动互联网精确匹配需求和供给，缓解出行信息不对称局面，有效缩短车辆空载时间，为各类用户增加额外收益。在春运等出行高峰时期，交通分享还可以成为重要的补充运力。

——优化资源配置，推动绿色消费。按需配置出行资源，提升车辆使用效率，有利于缓解汽车保有量过快增长及道路拥堵等问题，一些平台还主动倡导引入新能源车辆，助力实现绿色低碳环保出行。

——倒逼市场改革，提升服务质量。较完善的配单机制和服务评价体系，倒逼交通行业尤其是出租车行业改革，充分体现“互联网+”在交通出行领域的创新应用对传统消费的积极影响。

——促进消费和就业，形成新增长点。在出行供给与需求相互作用下，交通分享消费总量和从业规模不断扩大，有利于推动分享经济发展、促进就业并形成新的经济增长点。

但交通分享的发展并非一帆风顺，从其诞生起就一直面临来自内外部的问题与挑战。

——内部问题：服务管理水平有待提升。交通分享吸引大量司机介入，但其服务能力参差不齐，个别司机“刷单”套取补助的现象时有发生，P2P租车也面临着车辆损失甚至被恶意抵押等诚信风险。

——行政壁垒：与现行法规政策相抵触。P2P服务与现行交管法规政策存在抵触。2015年以来，交管部门频频对有关车辆采取措施。2015年10月10日，交通运输部公布《网络预约出租汽车经营服务管理暂行办法（征求意见稿）》强调，“任何企业和个人不得为未取得合法资质的车辆、司机提供信息对接开展运营服务。”

——行业壁垒：出租车行业的排挤抵制。交通分享动了传统出行服务行业的“蛋糕”，招致了其质疑和反对，各地出租车行业针对专车的罢工罢运、围堵平台办公场所等事件时有发生。

交通分享业务规模和影响范围将进一步扩大，参与主体与服务内容将进一步丰富，创新科技水平和管理服务水平将进一步提升。

——市场规模扩张化。在充足人气和快速发展的技术支持、日新月异的迭代创新以及持续升温的资本热捧下，未来交通分享市场的用户及覆盖城市的数量必将持续扩张。

——参与主体多元化。未来交通分享将展现出更高水平的包容性，吸引更多不同地域和年龄的用户参与其中。一些有远见、有魄力的传统出行公司也将尝试加入交通分享的行列。

——服务内容多样化。未来的交通分享将进一步扩展维度并延伸服务链，开展停车、加油、洗车、保养、保险等衍生服务，进行更多跨界合作与创新。

——运行车辆环保化。使用新能源汽车将成为未来交通分享的一大趋势，目前已经有诸多平台努力提升新能源车辆的比例，未来这一趋势将更加明显。

其实分享经济正是体现了P2P模式的优势，其与B2C模式的对比如表2-6所示。

表2-6 P2P模式与B2C模式对比

项　目	P2P	B2C
模式特点	“轻资产”模式	“重资产”模式
经营成本	成本较低：包括场地、技术、客服等平台运营成本	成本较高：包括平台运营、车辆购置及维护、司机工资福利等成本
价格水平	价格低廉，适合中低消费日常出行	价格较高，适合中高端消费、商务及礼宾出行等
质量服务	存在个体差异，依靠评价保证质量	标准化服务
政策风险	与现行交管政策存在一定的冲突	与现行交管政策没有正面冲突

促进经济发展：典型案例二

浙江临安用微信公众号搭建惠农服务新平台

2014年5月，浙江临安市农业局惠农微信公众服务平台正式启用，得到了当地农民和农技人员的普遍欢迎和积极参与。截至2015年4月8日，平台共推送信息950余条，解答农业问题729个，实现微信朋友圈互动2300余次。

通过该微信公众号，农民与农技人员实现了零距离沟通，各类专业问题能够短时间得到明确回答。当地农业主管部门以微信平台为媒介，组建了专家服务团队，面向全市种养大户培养了100个应用示范户。同时，示范户与农技专家还在微信上交流心得、分享经验，进一步拉近了普通农户与农技专家的距离，取得了良好的惠农服务效果。

促进经济发展：典型案例三

瑞典政府支持创新和创业的经验[1]

李克强总理在2015年的《政府工作报告》中指出，要把“大众创业、万众创新”打造成中国经济继续前行的“双引擎”。正如报告中提到的“创客”一词，政府在提供公共产品和服务方面也在不断创新。上海自贸区、权力清单、责任清单、负面清单等富有新意的改革举措，取消对不同性质公司最低注册资本的限制，放宽注册场所的登记条件以及对服务创业者的投融资机制进行完善等一系列的改革，都是政府改革和创新的“产品”。政府对创新和创业的支持正在发力和加速。回顾历史，环顾世界，作为西方发达国家的瑞典在这方面有许多成功的经验值得借鉴和参考。

一是“非盈利”的独到理念。瑞典皇家工学院（KTH）、瑞典技术产业孵化器（STING）、马尔默孵化器（MINC）、乌普萨拉大学和林雪平大学科技园等多家机构的功能定位都有着相同的特点——非盈利。它们作为沟通市场与研究者的桥梁和专业服务的提供者，并不以盈利为目的。瑞典的孵化器并不把工作重心放在提供场地或优惠政策上，其核心理念是以企业为中心。就政府的角色而言，政府与服务的创新对象是合作关系，不是投资者，也不是所有者，不管理具体细节，只提供服务、方法、标准。并且，公共机构的运作方式也是完全市场化的，对市场和社会负责，不对政府负责，政府和市场的边界清晰。

二是专业合理的流程。首先是专业。瑞典的科技园和孵化器，大到项目融资、商业化转让、市场化判断，小到申请专利等具体事宜，都能提供专业化的服务。例如，瑞典皇家工学院的创新办公室采用了源自美国宇航局的技术评估手段来判断技术成熟度。林雪平大学孵化器则与律师事务所签订了打包优惠合同，为中小企业提供服务。其次是合理。工作的流程分为与研究者初步交流、创意的描述、分析及评估、具有可操作性的创新项目的正式创建、项目推进和实施、商业化这六大步骤，执行十分有效，工作十分务实。

三是重视分享和回馈的文化氛围。各创新服务机构之间经常开办讲座和沙龙，相互交流，分享体会，重视分享、相互学习。许多从孵化器中走出的成功创业者都愿意回来充当导师和辅导者，帮助他人，形成良性循环。

---

[1] 刘鹏. 政府支持创新和创业的国际经验借鉴. 国家信息中心网站，2016.01.22。

四是重视形成服务创新的网络。许多高校都善于利用校友资源来评审和扶持创新办公室。此外，还有众多第三方服务机构，致力于将政府、企业、消费者、创业者、科技研发者、金融服务、法律服务等各种角色整合在一个平台上沟通，为创业者提供辅导、资金、条件等支持。

五是创业和创新协同推进。瑞典有 100 万家公司，其中，除 5000 家中型公司和 400 家大型公司外，其他全是小企业，创新战略正是立足于中小企业。政府支持直接或间接建立为创新的各个环节提供服务的机构，将各种社会资源调动起来，纳入整体的国家创新体系中。瑞典十分重视企业家精神的培养，也十分注重科技成果的转化，实现了创业和创新的协同推进。

（四）深化改革

全面深化改革的提出

我国已经进入了全面深化改革的关键时刻。党的十八大以来，习近平总书记围绕全面深化改革作出了一系列精辟论述，深刻回答了为什么要全面深化改革、怎样全面深化改革等重大理论和现实问题，特别是站在时代高度，对改革进行了多角度、全方位的理论思考，将中国共产党对改革理论的系统探索推向新的高度。

习近平总书记强调，“全面深化改革，全面者，就是要统筹推进各领域改革”，“这项工程极为宏大，零敲碎打的调整不行，碎片化修补也不行，必须是全面的系统的改革和改进，是各领域改革和改进的联动和集成”。这些重要论述深刻揭示了全面深化改革的阶段性特征。

全面深化改革的总目标

习近平总书记强调，“全面深化改革的总目标，就是完善和发展中国特色社会主义制度、推进国家治理体系和治理能力现代化”。全面深化改革总目标的提出，不仅丰富和深化了社会主义现代化的内涵，更重要的是阐明了改革的性质和根本任务，明确了全面深化改革的总抓手和总方向。

全面深化改革的总目标是改革根本方向与根本路径的有机统一。“完善和发展中国特色社会主义制度”是改革的根本方向，“推进国家治理体系和治理能力现代化”是改革的根本路径。

助力改革深化：典型案例一

农业信息服务平台[1]

“12316 中央平台”是一个中央级的农业综合信息服务平台，包括 12316 农业综合信息服务门户、语音平台、短彩信平台、视频诊断系统、农民专业合作社经营管理系统等应用系统。12316 平台按照边建设、边应用、边完善的原则，已在北京、辽宁、吉林等 12 个省市实现了系统示范应用和平台对接。

“北京市设施农业物联网应用示范项目”根据北京实施蔬菜生产的实际需求和保障农产品质量安全的建设目标，通过数据库技术、RFID 技术以及二维码技术，建立了实施农业食品安全溯源管理系统。通过 RFID、二维码追溯各基地、各批次蔬菜在生长过程中的环境信息、用药信息、农药残留信息、视频信息，追溯配送车辆运输过程中车厢内的空气环境、车辆位置以及行驶状况等信息，使得消费者可以透明了解蔬菜“从农田到餐桌”的生产与供应过程。

中国农科院信息所开发了“农技服务云平台”，该平台主要包括工作平台、管理平台、农情采集与监测平台三大模块。农技人员在田间地头利用手机拍照就能够随时采集信息，再通过移动互联网访问云平台，与农业专家实现了线上互动，从而提高了耕种、养殖中的疑难问题的解决效率，提高了生产经营的科学决策水平。

助力深化改革：典型案例二

1831 生态环境监控系统

“江苏省 1831 系统”是江苏省生态环境监控系统的简称，是集 GIS（地理信息系统）、GPS（全球定位系统）、RS（遥感技术）为一体，采用国际先进的物联网传感器及信息分析云技术等，实时感知全省区域内环境状况的系统。

“1”是指建设一个全省共享的生态环境监控平台；“8”是指集成饮用水水源地、流域水环境、大气环境、重点污染源、机动车尾气、辐射环境、危险废物和应急风险源 8 个子系统；“3”是组建省、市、县三级生态环境监控中心；“1”是一套数据管理，实现对全省生态环境的现代化监管。

---

[1] 12316 农业综合信息服务平台，http://12316.agri.gov.cn/mh/index.html。

“1831”工程实施后，水环境自动监测覆盖江苏省117条主要河流、26个省界断面、62个市界断面和6个近岸海域功能区；空气环境自动监测覆盖183个国、省、市控空气自动站、省辖市灰霾监测站和县以上空气自动站；重点污染源自动监控覆盖全省992个重点污染源及79个市控污水处理厂；饮用水水源地自动监测覆盖全省111个（其中4个为备用水源地）万吨以上集中式饮用水水源地。

（五）依法治国

全面推进依法治国

2014年10月23日，中国共产党第十八届中央委员会第四次全体会议通过《中共中央关于全面推进依法治国若干重大问题的决定》。该决定指出，依法治国，是坚持和发展中国特色社会主义的本质要求和重要保障，是实现国家治理体系和治理能力现代化的必然要求，事关我们党执政兴国，事关人民幸福安康，事关党和国家长治久安。全面建成小康社会、实现中华民族伟大复兴的中国梦，全面深化改革、完善和发展中国特色社会主义制度，提高党的执政能力和执政水平，必须全面推进依法治国。文中多处强调信息化建设、信息共享、信息公开，司法信息化已经成为深化依法治国的关键举措。

十九大报告指出，全面依法治国是国家治理的一场深刻革命，必须坚持厉行法治，推进科学立法、严格执法、公正司法、全民守法。必须把党的领导贯彻落实到依法治国的全过程和各方面，坚定不移地走中国特色社会主义法治道路，完善以宪法为核心的中国特色社会主义法律体系，建设中国特色社会主义法治体系，建设社会主义法治国家。

党的十八届三中全会之后，最高人民法院结合法院工作的实际情况，在深入开展调研、广泛征求意见的基础上，研究制定了《人民法院第四个五年改革纲要（2014—2018）》（简称《四五改革纲要》）。在党的十八届四中全会提出一系列新的重大改革举措之后，最高人民法院第一时间组织力量再次对《四五改革纲要》进行修订，制定了《最高人民法院关于全面深化人民法院改革的意见》（简称意见）。该《意见》以构建现代化审判权力运行体系为中心，阐述了全面深化人民法院改革的总体要求、基本原则、主要任务、工作要求等，提出7个方面共计 65 项重大改革举措。现行审判权力运行体系及其改进路径如表 2-7 所示。

表 2-7　现行审判权力运行体系及其改进路径[1]

运行方向	理论层面	实践层面	健全路径	实现目标
权力垂直运行	审判独立	审判难以独立于行政关系	理顺关系：将业务与行政关系分离	法院独立审判
	业务监督			
	行政管理			
权力水平运行	思想政治	“潜规则”发挥的作用大于正式制度	弱化干扰：压缩“潜规则”发挥作用的空间	法院系统独立运行
	业务制衡			
	人事任免			
	财务管理			

在人民法院第四个五年改革纲要中，人民法院提出的全面深化人民法院改革的总体思路是：紧紧围绕让人民群众在每一个司法案件中感受到公平正义的目标，始终坚持司法为民、公正司法的工作主线，着力解决影响司法公正、制约司法能力的深层次问题，确保人民法院依法独立公正行使审判权，不断提高司法公信力，促进国家治理体系和治理能力现代化，到 2018 年初步建成具有中国特色的社会主义审判权力运行体系，使之成为中国特色社会主义法治体系的重要组成部分，为实现“两个一百年”奋斗目标、实现中华民族伟大复兴的中国梦提供强有力的司法保障。

司法信息化深化依法治国

大力推进司法信息化，是促进司法机关执法规范化、队伍专业化、管理科学化和保障现代化建设的战略举措，是贯彻落实依法治国、提高审判能力、保证司法工作科学发展的现实要求和必然选择。最高人民法院院长周强在多个会议上强调，司法改革和信息化建设是人民司法事业发展的车之两轮、鸟之两翼。周院长履任之后高度重视法院的信息化建设，将信息化作为推进人民法院发展和司法改革进展的有力支撑，提出要在未来五年内进一步积极、稳妥推进司法

[1] 白倩倩，张权，饶玉柱. 信息化助力实现审判权力运行体系现代化. 中国电子科学研究院学报，2018，(2)：227–230。

体制改革向更高台阶迈进，信息化建设必须作为新的“生产工具”引入到法院的每一项工作当中。

利用信息化手段构建现代化审判权力运行体系，是司法信息化的重要方向及内容。法官是审批权力运行体系的核心，首先应当建立以法官为中心的法官管理系统。法官管理系统包括法官绩效考核系统、法官职业评价系统、法官职业培训系统。在体系的横向维度中，法院的业务流程包含若干节点，应当建立以关键节点为核心的流程管理系统。其中，最重要的节点就是处于中心地位的审判流程，应当建立以审判流程为核心的庭审系统，包括远程审理系统、远程调解系统、科技法庭系统等。在体系的纵向维度中，梳理法院之间的垂直监督、指导关系，应当建立以法院为核心的全国法院网络系统。在司法为民和司法公开方面，应当建立以当事人为核心的司法服务系统，包括一站式信息化诉讼服务中心、12368 集成式 App 平台、司法公开统一平台。在以信息化为手段统筹构建审判权力运行体系的过程中，最基础、最重要的就是数据，采集、管理、挖掘和有效利用法院信息化中的数据，是未来法院信息化建设的重点，也是审判权力运行体系得以构建和运行的基础。因此，应当建立以数据为核心的数据挖掘与云服务系统，包括为司法管理、法官管理、司法解释制定等服务的大数据统计、分析与挖掘工具和云数据中心等。

3

第三章　信息化国家治理的全球实践

一、发达国家的大数据治理战略
二、国外智慧城市的治理实践
三、信息化推进全球治理体系变革

一、发达国家的大数据治理战略

自第三次工业革命以来，数据资源就已经和土地、资本、人力并驾齐驱，成为人类社会的关键生产要素。随着大数据时代的到来，数据资源无疑将成为推动社会发展进步的最强动力[1]。

纵观全球，美、日及欧洲等发达国家纷纷实施了“大数据”的战略部署。“云计算”在美国政府的政策和战略中扮演越来越重要的角色。美国2011年发布的“联邦云计算战略”，明确提出“云优先”策略，旨在推动联邦政府服务向大数据、云计算迁移。欧盟已将研发和推广大数据、云计算技术列入“欧洲2020战略”，使之成为“欧洲数字化议程”的重要组成部分。日本内务部和通信监管机构计划建立一个名为“霞关云”的大数据、云计算基础设施，在2015年完工，以支持政府运作所需的所有信息系统。韩国则计划将大数据、云计算市场规模扩大到现有的四倍，并积极争取相关标准的主导权[2]。国外大数据发展特征如图3-1所示。

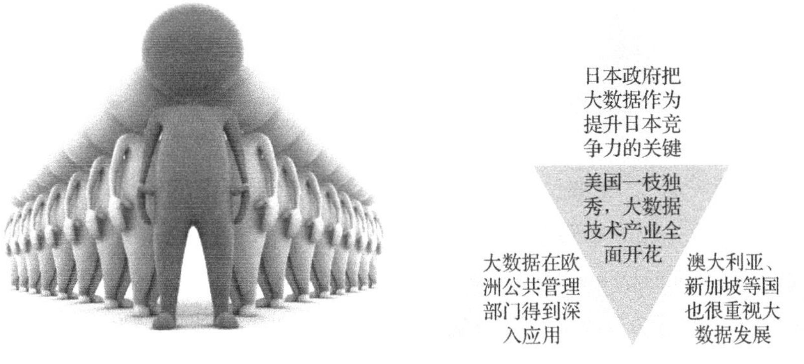

图3-1 国外大数据发展特征

中国电子科学研究院管理研究中心制图。

[1] 安小米. 现代国家治理的云端思维——信息治理能力与政府转型的多重挑战. 人民论坛·学术前沿，2015，(2)。

[2] 李振，鲍宗豪. 大数据时代的“云治理”：社会治理的一“种”新模式. 红旗文稿，2015，(8)。

大数据与国外国家治理：典型案例一

美国的大数据国家战略

大数据被誉为“21世纪的石油”，也意味着一个国家的“数字主权”。奥巴马政府于2012年3月投资2亿美元启动“大数据研究和发展计划”，把大数据研究提升为国家战略，并获得美国国防部、能源部、卫生研究院、国家科学基金、地质勘探局、国家航空航天局（NASA）等国家部门以及产业界、学术界、非营利性组织等各方通力合作推动。美国大数据的基本概况如图3-2所示。

重视数据的历史悠久	拥有完善的基础设施	具备领先的技术优势	产业相对成熟	具备成熟的法律体系	从全面战略到落地行动
美国对数据的重视和应用可以追溯到南北战争时期，以及美国的人口普查	美国自20世纪90年代开始实施建立信息高速公路计划，到目前已拥有完善的网络基础设施，并将其作为战略资产进行保护	美国始终走在计算机、网络技术创新的前沿，并拥有大批掌握先进技术的商业巨头（如谷歌、微软、Facebook等）。硅谷精神、创新力量无可匹敌	美国企业已经在大数据方面具有相当的优势。如：谷歌、微软、EMC等巨头；Facebook、Splunk等创新公司	自20世纪以来，先后出台了一系列法规，对数据的收集、发布、使用和管理等诸环节都作出了具体的规定。经过几十年的改进，已形成完善的法律体系	奥巴马政府重视大数据的发展、应用及其带来的风险，开展的相关项目有国家战略“大数据研究与开发计划”，以及Darpa、国土资源部等项目支撑，积极推动数据公开

图3-2　美国大数据的基本概况

根据麦肯锡“大数据：创新、竞争和生产力的下一个前沿领域”研究报告，大数据每年为美国医疗服务业创造3000亿美元经济价值。另据国际数据公司（IDC）的报告预测，大数据技术与服务的市场规模将从2010年的32亿美元攀升至2015年的169亿美元，年增长率高达40%，是整个IT与通信工业增长率的7倍，将成为新的经济增长动力。当大数据与其他产业相融合，更有着促进整个产业转型升级的价值。

同时，Web 2.0的产业发展使得美国几乎可以获得全球任何地方的数据。美国的很多公司产品在全球被广泛使用，比如谷歌（Google）、Facebook、YouTube、Wikipedia、Windows Live、Twitter、Amazon等；美国开发的三个搜索引擎（Google、Yahoo、Bing）在全球的渗透程度很高[1]。IDC于2012年年

[1] 蔡翠红. “互联网+”塑造美国数字版图. 互联网经济，2015，(4)。

底首次进行了一项“数字地球分布”统计。通过对数据和信息的产生、捕获或利用的地点进行分析，IDC 描绘了一个数字信息的地理分布图，美国在数字地球中占据 32%，西欧诸国占 32%，中国占 13%，印度占 4%，其余国家占 19%。虽然数字信息的总体趋势是不断地从美国、西欧等发达世界向新兴市场国家转移，但根据 IDC 的预测，中国 2020 年所占比例也仅能达到数字地球 21%的份额。所以，数字地球短期内还是西方发达国家的阵地。

大数据与国外国家治理：典型案例二

欧洲主要国家的大数据国家战略

德国通过带宽建设和制定数据保护法案为大数据的发展提供前提条件，其《联邦数据保护法》于 2009 年修订并生效。德国大数据发展的基本现状是：基础设施保障措施完备，数据开放程度有限，数据保护出色，大数据产业发展迅速。总体来看，德国大数据产业发展迅速，数据保护的立法完善，但尚未上升到国家战略。2015 年 3 月 16 日德国汉诺威通信博览，主题为：“数字！经济”，如图 3-3 所示。

CeBIT

图 3-3　2015 年 3 月 16 日德国汉诺威通信博览，主题为：“数字！经济”

2013 年 2 月，法国政府发布“数字化路线图”，列出 5 项大力支持的战略性高新技术，其中一项就是大数据。其基本现状是：大数据应用有限，重视程度不够；在智慧城市建设方面投入了大量精力；数据中心成为信息系统基础设施中的重要部分；数据公开，政府推出了“光明新闻线上共享平台”；通过法律确保对数据及其处理的保护。总体来看，法国大数据的应用领域有限，产业化较为缓慢。虽然法国在“数字化路线图”中把大数据列入将会大力支持的战略性高新技术，但整体来看，法国对大数据应用和发展的重视程度较低，政府和企业界的关注也仅仅体现在智慧城市的建设上。但法国在大数据保护的立法上相对比较完善，且拥有大型的、具有影响力的数据中心，为未来法国大数据的发展提供了良好的基础设施平台和制度保障。

2013 年 1 月，英国商业、创新和技能部斥资 1.89 亿英镑发展大数据，“英国农业技术战略”指出今后对农业技术的投资将集中在大数据上，通过加大投资技术研发、建设强大的基础数据库、重视数据的开放性等措施实现大数据的发展。2013 年年底，英国推出了“数字政府战略”，旨在提供世界一流的、以民众为中心的公共服务，并提高管理效率、推动经济发展。该战略包括 16 项行动计划及其详细的实施路线图和主要业绩指标，助力实现“默认数字化”。2015 年 2 月 16 日，英国技术战略委员会“创新英国”发布“英国 2015—2018 年数字经济战略”，倡导通过数字化创新驱动经济社会发展，为把英国建设成为未来的数字强国作出战略部署。总体来看，英国政府正在积极引导大数据的发展，并投入了大量的人力、物力、财力，努力发挥政府的引导作用，以带动整个大数据产业的飞速发展。英国政府通过借鉴美国等国家在大数据发展中的战略布局，分析和结合本国特点，从公共卫生服务、气候信息、地理信息等较优势的领域开始着手，逐步实施大数据战略布局。政府充分发挥引导作用，与行业、科研院所以及非营利机构一起形成全体动员的格局，从技术研发、推进应用、数据源建设等多方面共同落实大数据战略。同时，英国也在加快实施“数字英国”战略，通过改善基础设施、推广全民数字应用、提供更好的数字保护，将英国打造成世界的“数字之都”。

大数据与国外国家治理：典型案例三

日本的大数据国家战略

大数据已成为安倍政府新 IT 国家战略的核心。2013 年 6 月，安倍内阁正式公布了新 IT 战略——“创建最尖端 IT 国家宣言”。该宣言全面阐述了在 2013—2020 年期间以发展开放公共数据和大数据为核心的日本新 IT 国家战略，提出要把日本建设成为“具有世界最高水准的、广泛运用信息产业技术的社会”。

日本大数据 IT 国家战略的要点涵盖了以下内容：向民间开放公共数据；实现农业及其周边相关产业的高水平化；构筑医疗信息联结网络；活用 IT 技术对社会基础设施进行维护管理。

1. 数据共享

2012 年 6 月，日本 IT 战略本部发布“电子政务开放数据战略草案”，迈出了政府数据公开的关键性一步。2013 年 7 月 27 日，日本三菱综合研究所牵头成立了“开放数据流通推进联盟”，旨在通过产、官、学联合促进日本公共数据的开放应用。2013 年日本 IT 综合战略也提出，要尽快建立跨政府部门的信息检索网站，以便于企业利用政府的大量信息资源，计划到 2015 年年末达到与其他发达国家同等的信息开放度。

2. 数据安全

日本在个人信息保护法等法律基础设施方面落后于欧美国家。不仅日本行政部门对于公开信息持消极态度，企业在对个人信息进行保护方面也动力不足。在日本的大数据产业发展中，如何处理隐私和信息保护的问题已经非常关键，修改和进一步完善个人信息保护法规也已经被提上日程。

3. 创新应用

2012 年 7 月，日本总务省 ICT 基本战略委员会发布了“面向 2020 年的 ICT 综合战略”，提出“活跃在 ICT 领域的日本”的目标。新 ICT 战略将重点关注大数据应用所需。

4. 技术优势

得益于日立、松下、富士通、丰田等日本科技和制造企业多年的积累和优势，日本在对大数据应用的创新和开发上走在全球前列。

5. 产业发展

日本著名的矢野经济研究所的报告显示，2011 年日本的大数据相关行业的市场规模为 1900 亿日元，2012 年约为 2000 亿日元，2020 年有望超过 1 兆日元。从日本大数据投资方向上来看，把数据应用于产品销售及新产品开发的 BI 关联 IT 投资目前占投资总额的半数以上。另一方面，日本大数据市场在其本国 IT 市场中所占比重，预计将从 2011 年的 1.7%上升到 2020 年的 10%左右。

6. 大数据重视和应用程度较高

日本 Gartner 的调查报告指出，约六成以上的企业目前正在积极考虑活用大数据。同时，预计到 2016 年，积极致力于大数据项目的日本大企业的数量将增加一倍，其中七成将有 IT 部门之外的经营及事业部门参与。

日本政府提出，“提升日本竞争力，大数据应用不可或缺”。日本的大数据战略，以务实的应用开发为主，尤其是在和能源、交通、医疗、农业等传统行业结合方面。日本大数据的产业发展迅速、市场前景宽广且具备良好的技术优势。但目前日本在大数据立法上还落后于欧美等国家，此外，日本还面临着大数据专业人才严重不足的问题，日本企业活用大数据的具体手段和做法也不甚明确。

二、国外智慧城市的治理实践

智慧城市建设推进城市治理现代化

城市公共治理体系是国家治理体系的重要组成部分，它的重点是：城市公共服务应按照一定的优先级，从基本公共服务向高级公共服务，提供的范围和强度逐渐递减，首先保证基本公共服务。在新形势下，实现公共治理体系的现代化，要深化城市治理能力，在机会平等的前提下，建立提供公共服务的筛选和准入机制，通过差异化的发展方式，推动智慧城市发展。

智慧城市建设为城市治理体制改革提供指引。近年来屡屡出现的“城市病”相关热点事件表明，城市传统的治理体制有待改进，治理能力和效率有待提高。智慧化城市建设为城市治理现代化提供动力源。要实现城市发展目标，实现与城市定位相匹配并能提供原动力支持的城市治理，需要将智慧城市建设作为解决城市管理和社会治理矛盾的利器，智慧城市建设是城市管理全局战略的必然选择。智慧城市建设运用技术手段统领了城市中的人、事、地、物、情和组织等各个要素，从根本上推动资源配置效率的提升，从而为各类城市生产、生活主体提供了更便捷、更满意的选择途径。

国外智慧城市建设的实践

2008 年 11 月，在纽约召开的外国关系理事会上，IBM 提出了“智慧地球”的理念，引发了智慧城市建设的热潮。智慧城市建设在世界范围内迅速展开，美国迪比克市、韩国首尔、瑞典的斯德哥尔摩、荷兰的阿姆斯特丹等地都积极探索城市发展的智慧路径，并取得了一系列的建设成果。

目前已有越来越多的国家和地区提出了各自的信息化发展战略或相关计划，以及具体的智慧城市建设方案，如表 3-1 所示。

表 3-1　国外重点国家智慧城市及国家治理计划

国家或地区	年　份	计 划 名 称
欧盟	2000	“电子欧洲”
	2005	“‘i2010’未来 5 年的信息社会”

（续）

国家或地区	年　份	计 划 名 称
欧盟	2010	“欧洲 2020 战略”
	2010	“欧洲数字化议程”
	2011	“智慧城市和社区计划”
	2012	“智慧城市和社区的欧洲创新伙伴关系”
	2014	“充分发挥 ICT 潜能：赋予欧洲更多能力”报告
	2014	“迈向数据驱动型经济”
德国	2009	“宽带战略”
	2010	“德国 ICT 战略：数字德国 2015”
	2011	“工业 4.0”
	2013	“德国高技术战略 2020”
	2014	“2014—2017 年数字议程”
美国	2009	IBM“智慧地球”
	2011	“网络空间可信身份国家战略”、“网络空间国际战略”、“网络空间行动战略”
	2011	“联邦云计算战略”
	2012	“大数据的研究和发展计划”
	2014	波士顿等 32 宽带城市联盟“新世纪城市”
加拿大	2014	“数字加拿大 150 计划”
韩国	2004	“u-Korea 战略”
	2005	“u-IT839 计划”
	2013	“第六次产业技术创新计划（2014—2018）”
日本	2000	“IT 国家基本战略”
	2001	“IT 基本法”
	2001	“e-Japan 战略（2001—2005）”
	2004	“u-Japan 战略（2006—2010）”
	2009	“ICT 维新愿景 2.0（2010—2020）”
	2014	“智能日本 ICT 战略”
新加坡	2006	“智慧国 2015”
	2014	“智慧国家 2025”
印度	2014	“GI Cloud 的国家云计算”

国外智慧城市建设的特点

通过对国内外智慧城市建设进行调研、对比和思考，可以发现国外的智慧城市建设通常具有以下特点：

一是以政府为主导，吸引和鼓励社会各界参与。由于智慧城市建设对政策具有依赖性，且是一个复杂的系统工程，所以国外的智慧城市建设大多以政府为主导，通过强有力的政策规划和顶层设计推动。同时，吸引和鼓励民间力量参与，加强与公众的互动，获取广泛支持，并引入竞争机制，促进信息产业发展，提高建设效率。

二是以人为本，以基础设施建设为重点，充分发挥技术作用。智慧城市建设确立了“以人为本”的理念，注重智慧服务，大力推进城市信息基础设施建设，充分利用科技手段推进城市可持续发展。

三是以点带面，有序推进。与国内智慧城市建设热火朝天、政府和企业界热情高涨形成对比的是，国外智慧城市发展相对平缓，大张旗鼓的规划和建设浪潮并未出现，试点的选择与建设谨慎而务实，实验范围“小而精”，以点带面，积极有序地推进城市信息化的升级，分阶段、有次序地推进智慧城市建设，做大做强持续发展。

四是发展模式各具特色，从区域的实际出发，因地制宜，着眼长远和大局。欧洲的智慧城市建设大多围绕城市特色，注重城市的历史文化，以绿色低碳为主题，以科研带动并引领智慧城市的持续发展。北美地区的智慧城市则注重数据开放和建设实效，以市场化机制进行推动，企业在建设中的参与和推动力更强，政府以引导促进为主，更加注重技术应用效果和项目发挥的效益。亚洲地区智慧城市相对体系化，以政府推动为主，由政府制定详细的信息化规划，确立以信息技术为引领的智慧城市战略地位，从技术、产业、应用全方位提升城市的智慧发展，如图 3-4 所示。

五是合理投资，创新运营，经济实惠。由于国外政治体制的特点，其财政支出的制定要经过严格的论证和复杂的程序，因此国外智慧城市的建设多是需求导向、问题导向的，有针对性地为了解决某个问题而以工程项目的形式进行。比如，迪比克是为了节约能耗，斯德哥尔摩是为了缓解交通压力，哥本哈根则是为了降低排放。进行智慧城市建设时，积极谋求更多的投融资渠道、创新运营模式，在充分带动市场发育的同时，避免了建设中“烂尾楼”现象的出现，将有限的“好钢”（资金）用在“刀刃”上。

- 新加坡：2006年6月启动“智慧国2015”计划
- 韩国：2004年3月推出“u-Korea战略”，首尔、釜山、仁川等6个地区已成为u-city示范区
- 日本：2009年7月制定“i-Japan2015战略”，2010年正式启动横滨市、丰田市、京都市和北九州市4个地区的试点项目
- 阿联酋：2006年4月，计划到2016年将马斯达尔城建成全球首个无碳无废物的可持续城市
- 马拉西亚：马来西亚前总理马哈蒂尔倡导“信息技术觉醒运动”，提出建设总面积为750平方千米的多媒体超级走廊（MultimediaSuperCorridor，MSC）

图 3-4 智慧亚洲

国外智慧城市建设：典型案例一

欧洲智慧城市整体情况

1. 欧洲智慧城市建设现状

2002—2005 年欧洲实施了“电子欧洲”行动计划，并在 2006—2010 年间完成了第三阶段的信息社会发展战略。在此基础上，欧洲各城市开始了建设智慧城市的实践。

2010 年 3 月，欧盟委员会出台“欧洲 2020 战略”，提出了三项重点任务，即智慧型增长、可持续增长和包容性增长。智慧型增长意味着要强化知识创造和创新，充分利用信息技术。“欧洲 2020 战略”把“欧洲数字化议程”确立为欧盟促进经济增长的七大旗舰计划之一。

早在 2007 年，欧盟就提出了一整套智慧城市建设目标并付诸实施。欧盟的智慧城市评价标准包括智慧经济、智慧移动性、智慧环境、智慧治理等方面。评估结果表明，瑞典、芬兰等北欧国家以及荷兰、比利时、卢森堡、奥地利的城市智慧程度较高。

越来越多的城市开始从以人为本的视角开展智慧城市的建设，如欧盟启动了“面向知识社会创新 2.0 的 Living Lab（生活实验室）计划”，致力于将城市打造成为开放创新的空间，营造有利于创新涌现的城市生态，并以 Living Lab 为载体推动智慧城市的建设。芬兰的赫尔辛基、丹麦的哥本哈根、荷兰的阿姆斯特丹、西班牙的巴塞罗那等城市也相继启动了智慧城市建设。

欧洲在智能城市基础设施建设与相关技术创新、公共服务、交通及能源管理等领域进行了多项成功实践，并在打造开放创新、可持续的智慧城市方面取

得了较大进展。其中，荷兰、法国、意大利等国的实践非常具有特点。Hypercat的数据显示，到2020年，仅伦敦的智慧城市技术市场价值就将高达40亿英镑。

2. 欧洲智慧城市建设的特征

欧洲智慧城市建设注重从市民需求出发，以各种基础网络为支撑建设感知设施，通过信息的融合分析提供智能服务，提升经济效益和政治效率，促进社会、文化与城市发展。欧洲智慧城市的建设尤其注重以人为本、市民参与、社会协同的开放创新空间的塑造，以及公共价值与独特价值的创造。从市民需求出发，通过新一代信息技术、社交媒体加强用户参与、汇聚公众智慧，不断推动用户创新、开放创新、大众创新、协同创新，实现经济、社会、环境的可持续发展。例如，通过Living Lab等模式让用户参与城市公共服务产品生产的全过程，包括公共服务产品的设计、生产、提供及决策的全过程，通过用户服务DIY，提升用户体验，不断优化公共产品与服务。

阿姆斯特丹的Living Lab可持续发展实验区，巴塞罗那的Fab Lab到Fab City的实践，都在积极尝试通过应用新一代信息技术让用户更好地参与创新进程，成为服务设计与创新的主体，消弭需求与技术实现之间的鸿沟。

3. 欧洲智慧城市建设的框架

欧洲智慧城市建设以人为本，注重城市历史文化特色的可持续发展，将城市信息系统与经济发展、城市管理和公共服务紧密结合，优化城市管理决策，进行技术创新，扩展产业空间，提高民众生活品质。通过公众的广泛参与和自下而上的信息反馈机制，推动城市建设与社会的高度融合，使经济社会的发展更智能化、更具有可持续性。

其中，“环境”是欧洲智慧城市建设的关注重点。在进行城市建设时，注重居民生活环境的改善以及环境的可持续发展。比如，2011年欧盟推出的“智慧城市和社区计划”（Smart Cities and Communities Initiative），提出在2012年投入8100万欧元用于支持城市和社区的交通和能源试点项目，通过对能源的可持续利用和生产使得温室气体排放量到2020年减少40%。

在社会方面，智慧城市建设突出“以人为本”的主题。政府参与管理、运作能够提升公众生活质量的各个方面，包括受教育、文化、卫生、安全、住房、旅行等。例如，2012年7月10日，欧盟委员会发起了“智慧城市和社区的欧洲创新伙伴关系”（Smart Cities and Communities European Innovation Partnership），将能源、交通和信息与通信技术等领域的技术与城市需求相结合，在特定的城市开展示范项目，如高效供热和制冷系统、智能仪表、实时能源管理、零排放建筑、智能交通等，以优化城市生活空间，提升居民生活质量，并通过以用户为中心的服务设计提高公众对公共服务的满意度。

在经济方面，智慧城市建设通过知识技术创新推动经济发展，通过新一代信息技术的应用提升就业率，注重市场体系的完善，广泛参与国内外竞争与合作，并通过 Living Lab、Fab Lab 等面向知识社会的创新 2.0 模式建构和平台搭建，以及开放数据、众包众筹等方式，推动用户创新、开放创新、大众创新、协同创新，激发市场、社会的活力，推动经济可持续发展。

国外智慧城市建设：典型案例二

智慧城市之巴塞罗那

巴塞罗那（Barcelona）位于伊比利亚半岛东北部，濒临地中海，是加泰罗尼亚的港口城市，也是享誉世界的地中海风光旅游目的地和著名的历史文化名城，还是西班牙最重要的贸易、工业和金融基地。2009 年，巴塞罗那提出要建设“智慧城市”，以提高公民的福利和生活质量，促进经济进步，并确保城市更有效率地实现可持续发展。

到 2012 年，巴塞罗那已经完成了一系列卓有成效的智慧城市建设项目，并据此被评为欧洲智慧城市标杆。巴塞罗那的智慧城市建设包含了城市的各个方面，从信息化基础设施、智能社会公共服务，到城市的绿色可持续发展，是一个包容、开放的综合系统，巴塞罗那智慧城市发展阶段示意图如图 3-5 所示。

1. 互联的巴塞罗那

如今巴塞罗那地下综合网络已经覆盖全市，共有 37.5 万米长，FTTH（Fiber To The Home，光纤直接到家庭）100％覆盖整座城市。市民可以通过 App 简单便捷地获取覆盖全市的免费 WiFi 公共接入点，721 个 WiFi 热点让市民随时随地获取网络服务，畅享互联互通的网络世界。“家庭光纤”是一个试点项目，而“T-City Friedrichshafen”是城市数字网络，超快速光纤和移动网络提高数据传输速度，实施应用程序，其中有超过 300 千米的光纤和基础城市管理模型的集约化信息应用技术。

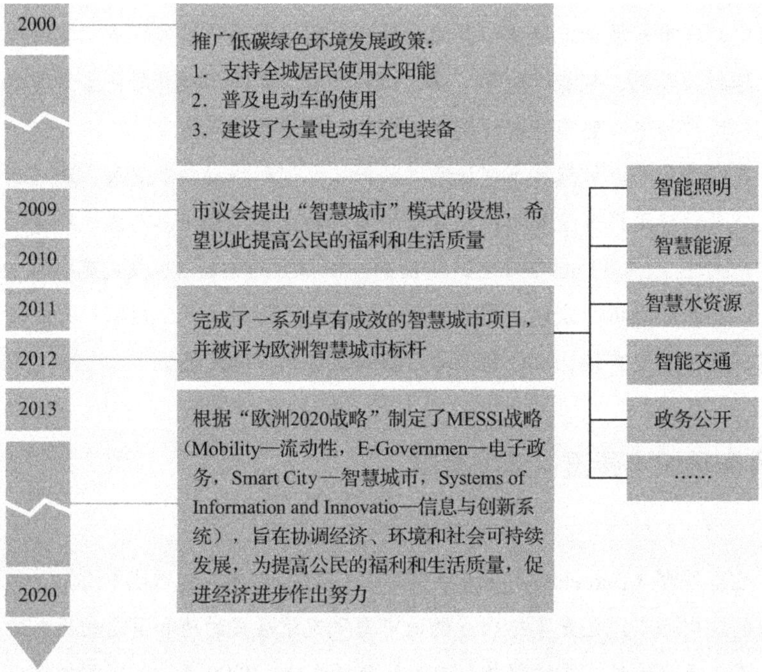

图 3-5　巴塞罗那智慧城市发展阶段示意图

2. 感知的巴塞罗那

巴塞罗那非常重视物联网对智慧城市的作用。城市中覆盖了大面积的无线传感器和路由器，这些设备每天产生大量数据，流向开放式软件平台，在平台上进行数据收集和分析，为城市更有效地运行提供指导。比如，智能垃圾回收系统的特有功能之一就是在自身满载时会主动发出信号，工作人员将根据其发出的信号来安排分配垃圾运输车的出行频率和路线，从而提高垃圾处理效率。智能灌溉系统也是如此，通过地面传感器提供湿度、温度、风速、阳光和气压等实时数据，园丁们能够根据基础数据调整植物灌溉时间表，更加科学地灌溉。

3. 开放的巴塞罗那

为了使巴塞罗那更加智能，城市选择搭建开放平台，以加快推进未来传感器、网络、地图和软件分析等开发商运用平台数据。该平台还允许政府各部门共享信息，避免重复工作。比如，司机只需下载一种专门的应用程序，就能够根据数据平台发来的信息获知空车位信息，做到安全、便捷停车，防止时间浪费。市民和游客也可以基于可视化地图数据、交互式浏览，寻找最近的公共汽车站，获取地理位置和旅游地点。

4. 绿色的巴塞罗那

巴塞罗那致力于推广低碳、绿色的环境发展政策。为了减少二氧化碳排放量，巴塞罗那推出了涵盖能源替代、运输管理和绿色建筑的“新绿色城市运行计划”。早在2000年，巴塞罗那就最先开始支持全城居民使用太阳能。2006年，巴塞罗那已经成为欧洲使用太阳能电池板密度最高的城市。同时，巴塞罗那大力推广电动汽车的使用，在全市部署充电站以及电动汽车车队和汽车租赁等绿色交通相关设施及服务。2012年，全市已有超过500辆的混合动力出租车、294辆公共电动车、262个充电站、130辆电动摩托车和约400辆私人电动汽车。

5. 服务的巴塞罗那

巴塞罗那注重提高公民的福利和生活质量，在智慧照明、智慧电网、智慧水务、智慧停车、智能交通、智能区域供冷供暖、政务公开等促进民生的智慧服务方面都取得了显著成果。例如，2012年巴塞罗那制定了一个总体规划，项目包括50条街道层面的总数为1155根路灯桅杆上的LED照明技术。匹兹堡大学的最新研究发现，仅LED节能路灯一项，巴塞罗那就有望将其市政能源开支减少三分之一。

6. 创新的巴塞罗那

巴塞罗那提倡技术创新，在城市高新技术中心开辟了一块面积大约两平方千米的街区，专门进行技术研究和实践。这片区域过去在巴塞罗那市政府的通信库里的编号是22，所以它被称作“22@”，寓意传统与现代的结合。这一旧城改造计划运用了一系列智能科技手段，包括电动车免费充电设施、智能感应垃圾回收点、带有智能感应设施的停车库与停车位管理，以及居民公共用水方面的管理与节水计划。从这些项目中可以看出，巴塞罗那注重将创新科技手段运用到城市生活基础建设之中，从而达到节能环保、提高公民生活质量的目的。

国外智慧城市建设：典型案例三

智慧城市之新加坡

新加坡由新加坡岛和附近的63个小岛组成，人口484万，面积699.4平方千米，其中新加坡岛占全国面积的88.5%。新加坡是世界人口密度最高的国家之一，作为一个国土狭小、资源匮乏的城市型国家，新加坡高度重视信息化发展，经过近30年的不懈努力，信息化已经成为国家管理和经济活动的基础支撑，宽带通信网络和先进的信息技术成为知识和经济腾飞的最主要推动力，人们的工作方式、生活方式、思考方式甚至个人习惯都发生了根本性的变化，信息化的飞速发展也为经济长期可持续发展奠定了坚实基础。

2006 年出台的第六个国家信息化蓝图是新加坡 20 多年来制定的第一个为期 10 年的信息化战略规划——“智慧国 2015”，规划通过更新的科技和更先进的数字设备实现更多的创新。

“智慧国 2015”规划拟定了四大策略来达到以上目标，第一是新一代网络基础设施建设，包括有线和无线两种宽带网络。第二是协助本地 IT 企业加强技术，让它们通过打造“新加坡制造”的产品品牌参与国际市场竞争。第三是培养精通 IT 的劳动力和具有国际竞争力的专业人才队伍。最后是利用信息科技在七大领域提升经济发展水平，即数码媒体与娱乐、教育与学习、金融服务、电子政府、保健与生物医药科学、制造与后勤、旅游与零售。

“智慧国 2015”的一个战略要点就是发展完善的基础设施。其目标是到 2012 年，新加坡将建成新一代的全国资讯通信基础设施，包括建设超高速且具有普适性的有线和无线两种宽带网络。同时还推出了相应的平台和新服务，进一步加强新一代资讯通信基础设施建设，为经济增长和社会发展打好基础。迄今为止，网速达 1KM/s 的新一代全国宽带网络已覆盖新加坡 35%的房屋和建筑，并于 2012 年实现 95%的覆盖。作为有线宽带的补充，“无线@新加坡”项目通过 7500 余个热点提供速度高达 1M/s 的无线 WiFi 上网服务。

“电子政府”是新加坡“智慧国 2015”计划的重要组成部分。在为期 10 年的信息通信产业发展蓝图框架下，新加坡提出了两个阶段的电子政府规划：整合政府 2010（iGov2010）计划和 2011 年至 2015 年的电子政府总体规划。目前，整合政府 2010（iGov2010）计划已近尾声，该计划推出了 1600 多项电子政府服务，取得了里程碑式的成果。

整合政府 2010（iGov2010）计划的愿景是：利用信息通信技术整合政府工作，以使客户感到满意并连通民众。为此，新加坡采取了四项战略性手段：提升政府电子服务的普及性和多样性、增进民众在电子政府中的参与度、强化政府的能力和协同性以及提高国家竞争优势。

至今，新加坡政府已通过各种机构推出了 300 项移动服务，其中包括教育部通过短信渠道向 45000 多名家长和学生通知入学申请的结果。新加坡的警察部队和 5 个志愿福利组织也利用这一公共移动短信系统来为听力和语言受障者提供紧急服务。新加坡政府通过不断丰富电子服务，为国民提供更高的价值和更多的便利。例如，教育和就业指导门户网站使学生能够在线规划并搜索职业与教育选项，从而作出明智的职业选择；电子综合公共交通旅程计划则帮助乘客规划搭乘公共巴士和地铁的旅行路线。

新加坡电子政府建设始终是由政府直接发起，通过下设有关主管部门进行统一调控，整个推行过程合理、有序。公众或企业在办理网上业务时，不必在各个政府部门站点分别办理，而是按业务流程一步步在单一的网站上完成所有相关业务手续，让各个政府部门的服务无缝集成，实现“一站式”网上办公，为社会公众提供“无缝隙政府服务”。电子政府建设真正落到了实处。

在社区服务方面，新加坡在每个社区设立了“民众服务中心”虚拟社区，给民众提供便利的服务。“新加坡电子公众”是全球最成熟的政府对公众服务模式。它将人的一生划分为 9 个“驿站”，在每个“驿站”里都可以得到政府的服务。例如，在“就业驿站”，有“雇佣员工”（专为雇主设计）、“寻找工作”（专为求职者设计）、“提高技能”、“在新加坡工作”（专为外国人提供）、“退休”等功能。这些“驿站”把不同政府部门的职能巧妙地连接在一起，例如，在“家庭”驿站，“老人护理”模块来自卫生部，“结婚”模块则来自社区发展部。目前，新加坡公众可以得到 2600 项社会服务，电子公众中心可以将其中的 1700 多项服务传送到每个家庭。

政府电子商务中心是政府搭建的高效便捷的商务平台。作为新加坡政府的采购系统，该平台把新加坡政府各部门机构的财务系统和采购软件整合到一起。政府部门的贸易伙伴可以在网上获得政府招标的邀请并购买招标文件，供应商可以在网上索要发票、检查付款情况、提交产品目录和竞标。目前，政府通过政府电子商务中心采购的产品价值已经超过 1 亿美元。以一体化方式建立的贸易网（TradeNet）使贸易通关时间从原来的 2～7 天减少到 1 分钟以内，所需文件从 30 个减少到 1 个，每年可为新加坡节省 10 亿美元。

为了保持交通顺畅，新加坡推出了多个智能交通系统，包括高速公路监控及信息发布系统、综合铁路监控系统。智能交通系统使新加坡市中心高峰期的交通时速达到 24.8 千米/小时，位居全球大都市前列。

此外，新加坡还建立了以下信息和服务平台。

（1）公路电子收费系统（ERP）。该系统是利用 RFID 等信息技术在拥挤路段进行自动收费的智能交通系统。新加坡在车流量最大的中心城区的各大通道设置了 28 个 ERP 闸门，汽车经过时闸门通过无线装置识别车辆，自动从装在车内读卡器中的智能卡上扣费。为引导车辆尽量不在高峰期进入市中心，ERP还根据不同时段调整收费标准。ERP将新加坡市中心的交通量调低了10%左右，车速提高近30%，让面积狭小的新加坡交通顺畅不少，取得了明显效果。ERP不仅能收费，还能收集、分析各条公路的车流数据，新加坡陆路交通局定期根据这些数据调整ERP收费标准。

（2）优化交通信号系统（GLIDE）。该系统是一个智能交通灯系统，可以通过实时监控交通流量调节各行车方向红绿灯信号的时长，提高路口的通行能力，并且动态应用最佳的连锁计划以协调交通灯系统、优化公路网络的交通。这一系统可根据实际需求为车辆和行人调节绿灯的时长，在相邻的十字路口应用最佳的连锁计划，以减少车辆因红灯停下的次数，并在交通信号系统出现错误时实现快速修复。

（3）高速公路监控及信息发布系统（EMAS）。该系统具有实时视频监控交通、事故侦测及交通信息发布功能。一旦发现车祸可以将信息通过LED显示屏、电台、手机短信告知司机及抢险人员，使车辆维修人员及其他机构（例如交警、新加坡民防部队等）迅速介入，快速参与事故处理。EMAS也会通过策略性布置的电子信号板及无线广播，通知司机当时的交通情况。该系统可以对在高速公路上需要帮助的车辆作出及时快速的反应，通过电子信息板告知公众发生事故的地点，以减少因此造成的交通拥堵，加强高速公路上的安全。控制中心的监测员通过实时摇动监控摄像头，可以发现如车辆抛锚、交通拥堵等事故。发现事故时，系统会通知相关人员在15分钟内到达事故现场，帮助移开障碍物，使车流恢复正常。抛锚的车辆将被免费拖至最近的停车场。

三、信息化推进全球治理体系变革

人类命运共同体

世界正处于大发展、大变革、大调整时期，和平与发展仍然是时代主题。世界多极化、经济全球化、社会信息化、文化多样化深入发展，全球治理体系和国际秩序变革加速推进，各国相互的联系和依存日益加深，国际力量对比更趋平衡，和平发展的大势不可逆转。同时，世界面临的不稳定性、不确定性日益突出，世界经济增长动能不足，贫富分化日趋严重，地区热点问题此起彼伏，恐怖主义、网络安全、重大传染性疾病、气候变化等非传统安全威胁持续蔓延，人类面临许多共同挑战。

党的十九大报告指出，各国人民同心协力，构建人类命运共同体，建设持久和平、普遍安全、共同繁荣、开放包容、清洁美丽的世界。要同舟共济，促进贸易和投资自由化、便利化，推动经济全球化朝着更加开放、包容、普惠、平衡、共赢的方向发展。中国秉持共商共建共享的全球治理观，倡导国际关系民主化，坚持国家不分大小、强弱、贫富一律平等，支持联合国发挥积极作用，支持扩大发展中国家在国际事务中的代表性和发言权。中国将继续发挥负责任大国作用，积极参与全球治理体系改革和建设，不断贡献中国智慧和力量。

小贴士——人类命运共同体

2017 年 10 月 18 日，习近平同志在十九大报告中提出“坚持和平发展道路，推动构建人类命运共同体”。中国共产党始终把为人类作出新的更大的贡献作为自己的使命。中国将高举和平、发展、合作、共赢的旗帜，恪守维护世界和平、促进共同发展的外交政策宗旨，坚定不移地在和平共处五项原则基础上发展同各国的友好合作，推动建设相互尊重、公平正义、合作共赢的新型国际关系。

人类命运共同体是指在追求本国利益时兼顾他国合理关切，在谋求本国发展中促进各国共同发展。人类只有一个地球，各国共处一个世界，要倡导“人类命运共同体”意识。

“人类命运共同体”这一全球价值观包含相互依存的国际权力观、共同利益观、可持续发展观和全球治理观。

全球治理体系

习近平总书记强调，“没有网络安全就没有国家安全，没有信息化就没有现代化。建设网络强国，要有自己的技术，有过硬的技术；要有丰富全面的信息服务，繁荣发展的网络文化；要有良好的信息基础设施，形成实力雄厚的信息经济；要有高素质的网络安全和信息化人才队伍；要积极开展双边、多边的互联网国际交流合作。”建设网络强国的“五个要”落脚点应是治理体系和能力建设的现代化，这也为建立新时代全球治理体系提供了发展思路。

现代国家之间的交往日加频繁，在信息时代，国家互联互通的必备要素就是网络相连、信息相通。再加上信息经济在国家 GDP 中占据日益重要的地位，信息化与外交的关系越加密切，从以海底光缆为代表的信息化基础设施的全球铺设，到国际远程视频会议的日益盛行，再到出现各类以信息为内涵的经济、科学、人文交流国际论坛，以信息化建设为主要内容的国际商务合作大单等。

党的十九大报告指出，世界正处于大发展、大变革、大调整时期，和平与发展仍然是时代主题。随着世界多极化、经济全球化、社会信息化、文化多样化的深入发展，各国相互联系和依存日益加深，推动全球治理体系改革是大势所趋，也是构建人类命运共同体、建设美好世界的必由之路。

党的十九大报告中指出，中国秉持共商共建共享的全球治理观，积极参与全球治理体系改革和建设，不断贡献中国智慧和力量。这是习近平新时代中国特色社会主义思想在对外工作领域的重要体现，是中国特色大国外交理论的重要内涵，也是新时期中国为世界和平与发展事业作出的重要贡献。

全球治理观包括诸如和平发展道路、合作共赢理念、新型大国关系、正确义利观、发展观、合作观、安全观、全球化观等，特别是中国提出了共建“一带一路”倡议和构建人类命运共同体的理念。

在具体实践上，我国发起了一系列以发展中国家为主体的国际组织及合作机制，实现了多边机制在发展中国家的网络化全覆盖，努力补强全球治理体系中的短板，推动“金砖国家”、上海合作组织等机制在区域和全球治理中发挥更大作用。我们秉持开放、包容、合作、共赢的金砖精神，推动建立金砖国家新开发银行及应急储备安排，扩大人文交流，探索“金砖+”合作模式，举行新兴市场国家与发展中国家对话会等，引领构建全方位、多层次的金砖合作架构，将其打造为新兴市场国家和发展中国家参与全球治理的重要平台。

2013 年，习近平主席创造性提出“一带一路”重大倡议，开辟了国际合作新模式，为全球治理提供了新平台、新理念、新动力，现已得到 100 多个国家和国际组织的积极支持和参与，成为当今世界规模最大的国际合作平台、最受欢迎的全球公共产品。我国发起创办亚洲基础设施投资银行，设立丝路基金，促进亚洲互联互通和经济可持续发展，进一步完善亚洲金融合作机制。我国还主动实施国际发展援助，宣布建立 10 亿美元的“中国—联合国和平与发展基金”、200 亿元人民币的“中国气候变化南南合作基金”、设立“南南合作援助基金”等，中国负责任的大国作用日益凸显。

在国际合作中，亚太经合组织领导人非正式会议、亚信峰会，特别是二十国集团领导人杭州峰会取得了一系列具有开创性、引领性、机制性的成果，在二十国集团发展史上留下了深刻的中国印记。

实践证明，中国的全球治理观顺应时代潮流，能够解决现实需要，符合各国人民利益，具有强大的生命力和吸引力，不断引领重塑世界的全球治理观。中国会继续深化信息化国际交流与合作，加快推进21世纪数字丝绸之路建设，推进中国—东盟信息港、网上丝路宁夏枢纽工程建设。积极参与国际规则和标准制定工作，共同推动全球互联网治理体系变革，与世界各国携手共建网络空间命运共同体。

（一）“一带一路”信息走廊

“一带一路”是什么

“一带一路”倡议是以习近平为总书记的党中央主动应对全球形势深刻变化、统筹国内国际两个大局作出的重大决策，对推进我国新一轮对外开放和沿线国家共同发展意义重大。

“一带一路”沿线大多是新兴经济体和发展中国家，总人口约44亿，经济总量约21万亿美元，分别约占全球的63%和29%。许多“一带一路”国家正面临着城镇人口快速增长、经济结构转型升级的巨大压力。

东南亚、南亚以及部分东欧国家人口密度不断增大，贫富差距突出，社会矛盾尖锐，亟须通过智慧城市建设有效提升社会精细化管理和民生普惠化服务能力，促进社会的和谐发展。中亚、西亚及北非部分国家，进入21世纪以来，基本依赖开采自然资源实现经济发展，但在近年国际市场巨幅震荡的形势下，经济发展波动较大，亟须通过智慧城市建设促进传统产业改造升级，培育本国的新兴产业，保持经济稳定增长。

“一带一路”沿线还有许多国家经济基础薄弱、自然资源禀赋缺乏，很难通过内生性增长实现国家的富强，亟须通过加强包括信息通信内的基础设施建设，实现和“一带一路”相关国家在物流、资金流、人才流、信息流等多领域的互联互通，充分利用本国的优势，高效融入国际市场，实现经济的快速崛起。

“一带一路”信息走廊建设的必要性

丝绸之路的本质在于互通。纵观历史，互通越是频繁，丝绸之路越是繁荣。当前我国正处在建设丝绸之路经济带的最佳历史机遇期，东西方之间存在通联的巨大战略需求。中国过去40年经济高速发展取得的成就，对中亚各国产生了巨大的向心力。全球金融危机发生后，处在丝绸之路经济带上的国家大都面临着经济发展问题，而中国经济也站在了发展的重要关口，亟须产业转型升级以切实提高我国在全球产业链中的地位。

以通信、计算机、网络、软件、信息服务等产业为主的电子信息产业迅猛发展，不但形成了新的经济增长点，也改变了传统行业的运行模式，甚至促进了人类社会形态的转变。信息基础设施已成为产业转型升级的关键要素和重要驱动力，数字化、网络化已经成为生活中的一部分，跨越传统国家地理疆域的“信息系统国度”已经悄然形成。信息系统无法覆盖的地方就无法维护国家主权，无法确保信息安全的地方就无法捍卫国家核心利益。

我们要顺应时代潮流，抓住历史机遇。构建“丝绸之路信息走廊”，既可以将所谓的“塌陷地区”国家重新融入世界经济的主流、逐步消除贫困与落后，又有助于中国中西部的经济腾飞，甚至可能在亚太和欧洲两大生产与市场体系之外形成新的全球性的增长点。我国应联合沿线国家，积极推动和参与相关国家的信息基础设施工程建设，牢牢把握信息时代我国国家利益拓展过程中的主动权和主导权，使丝绸之路经济带真正成为信息时代国家安全和发展的富强之路、友谊之带。

“一带一路”信息走廊建设的可行性

丝绸之路经济带国家的信息化程度，除了俄罗斯和哈萨克斯坦处于中等水平外，吉尔吉斯斯坦、塔吉克斯坦、乌兹别克斯坦、土库曼斯坦、白俄罗斯等国家都比较落后，光缆数量不足、网络普及率不高、手机拥有率低，具有明确而迫切的信息基础设施建设需求。而国内如阿里巴巴、华为、联想等商业服务企业虽已在这些国家开展业务，但受制于这些国家的信息化程度不高，无法开展大规模应用。

“丝绸之路信息走廊”正是基于此种现实，通过建设通信、互联网等信息基础设施，实现区域间信息互联互通，并在此基础上面向商贸、能源、金融、交通、物流、民生、安全等领域，提供信息化系统和服务，提高信息化水平，建设中国—中亚一体化信息网络，构建高效、便捷、安全、智慧的“丝绸之路”，推动区域互动合作和产业聚集发展，并促进中国电商企业走出去，利用国际资源，拓展国际市场，不断发展壮大。

“一带一路”信息走廊建设的阶段成就

截至 2017 年年底，我国“一带一路”信息走廊的建设取得阶段性成就。

信息基础设施互联互通进展明显。与“一带一路”沿线 12 个国家建成 34 条跨境陆缆和多条国际海缆，与土耳其、沙特、埃及等国家签署了《关于加强“网上丝绸之路”建设合作促进信息互联互通的谅解备忘录》。“一带一路”空间信息走廊服务能力基本形成，为我国企业走出去以及“一带一路”沿线 30 多个国家和地区提供空间信息服务。

信息化国际枢纽工程扎实推进。中阿网上丝绸之路经济合作试验区暨宁夏枢纽工程加速推进，中国—东盟信息港建设取得阶段性成果，中国—东盟跨境贸易结算平台、中国—东盟新型智慧城市协同创新中心等重点项目成效逐步显现[1]。

信息化推进“全球治理体系”变革：典型案例一

“一带一路”信息走廊与中亚各国

丝绸之路信息走廊的建设方案包括：构建互联互通、安全高效的基础设施网络，提供安全可信的信息服务功能，建立电商示范区、物流业信息化共享平台、金融信息网络、数据共享中心，让信息系统覆盖丝绸之路、服务丝绸之路。

（一）以电子商务、空港信息化等惠民工程为牵引

空港信息化是新一代信息技术在机场领域的高度集成，是建立功能完善、安全高效的机场体系的必由之路。高水平的航空港将极大方便中国同“丝绸之路”沿线各国的人员交往以及货物往来，对保障中国同丝绸之路沿线国家道路联通、贸易畅通起到了至关重要的作用。空港信息化包括运营信息化、管理信息化、监管信息化。运营信息化是以飞机从起飞到降落和旅客从出发到到达为主导的运营信息化。管理信息化包括公司综合信息平台和中心数据库、办公自动化系统、资产管理系统和生成经营数据信息系统等。监管信息化则是利用雷达等现代信息技术对飞机飞行状态的监管控制，包括空管一体化感知网、情报融合系统以及指挥控制系统。

[1] 国家互联网信息办公室. 数字中国建设发展报告（2017 年）。

（二）建设光缆干线，构建互联互通、安全高效的基础设施网络

建设光缆干线包括建设一条中国与中亚国家的光缆主干线，实现中亚各国与中国的信息直通。光缆建设可以根据需求，在亚欧陆地光缆（东起中国上海，西至德国法兰克福）的基础上进行扩容。除此之外，中国—蒙古—俄罗斯经济带、中巴经济走廊光缆连接尚处空白。同时，中亚部分国家国际出口容量小，需要扩容或者新建国际光缆线路。可以考虑建设：新疆—吉尔吉斯斯坦陆地光缆，600km；新疆—格鲁吉亚光缆，1500km；新疆—巴基斯坦陆地光缆，1400km。

网络互联包括 IP 宽带城域网、无线宽带接入网、有线宽带接入网。IP 宽带城域网是基于 IP 应用的城市间有线网；无线宽带接入网主要包括 3G/4G 移动通信系统、WiMax、WLAN（WiFi）、数字集群网络、卫星移动通信网络、短波通信网络、专用无线通信等；有线宽带接入网主要包括局域网 LAN 接入、基于铜线的 xDSL 接入、FTTx 光纤接入网、基于无源光网络（PON）、HFC（混合光纤同轴网）和 Cable 接入网等接入手段和网系。

（三）卫星和导航系统提供信息服务，实现信息走廊无缝连接

针对丝绸之路经济带国家众多、国情发展差异大的现实，可通过航天器所装载的任务载荷及地面设施，构建覆盖空、天、地、海等自然空间的信息服务和通道，为各类用户提供遥感、通信、导航等信息服务。空间段由中国主导，相关国家共建、共享、共用同步轨和低轨卫星星座，提供广域范围的宽带通信服务、遥感测绘服务，并作为导航增强信息发布通道。地面段可通过建设北斗数据服务中心、卫星地面运行管理中心和信关站，满足对各类航天信息的处理需求，同时实现各中心与我国管理中心的联网运行。用户段提供空基、陆基、船载、个人卫星终端产品。具体包括：

1. 依托我国卫星资源，为中亚五国提供卫星通信服务

我国当前的卫星资源中部分对中亚的覆盖较好。如 2012 年 3 月 31 日发射升空的亚太 7 号卫星，该卫星定位于 76.5° E，提供 28 个 C 频段和 28 个 Ku 频段转发器商业通信服务，总功率为 11.4kW，卫星上的 C 频段可为亚洲、中东、非洲、澳大利亚、欧洲等地提供电视传输和卫星通信服务，Ku 频段可为中国、中东、中亚、非洲提供 DTH、VSAT 等跨洲广播通信服务。亚太 7 号卫星 Ku 频段可为中亚五国提供较好的卫星通信服务。利用我国亚太 7 号卫星等对中亚五国覆盖较好的卫星资源，为中亚五国提供全面的卫星通信服务，从而为通信网络完整覆盖丝绸之路、打造丝绸之路信息走廊奠定良好的基础。

2. 利用我国卫星通信系统建设经验，为中亚五国建设卫星通信系统

在卫星通信领域，我国除可以在空间段资源（卫星）为中亚五国提供帮助外，还可以在地面段（各型卫星通信地面站）协助中亚五国建设卫星通信系统。可根据各国基础和需求，为其建设包括固定站、车载站、便携站、背负站等多种站型在内的卫星通信系统，传输语音、视频和数据等多种信息，为丝绸之路提供覆盖广泛的卫星通信服务。

3. 利用北斗导航系统，为中亚五国提供卫星导航服务

我国的北斗导航系统已初见雏形，并已开始提供导航服务。我国可利用北斗导航系统，为中亚五国等丝绸之路沿线国家提供导航、定位等一系列服务。

（四）以西安、兰州、乌鲁木齐为主轴，向外延伸至中亚各国，建立信息产业园和人才中心

中亚国家电子信息产业发展缓慢，电子信息技术落后，其电子信息产品主要依靠从中国进口。我国在中西部主要城市以及中亚地区创建软件园与服务外包园区等信息产业园，大力发展云计算和物联网产业，打造面向中亚、具有特殊地位的多语种软件产业和离岸服务外包产业基地，推动云计算、物联网等产业化基地建设，着力发展云存储、云服务、云终端等云计算产业，并通过产业园区吸引中亚高科技人才，在中西部形成人才聚集地。

具体措施包括：

（1）建立新能源产业基地。充分利用丝绸之路沿线国家的风能、太阳能资源，在中亚建立新能源产业基地，通过信息化设施进行遥控和能源分配。

（2）建设智慧城市。智慧城市以推进实体基础设施和信息基础设施相融合为基础，充分运用物联网、云计算等新一代信息通信技术，以最大限度地开发、整合和利用各类城市信息资源为核心，通过智慧的感知、建模、分析、集成和处理，为居民、企业和社会提供及时、互动、高效的信息服务，全面提升城市运行管理水平、政府行政效能、公共服务能力和市民生活质量。

信息化推进“全球治理体系”变革：典型案例二

“一带一路”信息化指数

中国倡导的“一带一路”建设有利于改善全球经济萧条与低落的困境，是全球经济增长的新引擎。“一带一路”建设对于推动亚非欧国家的经济复苏与发展具有重要意义，是亚非欧国家经济转型升级的新动力。“一带一路”体现的是

中国带领亚非欧国家乃至全球经济走出低迷的大国责任。

在建设“一带一路”之前，了解各国的发展现状，尤其是体现科技创新与经济社会可持续发展的信息化水平现状，具有非常重要的现实意义，“一带一路”信息化指数（又称“丝路指数”）由此产生。

“丝路指数”基于世界银行、经济合作与发展组织、国际货币基金组织、国家统计局等的客观数据，从信息化水平、经济发展、能源资源、交通运输4个方面，选取41个指标全面评估“一带一路”国家的经济社会发展质量，努力寻求“一带一路”理论研究的创新与突破，如图3-6所示。

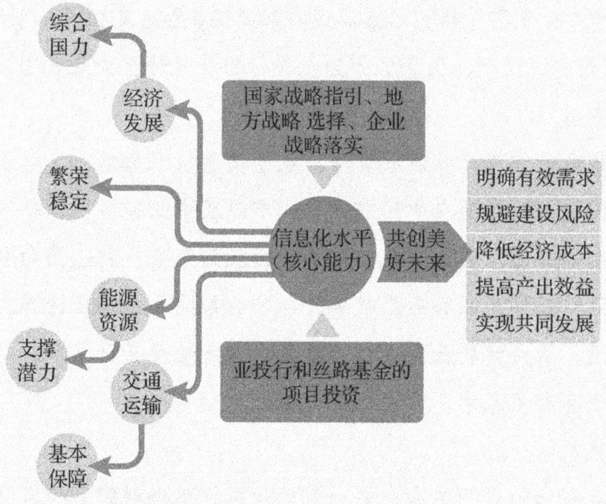

图3-6 “丝路指数”的基本理念

基于以上的现实意义、基本理念与基本原则，“丝路指数”由信息化水平、经济发展、能源资源、交通运输4个一级分指数和信息基础设施与应用、信息产业贸易、科研支撑、宏观经济、市场环境、与中国的经贸关系、能源资源产量与出口、交通基础设施与物流8个二级分指数构成，各一级分指数和二级分指数如图3-7所示。

从区域角度来看，东南亚国家的“丝路指数”评分差异明显，这一区域的大部分国家排名靠前，如新加坡、马来西亚、文莱、泰国、越南及印度尼西亚，表明这些国家信息化投资状况比较理想，已经具备较为成熟的投资环境；然而，同为东南亚国家的老挝、缅甸和东帝汶等，因为各自特殊的经济社会发展原因，在“一带一路”国家中排名靠后，表示在这些国家进行信息化投资面临的风险与阻碍较大。

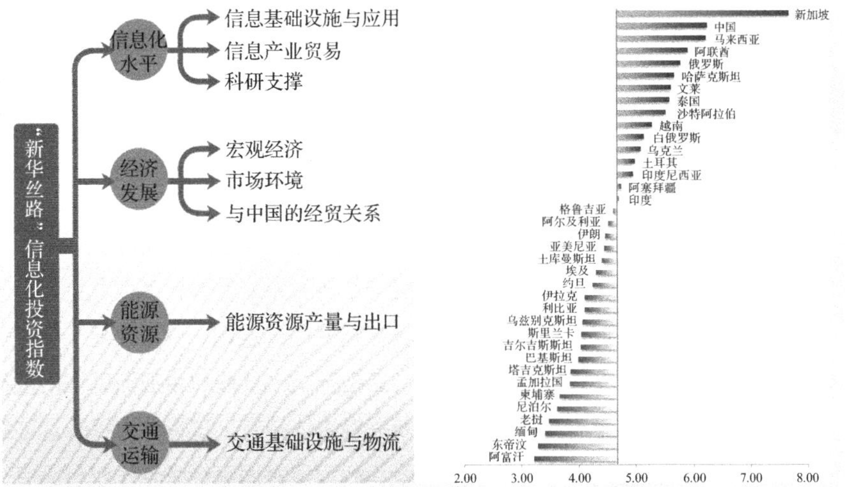

图 3-7 “丝路指数”一级/二级分指数及居于平均水平上下的国家

西亚及北非地区国家的“丝路指数”与东南亚国家类似，区域内排名也呈现较大差异，阿联酋和沙特阿拉伯因其丰富的石油资源，具备强大的市场支付能力；而伊拉克和利比亚则因为持续战争及政治不稳定的影响，在“一带一路”信息化投资建设时存在较大的风险。

南亚地区国家的“丝路指数”排名普遍处于中下游水平，如印度、孟加拉国、巴基斯坦、斯里兰卡等。考虑到与中国稳定的政治及经贸关系，这一地区国家普遍具有较大的信息化投资市场潜力。

中亚各国及俄罗斯是“一带一路”的核心区域，其“丝路指数”排名有高有低。俄罗斯和哈萨克斯坦表现优异，排名分居第五位和第六位；土库曼斯坦、乌兹别克斯坦和吉尔吉斯斯坦三国位居中游水平，未来投资空间较大；而塔吉克斯坦排名相对靠后，信息化水平有待提高。

（二）亚洲基础设施投资银行

“亚投行”是什么

中国国家主席习近平于 2013 年 10 月提出筹建“亚洲基础设施投资银行”（以下简称“亚投行”）的倡议，得到亚洲区域内外经济体的广泛响应。经过两年多的紧张筹建，亚投行已于 2015 年 12 月 25 日正式成立。这是首个由亚洲发展中国家共同发起并主导的多边开发性金融机构。亚投行将遵循高效、精简、清廉、清洁的原则，通过贷款、担保、股权投资等多种金融工具，致力于亚洲区域基础设施建设和互联互通，促进区域经济一体化和区域经济繁荣。截至2017年12月19日，亚投行成员已有84个。

“亚投行”与“全球治理体系”

亚投行的成立显示了中国政府对地区与世界和平发展事业高度负责、勇于担当的态度、同舟共济、荣辱与共的人类命运共同体意识，共商共建、促进世界经济金融体系不断完善的诚意和能力。亚投行75%的股权由亚洲区域内成员（见图3-8），主要是亚洲发展中国家与新兴经济体持有。这将有力提升这些经济体在全球经济金融治理中的代表性和发言权，促进国际经济合作权利平等、机会平等、规则平等，是对世界经济金融治理体系和机制的有益补充。

2015年6月29日，亚投行“基本大法”《亚洲基础设施投资银行协定》在北京举行签署仪式，国家主席习近平出席。亚投行的治理结构按照现代治理模式，设立理事会、董事会、管理层三层管理架构，中国为第一大股东。

2015年12月25日，财政部部长楼继伟宣布，《亚洲基础设施投资银行协定》正式生效，亚投行宣告成立，标志着全球迎来首个由中国倡议设立的多边金融机构，在国际经济治理体系改革进程中具有里程碑意义。

亚投行设立后，很快得到世界的认同和赞誉。2017年，亚投行先后获得穆迪、惠誉和标普最高信用评级，以及巴塞尔银行监管委员会零风险权重的认定。这个里程碑式的事件证明，三大国际评级机构已将亚投行与世界银行、IMF放在同一水平上。穆迪称，给予亚投行最高信用评级主要是考虑到其稳固的治理架构，包括风险管理政策、资本充足水平和流动性等因素；惠誉表示，亚投行的管理标准高、战略清晰、对私营部门的风险敞口控制良好，确保了其低风险的业务状况；标普认为，亚投行的管理层实力强大、权力均衡，举贤任能而不受政治因素影响，这将有利于该机构履行其宗旨。

可以说，亚投行在设立基础、管理架构、运营机制等方面都为深化全球治理体系确立了一个典型。

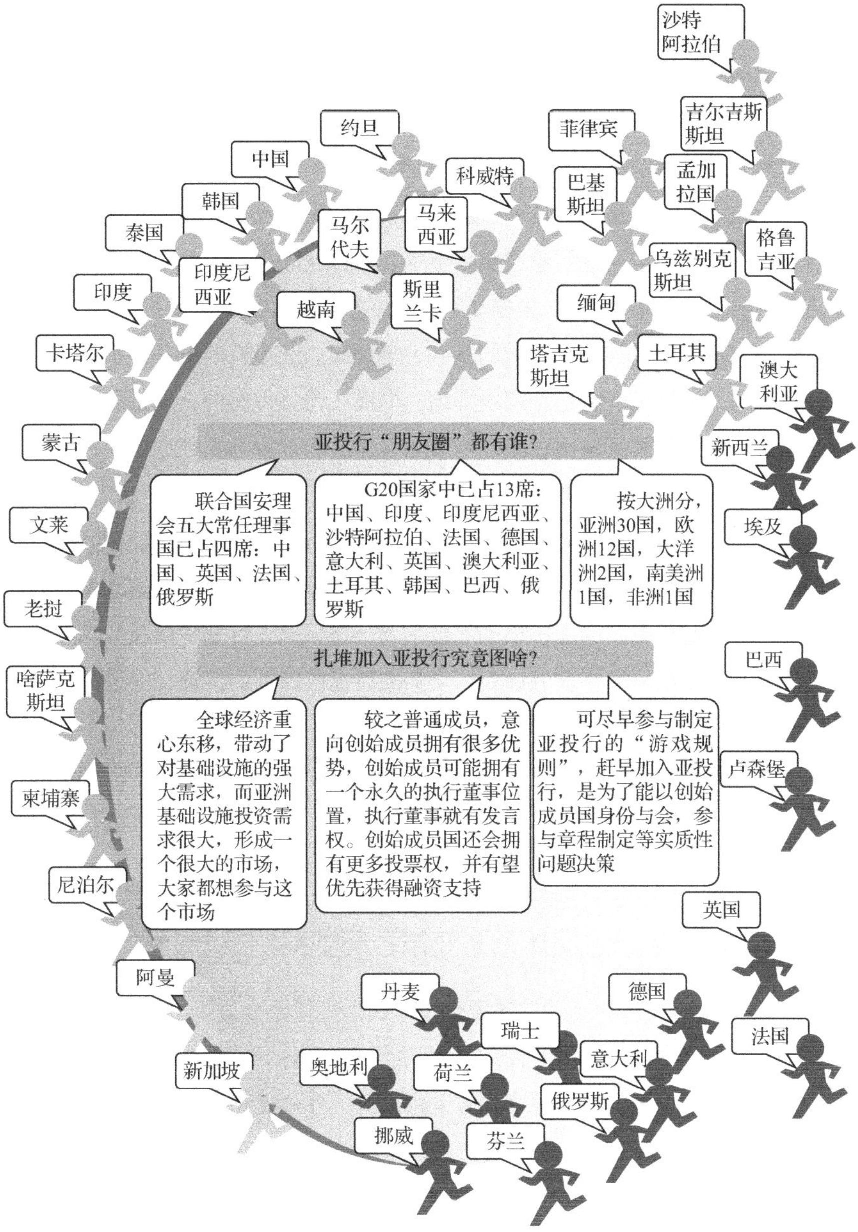

图 3-8　亚投行成员

“亚投行”与“信息基础设施”

新一轮科技和产业革命正在创造历史性机遇，互联网日益成为创新驱动发展的先导力量。这意味着以网络基础设施为主体的信息基础设施建设与互联互通，已成为加快经济发展方式转变和新旧动力转换、促进经济结构战略性调整、推动区域和世界经济创新增长的关键要素和重要支撑。

作为21世纪成立的新型多边金融机构，亚投行诞生于信息化时代，具有基于互联网技术的创新思维和推动信息基础设施建设的先天优势。亚投行以推动信息基础设施建设与互联互通投资为抓手，加强互联网技术合作共享，推动区域乃至世界经济一体化发展，为推动新一轮科技革命和创新发展发挥应有作用。亚投行重点投资信息及相关领域的基础设施建设。亚投行的很多成员重视对固定宽带网络、通信光缆特别是跨境陆缆、海缆、无线传感网、卫星服务设施、新一代移动通信网和互联网设施、物联网设施、云计算与大数据平台设施等信息基础设施领域的投入和建设。

亚投行充分发挥优势，支持建立多边、民主、透明的国际互联网治理体系，支持共同构建和平、安全、开放、合作的网络空间，认真研究中国政府提出的“互联网+”行动计划、欧盟提出的“数字单一市场建设计划”以及广大发展中经济体提出的互联网数字发展计划，切实支持这些计划的实施，促进区域特别是“一带一路”沿线经济体的互联网合作发展。

2018年1月，亚洲基础设施投资银行（亚投行）首个独立提供融资的项目——孟加拉国配电系统升级改造项目正式施工，已在该国农村地区安装了100万个电表。

信息化推进“全球治理体系”变革：典型案例三

世界多国前政要热议全球治理体系变革

“全球治理现在可以说到了一个转折点，不断遇到挑战。”联合国前秘书长潘基文作出如此判断。面对全球贫富差距鸿沟、气候变化、移民难民等诸多难题，当今全球治理体系和理念需要进行改革和调整，但前路何在？

2017年11月28日至29日，来自世界多个国家的前政要齐聚在广东举行的“从都国际论坛”，共商全球治理体系变革这一重大话题。人类命运共同体、“一带一路”、亚洲基础设施投资银行等一连串由中国首创的全球治理新词，成为各国前政要发言和讨论的高频用语。

与会的各国前政要高度认同中国在全球治理上的理念、实践和贡献，认为中国不只考虑自身发展，也在积极推进全球共同繁荣。中国正在提供一种新的选择、新的道路、新的理念，点亮了全球治理变革的前路，提供了来自东方的灵感和智慧。

曾经执掌联合国长达10年的潘基文在发言中表示，中国领导人倡导构建人类命运共同体，并把其写入中国共产党十九大报告，他对此深表赞同。人类命运共同体这一概念清楚表明，当今世界越来越紧密地联系在一起，各国之间的命运紧密相连，越来越多的问题无法单靠一国之力、一己之力来解决。改善全球治理，需要国际领导力。

希腊前总理帕潘德里欧认为，在全球格局剧烈变化的当下，我们需要一个指南针来指引方向。而中国在全球治理方面的主张非常全面，通过构建人类命运共同体，把中国的利益与周边国家的利益、与世界各国的利益联系在一起。

圭亚那前总统拉莫塔尔说："全球治理对于每个国家、每个组织和机构来说都非常重要。在全球化不断发展的今天，我们必须要考虑世界共同利益，需要用一种新的理念去看待国际合作和国际治理，需要关注更广泛的共同利益。"拉莫塔尔强调，中国深刻理解发展才是硬道理，只有发展才能帮助其他国家共同进步。这一理念和中国的行动完全一致。中国在寻求自己发展的同时，也与其他国家结成了非常深厚的友谊与合作关系。中国一贯支持合作共赢，不遗余力地推动国际社会共同繁荣。中国在加勒比地区的积极行动，也给当地人民带来更大的福祉。

世界领袖联盟主席、拉脱维亚前总统瓦伊拉·弗赖贝加指出，世界格局正在发生深刻变化，需要建立新的全球治理架构。在这一过程中，如何借鉴中国主张、借助全球共同努力，以一种创新的方式推进全球治理体系变革，是世界各国需要共同探讨的新议题。

1. 中国实践：提供新的发展范式

意大利前总理普罗迪表示，各国如今生活在一个相互依存的世界里，虽然在政治体制、意识形态等方面存在差异，但都属于一个"共同体"，这也是中国倡导构建人类命运共同体的现实逻辑。他认为，中国为此在全球治理方面进行了一系列重要实践，比如倡导成立亚投行。亚投行这一机制能够让参与各国求同存异、发展经济、实现共同繁荣。

新西兰前总理珍妮·希普利说："为实现世界长期和平与共同繁荣，加强全球治理至关重要。世界各国需要一起共同探讨一些创新的形式，把全球治理落到实处。"她以亚投行举例，表示新西兰非常支持和认可亚投行，认为这是一种非常创新的模式，能够促进全球治理变革。世界需要越来越多类似亚投行这样的创新模式，共同推进合作。

日本前首相鸠山由纪夫认为，“一带一路”是一个非常宏大的发展愿景。在这一倡议下，通过加强基础设施建设帮助发展中国家发展，同时也可以预防各种纷争发生。他说：“‘一带一路’这一伟大倡议植根于一个非常宏大的理想，就是要不断发展、共同繁荣，构建人类命运共同体。”此外，这一倡议也给解决一些世界性问题、消除紧张局势带来新的方法。

2. 中国贡献：产生深远世界影响

潘基文评价说：“中国积极参与地区和全球事务，中东、东南亚等地区正在通过‘一带一路’建设实现互联互通，‘一带一路’建设的继续推进能够增强地区乃至全球治理的水平。”

在全球治理上，中国秉持共商共建共享的全球治理观，倡导国际关系民主化，坚持国家不分大小、强弱、贫富一律平等，支持联合国发挥积极作用，支持扩大发展中国家在国际事务中的代表性和发言权。澳中友好交流协会会长周泽荣说：“中国共产党十九大向世界昭示了中国未来的发展蓝图，也向世界宣告中国将继续积极参与全球治理体系改革和建设。中国在全球治理方面的主张，已经赢得很多国家，尤其是发展中国家的认同和支持。”

毛里求斯前总统卡萨姆·乌蒂姆说：“非洲之前没有充分抓住全球化提供的机遇。从非洲的角度思考全球治理，非洲需要更具包容性的框架来解决全球性问题，特别是事关非洲发展和福祉的问题。在世界银行、世界贸易组织、国际货币基金组织等国际组织中，非洲需要提升自身话语权和代表权，这是非常必要的。”普罗迪表示，“站在全球治理的角度，人类命运共同体是一个非常有意义和建设性的主张。”他认为，“中国在全球治理方面的积极努力对推动全球化进程具有重要的作用，中国主张、中国政策将会对世界产生日益深远的影响。”

（三）中美互联网论坛

“中美互联网论坛”（U.S.-China Internet Industry Forum）由中国互联网协会、美国微软公司联合主办，旨在促进中美两国互联网业界的交流与合作。该论坛是年度性会议，每年举行一次（见图 3-9）。

图 3-9　历届中美互联网论坛

2015 年 9 月 23 日，国家主席习近平在西雅图微软公司总部会见出席“第八届中美互联网论坛”双方主要代表时发表讲话。他强调，当今时代，社会信息化迅速发展。从老百姓衣食住行到国家重要基础设施安全，互联网无处不在。一个安全、稳定、繁荣的网络空间，对一国乃至世界和平与发展越来越具有重大意义。如何治理互联网、用好互联网是各国都关注、研究、投入的大问题。没有人能置身事外。习近平强调，中国倡导建设和平、安全、开放、合作的网络空间，主张各国制定符合自身国情的互联网公共政策。中美都是网络大国，双方拥有重要共同利益和合作空间。双方理应在相互尊重、相互信任的基础上，就网络问题开展建设性对话，打造中美合作的亮点，让网络空间更好造福两国人民和世界人民。

信息化推进“全球治理体系”变革：典型案例四

第八届中美互联网论坛

“第八届中美互联网论坛”于 2015 年 9 月 23 日在西雅图这座“翡翠之城”召开。国家主席习近平在西雅图微软公司总部会见出席中美互联网论坛双方主要代表时发表讲话。

此次论坛几乎囊括了中美两国所有的互联网巨头，有来自中美两国的 28 位高管参加了此次论坛，包括苹果 CEO 库克、微软 CEO 纳德拉、Facebook 创始人扎克伯格以及中方的马云、马化腾、杨元庆等科技大佬。据统计，论坛开幕式上的合影人员所代表的科技公司价值 3 万亿美元，相当于中美两国 GDP（2014 年数据）总和的近十分之一。

（四）中英互联网圆桌会议

“中英互联网圆桌会议”是什么

“中英互联网圆桌会议”是中英两国政府在互联网领域的重要交流机制，由中国国家互联网信息办公室与英国文化、媒体和体育部联合举办。

中英互联网圆桌会议自2008年开始举办第一届，至2015年10月已举办六届，对两国交流发挥了积极作用。中英互联网圆桌会议第一至三届由中国国务院新闻办公室与英国商业、创新和技能部联合主办，第四、五届由中国国家互联网信息办公室和英国文化、媒体及体育部联合主办。

中英互联网圆桌会议的重要意义

当前，人类社会正在进入第三次工业革命，互联网日益成为创新驱动发展的先导力量，网络通信技术与可再生能源技术等新技术的融合创新，正在引发新一轮科技革命和产业变革。数字经济成为继农业经济、工业经济后的第三经济形态，正在重构世界经济版图。在这个时代背景下，中英两国在智慧城市、互联网金融、大数据、跨境电子商务、互联网信息基础设施等领域拥有广泛的共同利益，数字经济成为中英新的合作领域和重点。“中英互联网圆桌会议”传递出中英两国官员、互联网企业高管、学术机构专家等对中英数字经济合作共赢的共同愿望与美好期待（见图3-10）。

交流促进合作，沟通促进互信，开放促进共赢。随着信息通信技术持续创新、融合扩散、引领转型，中英共同面临数字经济的发展机遇。把握机遇，携手合作，中英数字经济的合作需要开拓进取，进一步开放市场，打破贸易壁垒；中英数字经济合作需要勇于创新，在大数据、物联网等新兴领域开辟新的合作模式；中英数字经济合作需要着眼长远，共同推进制定符合全人类利益的网络空间规则，让互联网造福中英两国人民，造福世界人民。

图 3-10　中英数字经济合作

信息化推进“全球治理体系”变革：典型案例五

第六届中英互联网圆桌会议[1]

2015 年 10 月 19 日上午，由中国国家互联网信息办公室与英国文化、媒体和体育部联合主办的“第六届中英互联网圆桌会议”在伦敦商务部举行，主题为“交流 · 合作 · 互信”。

中英两国高官、企业高管和学界精英围绕如何推动中英两国在互联网及数字经济领域的合作以及在线儿童健康保护等议题进行了深入交流。会上，中英首份“数字丝绸之路”网络平台合作协议正式签署，来自中国的闪亮文化传播公司董事长沈健与英国尤南尼可集团董事长雷保罗代表双方在协议上签字，中国国家互联网信息办公室副主任庄荣文和英国文化、媒体和体育部部长艾德 • 韦泽共同见证双方企业签署合作协议。

中英数字丝绸之路项目，计划建立一个数字平台致力推动中英两国文化交流，特别是两国青年之间的交流。该平台专注于电影、电视、动画、艺术、音乐、文学、戏剧等领域的交流和客户端的开发，也将侧重支持中英两国青年在互联网领域的创业与创新[2]。

[1] 中英互联网圆桌会议聚焦数字经济合作. 新华网，2015.10.20。

[2] 聚焦中英数字经济合作 中英共建数字丝绸之路. 中青在线，2015.10.22。

4

第四章　信息化国家治理的中国模式

一、总体方略
二、信息化国家治理体系
三、信息化国家治理能力

一、总体方略

在信息化时代，用信息化的开放包容的思想眼光审视国家治理，同时以信息技术为手段和工具，助力政府职能转变，是实现国家治理体系和治理能力现代化的重要路径。

根据我国信息化支撑国家治理现状和目标，我们认为中国特色信息化国家治理之道要注重三个区别，围绕六大要素，紧抓两条主线，如图 4-1 所示。

图 4-1　信息化国家治理的总体路径

（一）注重三个区别

现代政治区别于传统政治的本质特征，就是社会政治生活从官员的权力本位转向公民的权利本位。这一实质性的转变，从根本上改变了权力和权威的合法性来源和整个制度环境，也改变了权力成为权威的机制。只有沿着民主、法治和善治的道路，政治权威的增强才符合现代政治文明的要求和趋势。现代化国家治理与传统的政府管理主要有以下三方面的区别：

第一，权力的主体与作用范围不同。

政府管理的主体是单一的，就是政府及其他国家公共权力的行使部门；国家治理的主体则是多元的，除了政府外，还包括企业组织、社会组织和居民自治组织、公民等。因此，政府管理与国家治理所及的范围有所不同。政府管理所及的范围以政府权力所及领域为边界，而国家治理所及的范围则以公共领域为边界，后者比前者要宽广得多。

第二，权力的性质与权力的向度不同。

政府管理是强制性的，管理者与被管理者之间是主动与被动的单向支配关系，而国家治理可以是强制性的，但更多是协商性的，强调双向或多向的互动。另外，政府管理的权力运行是自上而下的，而国家治理的权力运行也可以是自上而下的，但更多是平行的。

第三，权力的来源不同。

政府管理的权力来源是强制性的国家法律，而国家治理的权力来源除了法律以外，还包括各种非国家强制的规则或契约等。中华人民共和国宪法是治理国家的总章程（见图 4-2）。

图 4-2　中华人民共和国宪法是治理国家的总章程

（二）围绕六大要素

从政府职能转变的角度，探讨信息化对于实现国家治理体系与治理能力现代化的推动作用，应该把握好治理体系中的关键要素。如前所述，把握国家治理体系现代化这条主线，重点需要明确三个核心问题，即谁来治理？如何治理？以什么为依据进行治理？对应的分别是治理主体、治理结构和治理制度。当前阶段，我国在完善和发展中国特色社会主义制度的过程中，关注的重点是平衡好改革、发展、稳定之间的关系。因此，在信息化支撑国家治理体系和治理能力现代化的过程中，政府作为国家治理的核心主体，应重点关注的六大治理要素分别是“主体、结构、制度”和“改革、发展、稳定”。

（三）紧扣两条主线

习近平总书记指出，国家治理体系是在党领导下管理国家的制度体系，包括政治、经济、文化、社会、生态文明和党的建设等各领域体制机制、法律法规安排，也就是一整套紧密相连、相互协调的国家制度；国家治理能力则是运用国家制度管理社会各方面事务的能力，包括改革发展稳定、内政外交国防、治党治国治军等各个方面。国家治理体系和治理能力是一个有机整体，相辅相成，有了好的国家治理体系才能提高治理能力，提高国家治理能力才能充分发挥国家治理体系的效能。

第一条主线：要以完善国家治理体系为第一条主线，在新的治理主体、结构、制度环境下，形成贯穿环境、主体、制度、能力、资源、目标等要素的国家治理体系。

习近平总书记强调，推进国家治理体系和治理能力现代化，要大力培育和弘扬社会主义核心价值体系和核心价值观，加快构建充分反映中国特色、民族特性、时代特征的价值体系。要深刻把握国家治理体系和价值体系的内在联系，把二者更好地统筹起来，为推进国家治理体系和治理能力现代化提供坚实的价值基础。

在构建现代化的国家治理体系过程中，需要坚持党的领导，坚持中国特色社会主义的发展方向，坚持健全社会主义民主制度，坚持遵循法治渠道。国家治理机制的设置应能保证国家治理体系的回应性和调适性。制度设计应坚持以人为本的价值理念，加快转变政府职能，在优化治理的基础上加强社会主义民主政治的制度建设，最终实现民主和法治的国家治理。因此，要落实好以下工作：

一是深化行政体制改革，转变政府职能。优化政府组织结构，健全政府之间以及政府部门之间合理的职责、权限分工体系，形成不同政府主体的整体型、协作型治理机制，提高整个政府治理体系的总体效能。

二是深化经济体制改革，处理好政府和市场的关系。使市场在资源配置中起决定性作用，坚持和完善基本经济制度，加快完善现代经济体系、宏观调控体系，转变经济发展方式，加快建设创新型国家，推动经济更加效率、更加公平、更加可持续地发展。

三是行政、经济和社会体制的改革要相互配合，理顺各治理主体之间的关系，形成政府、市场、社会相互制约、相互支撑的开放性治理结构。坚持法治国家、法治政府、法治社会一体建设，开创依法治国新局面。

总之，要以完善国家治理体系为第一条主线，在新的治理主体、结构、制度环境下，形成贯穿环境、主体、制度、能力、资源、目标等要素的国家治理体系。

第二条主线：要以提升国家治理能力为第二条主线，在促进改革、服务发展、维护稳定三大核心能力的基础上，形成覆盖“点—线—面—空间”的国家治理能力。

习近平总书记指出，只有以提高党的执政能力为重点，尽快把我们各级干部、各方面管理者的思想政治素质、科学文化素质、工作本领都提高起来，尽快把党和国家机关、企事业单位、人民团体、社会组织等的工作能力都提高起来，国家治理体系才能更加有效地运转。

党的执政能力是中国特色国家治理能力中最重要的部分，是党提出和运用正确的理论、路线、方针、政策和策略，领导制定和实施宪法和法律，采取科学的领导制度和领导方式，动员和组织人民依法管理国家和社会事务、经济和文化事业，有效治党治国治军，建设社会主义现代化国家的能力。提高党的执政能力，应把握好以下四个方面的要求：

一是加强党的思想理论能力建设和理论武装工作。思想理论能力建设是其他能力建设的根本，要积极推进理论创新、坚定理论自信、加强理论武装。

二是建设一支善于治国理政的高素质执政骨干队伍。思想理论的实现关键在于执政队伍，要树立正确的选人、用人导向，注重提高领导干部素质，培养领导干部敢于担当的精神。

三是不断加强党风廉政建设。执政党的能力建设与作风建设息息相关，在作风建设上，要下大力气解决作风方面存在的问题；在反腐倡廉建设上，要深入推进反腐败斗争。

四是改进和完善党的领导制度。党的领导制度是执政能力建设的载体和保证，要改进和完善党的领导制度，把党的领导、人民当家做主和依法治国有机结合起来，提高贯彻民主集中制的质量。

在促进改革、服务发展、维护稳定的过程中，要建立健全一整套民主的和科学的现代化治理制度和机制，强调制度的执行力和实际效益。一要民主决策，决策不仅是政府的事情，而是要多元主体共同决策；二要民主参与，广泛发动社会组织和公民参与治理或进行自治；三要民主监督，治理过程公开化、透明化，巩固治理合法性。

总之，要以提升国家治理能力为第二条主线，在促进改革、服务发展、维护稳定三大核心能力的基础上，形成覆盖“点—线—面—空间”的国家治理能力，如图 4-3 所示。

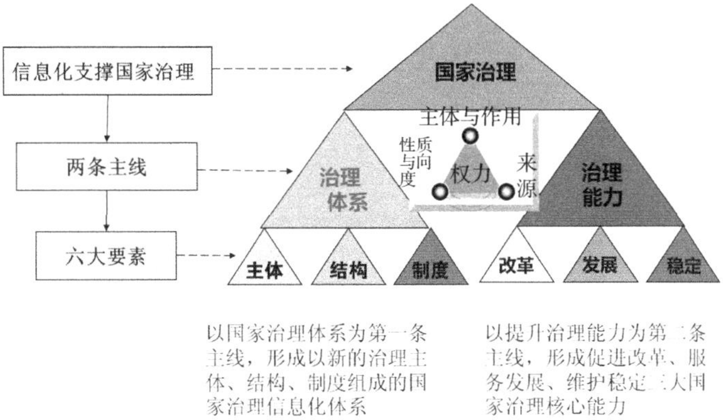

图 4-3　信息化支撑国家治理现代化

这两条主线构成了国家治理生态现代化的总体路径，是实现中国特色信息化国家治理有机一体的两个方面，两条主线的进展相互影响、相互促进。

（四）设定六大目标

一是在治理主体上，实现从政府的一元主体治理向多元主体协同的转变。

二是在治理结构上，通过政府流程再造，将从数据孤岛、治理孤地以网络一切、泛在互联的方式，实现从垂直化管理到扁平化治理的转变。

三是在治理机制上，实现依法执政、全程留痕、阳光政府。

四是在改革能力上，实现从主观主义、经验决策到数据支撑、科学决策的转变。

五是在发展能力上，实现从资源驱动到数据驱动的转变。

六是从稳定能力上，实现从事后处理到事前预警和常态化管理的转变。

二、信息化国家治理体系

（一）促进治理主体多元化

李克强总理在 2014 年的《政府工作报告》中首次提出关于多元主体共同治理的要求，他指出，推进社会治理创新，要注重运用法治方式，实行多元主体共同治理。如图 4-4 所示。

图 4-4　多元主体共同治理

治理主体遇到的核心问题

目前，我国政府在公共管理领域遇到的核心问题之一就是管了太多不该管、同时又管不好的事务。执政者在越位和缺位之间难以找到一个良好的平衡。

政府将国家治理的几乎全部职能揽到身上，打造了一个具备强大资源动员能力的强政府，却也因此承受了很多本不应该承受的诟病，造成国家治理体系的失衡与政府满意度的流失。

多元治理主体的构成原则

一是公利与私利的平衡。现代社会复杂多样化的发展趋势需要更多的专业经验、特别信息、专门技术知识和不同意见的合作参与，需要社会权力更多地参与秩序整合，这显然不是任何一个组织或简单的组织间合作就能承担的，它需要社会各方面对公共事务承担责任，需要既代表“公”利、又代表“私”利的组织和个人共同参与。

二是“元治理”中政府角色的确认。所谓“元治理”就是对于治理的治理。如同政府失灵、市场失灵一样，治理也会失灵，因此需要有主体统领治理网络，实现治理网络的良好运行。大数据时代的到来为国家治理主体范围的拓展打下了基础。大数据的首要特征就是信息来源的多样化和规模庞大的数据量。在新兴媒体的带动下，各类社会机构包括企业、公民社团乃至个人的相关信息得以交换和互补，形成国家治理的重要数据来源，这就为国家机构、社会组织和公民作为多元治理主体进行沟通和信息交流提供了便利，通过及时了解和反馈国家发展动态，各主体可有序地进行协同配合、参与国家治理工作，为提升治理实效奠定了坚实根基，应当建立以政府为“元治理”核心角色的多元主体共同治理体系。

三是多元治理主体的结构。多元治理主体包括中央政府、地方政府、企业和各种市场主体（包括消费者和代表整体利益的行业组织等）、社会组织（公益性和互益性）、公民和公民各种形式的自组织。

根据所治理问题的不同，多元主体结构存在差异，可以由各级政府构成，也可以由政府、市场和社会等体制内外的跨界主体构成。

从空间维度分析，多元主体不仅停留在国家层面，还包括国家和地区、跨地区、跨部门、跨领域等各个层面。这些多元主体之间相互独立，可能是委托代理关系，也可能是合作关系，还可能是兼具竞争与合作的博弈关系。比如，对恐怖事件的治理需要跨国家和地区、跨界的多元主体的合作，对环境、水资源、雾霾的治理可能是各级政府间或者政府与企业、社会组织、公民等各种主体间的博弈与合作。

四是主体协同的手段。信息化手段可以为多元治理主体之间的协同配合进行重要的支持。网络化的结构特征不但大大激活了多元主体参政议政的热情和能力，也为政府实施多元治理提供了有力的技术工具。以法院系统为例，在电子法庭、智慧法院广泛落地的今天，过去那种被动的“官民”二元式模式已经逐渐淡化，当事人、法院、法官、律师、社会等各利益相关方已经在信息技术的催化下形成一个有机的生态环境。

因此，以信息化构建现代治理体系，就是要实现从政府的一元主体治理向多元主体协同的转变，就是要以技术的手段确保多元化治理主体更加有序、更加活跃、更加健康地在治理体系中发挥各自的作用。

治理主体：典型案例一

中外互联网企业助力社会管理

大数据正有力地推动着国家治理体系和治理能力走向现代化，正日益成为社会管理的驱动力、政府治理的“幕僚高参”。企业，特别是高科技企业在社会治理中展现了自身的优势。

1. 大信息对于治理的辅助

习近平在参观腾讯公司时说：“互联网在社会管理方面有较大作用，我们怎么去适应它？我看到你们做的工作都是很重要的，比如，在这样的海量信息中，你们占有了最充分的数据，然后可以作出最客观、精准的分析。这方面对政府提供的建议是很有价值的。”

2. 大数据对于用权的规制

李克强在考察北京•贵阳大数据应用展示中心时说：“把执法权力关进‘数据铁笼’，让失信市场行为无处遁形，权力运行处处留痕，为政府决策提供第一手科学依据，实现‘人在干、云在算’。”

3. 大数据对于决策的支持

李克强在考察山东浪潮集团时指出，不管是推动政府的简政放权、放管结合，还是推进新型工业化、城镇化、农业现代化，都要依靠大数据、云计算。所以，它应该是大势所趋，是一个潮流。大数据使得政府决策的基础从少量的“样本数据”转变为海量的“全体数据”。政府树立大数据意识，促进相关数据完全共享，更多地依赖数据进行决策，可以实现从以有限个案为基础向“用数据说话”转变的全新决策。

4. 大数据对于交通的疏导

IBM公司利用大数据技术，通过整合与分析波士顿现有交通数据以及来自社交媒体的最新数据源，帮助波士顿政府解决了长期困扰城市的交通拥堵问题。

5. 大数据对于公共安全的防护

谷歌公司利用海量搜索数据，成功预测了2013年美国流感的爆发。

治理主体：典型案例二

美国 OMB 监督政府的预算、税收和工作绩效

在大数据时代，社会组织、民间机构和民众也在国家治理中扮演了重要角色。

美国最具有影响力的公益领袖加里·巴斯（Gary Bass）于 1983 年创立了 OMB 监督（OMB Watch）这一公益组织，旨在监督政府的预算、税收和工作绩效。

在经过了巴斯的一轮数据整理、网站开发、接洽政府以及筹集资金后，2006 年，OMB 监督推出了美国民间关于政府公共支出的开放网站 fedspending.org。该网站结合美国行政管理和预算局的信息，提供联邦政府每一笔财政支出的信息。

在奥巴马的协调之下，联邦政府最后与 OMB 监督形成了合作关系，在建立 USAspending.gov 网站时，fedspending.org 网站共享数据库、应用程序接口（API）和在线文档，为美国行政管理和预算局节约了大量的行政经费。

治理主体：典型案例三

社会组织和民间机构协助中国台湾救灾

大数据与新媒体的深度融合，使其在提供协同治理资源方面扮演着越来越重要的角色。官方媒体的自我审查使信息传递产生一定的扭曲，民众不再满足官方自上而下的“喂信息”。

事实上，社会组织和民间机构可以通过灵活多样的工作方式、民众基础和志愿者队伍以及现代化的技术手段满足公共信息的需要并构建公众与政府的交流平台。

在中国台湾，社会组织和民间机构在危机管理中充分展现了其技术优势和协作资源。2009 年，台风莫拉克袭击中国台湾地区，由于政府当局对灾情发生前的乐观估计，并且出现了救灾过程中灾情传递不准确的问题，各种网络上的求救信息无法有效地反映到当局的救灾部门。

1. 搭建网络求助平台

中国台湾地区数个文化协会迅速利用既有的网络资源和技术优势，搭建了“莫拉克灾情网络中心”，旨在建立和政府救灾有关以及网络求助的联系平台。

2. 发布救灾信息

随即，相关文化协会进驻灾情最为严重的台南县和屏东县，启动灾害应变中心，并正式权威发布与中国台湾地区政府、屏东县、台南县相关的救灾信息，同时通过社交网络媒体，聚合各种受灾信息和求助信息，通过平台的运用把信息传递给民众。

这一平台的建立，使得政府当局和公众的信息得到互联互动，提高了政府救灾的效率，社会组织和民间组织弥补了治理过程中的政府错漏。

治理主体：典型案例四

公众环境研究中心的蓝天路线图

空气污染和水污染是中国经济快速发展带来的最为严重的生态后果。2009年，环境保护部在中国各城市进行调查研究，发现在大气污染中，环境退化成本占到40%以上，地方政府对环境污染监管的疏忽和不作为受到诟病。

公众环境研究中心主任马军（见图 4-5）及其团队的出现，在一定程度上改变了这个格局。

2009 年 4 月 22 日下午，马军率领公众环境研究中心开发的“中国水污染地图及绿色选择”项目，获得了第三届 SEE•TNC 生态奖的二等奖，该奖由阿拉善 SEE 生态协会与大自然保护协会（TNC）联合主办。评审方认为，这一届生态奖的最大特点，就是民间环保组织的“工作智慧”越来越令人惊叹，它预示着环保组织正从依靠激情呼吁社会走向依靠“智能解决方案”直面现实。马军所在机构的“作品”，可以说是中国环保组织工作智慧的代表[1]。

2006 年，马军创立了公众环境研究中心，主持开发了国内首个公益性的水污染地图和空气污染地图，建立相关数据库，将环境污染的情况直观地展现给公众。

公众环境研究中心把悬挂在各个政府网站里的、实际上已经公开了的信息重新整合后，收纳到一张电子地图上，开放给公众，让想了解自己身边环境实情的人直接查看，电子地图同时还支持公众添加最新信息。他们从大中型城市着手，根据其公布污染信息的开放度和诚实度，绘制这些城市的污染地图，然

[1] 马军. 解决空气污染 需要一张蓝天路线图. 腾讯绿色频道，2011.12.19。

后进行环境信息公开方面的打分评比。

公众环境研究中心2006年推出了“中国水污染地图”，2007年推出了“中国空气污染地图”。2009年4月初，“水污染地图”已收录污染数据31378条，“空气污染地图”已收录污染数据12769条，每一条污染数据都对应一家污染企业。通过信息公开，电子地图让污染企业置身于社会放大镜之下，使环保成为企业的内在动力。

电子地图帮助污染企业思考企业的社会责任，催促企业完成应尽的职责，提醒企业从事环保能够帮助其提高竞争力，获得更多的消费者的支持。

同时，公众环境研究中心积极与地方政府沟通，敦促企业公开排污信息，达到减排目的。

马军及其团队的努力，实质上是社会主体参与国家治理的过程。环境治理作为一个巨大的系统工程，并不是任何一个单独的政府部门可以解决的，必须要全社会广泛参与，才有利于环保工作的落实和推动。民间机构和公众的参与，为环保治理体系注入了新的动力，同时也在某种程度上展示出了环境治理体系的多元化特征。

图4-5 公众环境研究中心主任 马军

治理主体：典型案例五

互联网公司协同抗震救灾[1]

在全能型政府观念传统根深蒂固的中国，协同治理要真正落地，大数据应用不可或缺。

[1] 陈潭. 大数据时代的国家治理. 中国社会科学出版社，2015。

2014年8月3日下午，云南省昭通市鲁甸县发生6.5级地震，很多互联网公司利用数据平台和技术优势，纷纷投入到抗震救灾的工作中。

1. 灾区寻人

360公司开放“灾区寻人”的界面，用户输入寻找对象的姓名、性别以及联系方式等信息，即可发布寻人信息。所有的输入信息全部对公众开放，每一位用户都可以使用或查看灾区寻人公开信息。通过该平台，更多的人可以找到失散的亲人、获得亲人平安的信息。

2. 救灾地图

百度公司同步推出了“百度救灾地图”，只需要通过百度搜索“地震”“鲁甸地震”等关键词，或在手机端打开百度地图App查看搜索热词，即可看到救灾地图，直观了解到灾区各地的物资紧缺情况，让真正缺少物资的地方得到更多关注并得到最快速的帮助。同时，用户还可以通过百度地图App专题页面设置的捐款通道直接向灾区捐款。除此之外，用户还可以看到灾区献血站点、现场捐助地点、地震信息、国内主要救援队的救援轨迹图等。

比起传统的官方动员、救援呼吁以及统筹救援资源，互联网公司的技术救灾更具有协同优势。互联网公司抗震救灾一线的信息需求和大后方的救援资源通过技术平台打通，让需求方、救援者和捐助者都能从中了解最新信息，有利于提高抗震救灾的救援效率。

（二）塑造治理结构扁平化

古德诺的政治行政二分法、泰勒的科学管理主义、马克斯·韦伯的科层官僚制等经典理论共同构成了公共行政界的理论基石，也主导了公共部门的实践方向。当今世界的治理组织结构仍然沿袭了科层官僚制。

官僚制的特征

以马克斯•韦伯的科层制为基础，在现代行政科层制理论下，公共行政部门组织结构的一般特征包括[1]：

（1）金字塔型的纵向等级权力结构，按照控制幅度设定组织层次；

[1] 马克斯•韦伯. 经济与社会. 上海人民出版社，2010。

（2）以专业化和部门化为基础的分工，通过权威体系实现协作；
（3）基于绩效的人事选拔与晋升制度；
（4）以法制为基础的目标设定和活动组织；
（5）标准化的非人格化运作程序与理念；
（6）官员个人生活和公共身份的割裂；
（7）特殊的行政激励和保障制度。

官僚制的问题

近代工业化和民主化发展所催生的科层制与时代背景具有内在的逻辑一致性和连贯性。

在价值中立、垄断与封闭系统、自上而下的控制导向之间，存在连续递进和相互依存的关系。由工业社会发展到信息社会之后，整个世界的运行逻辑和运行规律都发生了巨大的改变，导致现代科层制在这个转变过程中暴露出越来越多的不适应，包括效率低下、回应性差、公共性缺失、责任感缺失等，科层制的有效性基础也在受到不断挑战，以至于其经常被直称为带有贬义的“官僚制”。

改革开放 40 年来，中国从计划经济、管制经济逐步迈向自由开放的市场经济，与之相对应的是民间力量日益勃兴，社会组织不断发展，自治能力逐步提高。“十三五”时期，经济社会将面临更大的转型，市场体制持续深入发展，经济发展方式加快转变，公共管理问题更为突出。这一转型要求行政权力的运行更为高效、便捷，要求政府更加注重与市场、社会分权，充分发挥市场与社会的自治能力，更加注重管理重心向下倾斜，充分激活基层的积极性和创造性。因此有必要对官僚制进行改革与完善。

扁平化的优势

信息时代，扁平化管理显然更适合经济社会转型的要求。在成熟的市场经济体制下，扁平化管理由于成本低、效率高、反应灵敏的特点，比层层报批式的金字塔型管理更为有效和有益。

扁平化既可以发生在政府组织的边界，也可以发生在政府组织的内部。

一方面，扁平化有利于塑造新的治理关系。国家治理主体获得来自政府官员、市场组织、社会组织和公民的价值与能力注入，通过与其他组织和个人的合作塑造新型治理形态。这种情况有利于政府与外部行动者的关系由管制与控制转变为契约、协商与赋权。

另一方面，扁平化有利于优化流程。引入企业的管理创新手段、实行信息化改造、在政府内部进行结构与流程调整，更多采取自下而上和横向协调，有利于实现政府内部管理手段的创新。与体制内、外两方面扁平化相关的一系列政府改革实践，包括打造国家治理网络、分权、向基层公务员的赋权、电子政府、一站式服务、多部门协作、围绕服务对象和目标的组织与项目建构、参与式行政、减少行政层级、提高效率、涤除官僚主义等，共同构成了国家治理体系的扁平化理念。

同时，扁平化有利于解决信息不对称的问题。科层制的条块壁垒在阻碍信息数据传递效率的同时，也在客观上造成了国家治理系统内部信息不对称现象的发生。加之一些地方政府机构目前尚缺乏足够的数据共享观念，缺乏足够的数据更新和共享动力，更加致使我国国家治理进程中“信息孤岛”现象的不断增多。

> 小贴士——**信息孤岛**
>
> 在信息科学的视域内，所谓信息孤岛，简言之就是相互之间在功能上不关联互助、信息不共享互换以及信息与业务流程和应用相互脱节的计算机应用系统。
>
> 在国家治理进程中，各部门的独立运作和内部体制的差异性，导致在数据库建构和运行过程中缺乏统一的规划和标准，各部门和单位的信息系统和数据资源均由自身监管和操作，相互之间在硬件平台、操作系统、网络协议、数据库类型、语义表示等多方面均存在巨大的差异，进而形成了一个个的“信息孤岛”，不能做到信息互通有无和资源共享，严重阻碍了国家治理过程中相关数据的共享和流通，造成数据资源的极大浪费。

当前，要利用大数据等信息技术助推我国国家治理能力的提升，构建治理主体间的数据联通和共享机制。通过电子政务系统和互联网等建立统一的信息共享平台，协调各部门信息的流通和应用，并依照《政府信息公开条例》等相关要求切实做到信息公开，打破科层制模式下不必要的信息壁垒，实现数据整合与共享，为提升治理实效提供帮助。

因此，以信息化构建现代治理体系，就是要通过政府流程再造，将从数据孤岛、治理孤地以网络一切、泛在互联的方式，实现从垂直化管理到扁平化治理的转变。

治理结构：典型案例

南京市住建委网站化治理架构[1]

在信息化时代，架起政府和民众间沟通的桥梁、建立畅通的社情民意通道并非难事，难的是让建立起来的通道能够真正发挥作用。

南京市住建委通过对相关业务和关注人群的分类进行门户网站设计，加入移动技术和语言的转变，实现了“更简单、更清楚、更快捷”的网站建设目的，真正做到了“全心全 e”为民服务。

1. 横向划分四大业务模块

南京市住建委网站能办理的业务种类多而复杂，为了让网民快捷方便地找到自己所办业务，网站将业务分为房产管理、建设工程、住房保障、市政公用四大专题模块。这四大专题模块的业务数据均来自南京市住建委的各大业务系统，通过内外网数据交换，实现外网的网上申请、内网的行政审批、外网的公示公告。这些业务系统对提高网站的网上办事能力起到了强有力的支撑作用。

2. 纵向梳理业务流程

南京住建委按照“周期”对业务流程进行了梳理。房产管理专题按照房屋从开发到征收的周期分为：房地产开发、房产预测绘、房屋权属登记、房屋物业管理、房屋安全鉴定、房屋白蚁防治、房屋征收；建设工程类以房屋的建设为周期分为：工程立项、工程造价、工程招投标、工程建设、工程分包、安全监督、质量监督、竣工验收；住房保障类按照保障房从分配计划到退出的周期分为：保障计划、保障房建设、保障房申请、保障房分配、保障房后续管理、保障房退出；市政公用类由于业务较为简单，直接分为供水管理和供气管理。

3. 多举措提高服务能力

南京市住建委目前共有 348 项权力阳光事项，按照“外网受理、内网办理、外网反馈”的模式，增强在线办理服务的能力。对能在外网受理的事项全部进行在线办理，每天做两次数据交换，将外网受理数据交换至内网办理，再交换至外网反馈。网民可在网站上办理住房保障、建设工程施工、商品房预售、拆迁、物业、房屋安全、公房、建筑业企业资质等多种业务，并能查到详细的业

[1] 陈旭. 南京住建“全心全 e”为民服务之道. 信息化建设，2013，(9)。

务办理过程，办结后系统提供短信提醒。这种方式是推进政务公开、创新管理方式、增强服务能力的重要举措，进一步提高了工作透明度和行政效能。

网站开辟了“热点办理”“场景式服务”“电子地图”等专栏，通过多种形式展示热点服务。例如，将住房保障、房地产市场、工程招投标等热点办理事项置于“热点办理”，网民可以方便快捷地进行查询；“场景式服务”专栏让网民可以通过动画形式模拟现场办理；“电子地图”专栏通过 GIS 技术提供新建商品房查询、物业小区查询、小区出新查询、拆迁项目查询、保障房分布情况查询等功能。另外，网站还分别建立了个人版、企业版网上办事功能，方便网民快捷地找到需要的内容，并增加了定制功能，实现个性化定制。

为了更好地进行政民互动，南京住建委在网站上开辟了主任信箱、咨询投诉、建言献策专栏，设立专门的信访中心处理信件，工作人员直接在网上交办，限时办结。截至 2012 年共受理主任信箱、咨询投诉、建言献策 1000 多件，平均每月回复率达 98%。另外，在网站上开辟网上调查和民意征集专栏，围绕民生话题收集民意，为决策提供参考。引入移动服务新方式，将网站移动 App 与“智慧住建”项目融合开发，用户只需下载手机客户端，即可方便、及时地浏览网站信息，并与之互动，大大提升政府信息公开的时效性、在线服务的实用性和政民互动的便捷性。

4. 表达方式更亲民

南京住建委从改变网站的栏目名称做起，将测评指标中的标准栏目名称“通知公告”“网上办事”“政民互动”分别改成“通知您”“您想找什么”“有什么话想对我们说”等口语化的名称，并改变视角、改变官方口吻，增加亲和力。此外，界面版式也做了变动，原有的网站是将整体的架构直接显示出来，界面有琳琅满目之感，而改版后的网站风格参考了俄罗斯、美国等国家的风格，主页设计比较统一和肃静，简洁明了。

（三）推动治理机制去中心化

制度问题带有根本性、全局性、稳定性、长期性的特点。制度建设的关键是健全权力运行制约和监督机制，让人民监督权力，让权力在阳光下运行，把权力关进制度的笼子里。

完善监督体系

完善的监督体系是现代化政府体系的重要组成部分。构建“阳光政府”需要完善监督体系，包括体制内监督与体制外监督两部分。它们分别包括立法监督、司法监督、社会监督、人大监督和政协民主监督、党内监督以及行政监督。监督作用的良好发挥，离不开体制内监督与体制外监督的相辅相成、共同发挥作用。单纯依靠体制内监督，存在既当运动员又当裁判员的矛盾，不能很好地发挥监督作用。

监督体制中的问题

目前，我国的体制外监督制度与机制不健全，没有起到应有的作用。政府在公共领域的表现还存在不少问题:

如存在权力在实际运行中的非透明性以及由此产生的腐败现象。少数官员颠倒了人民和自己的委托—代理关系，通过“暗箱操作”或“寻租”谋取私利。

如存在行政权力不断膨胀扩张的现象。部分官员以增加个人利益和部门利益为目标，不断扩张政治权力，并形成权力的“垄断化”与“特殊化”。

如存在行政效率低下，行政管理支出庞大且不断攀升的现象。政务公开程度较低，部分部门和官员以涉密为借口拒绝提供政务信息，或使用晦涩难懂的语言，或故意令获得信息的程序烦琐，将公众的知情意愿“拒之门外”。

以信息化完善监督机制

党的十八届六中全会指出，必须加强对领导干部的监督，党内不允许有不受制约的权力，也不允许有不受监督的特殊党员。

以信息化构建现代治理体系，就是要通过技术手段实现全程留痕、阳光政府，促进依法执政。这不仅是对公众知情权的尊重，更是借助体制外广大人民群众的力量，对体制内监督形成良好的补充。

强化《政府信息公开条例》的落实，能够进一步规范行政机关的职责权限、办事流程，从制度上遏制权力滥用，预防和减少腐败问题的发生，同时又能拓宽和加强社会监督的渠道、范围，提高党员领导干部清正廉洁的自觉性和创业的主动性。建设阳光政府，使政府工作公开透明，不仅有利于促进政府依法行使权力、接受社会监督，而且有利于加强政府监管、推动政府全面正确地履行职能。

因此，政府应充分运用现代信息技术创新行政权力运行方式，推进全面清权、依法确权、科学配权、压缩限权、公开示权、监督控权，并将适宜公开的行政权力及其运行集中上网公开；全面推进电子政务建设，加快完善电子监察平台建设，加强行政效能监察，推动行政权力规范、公开、透明、高效运行，形成权责清晰、程序严密、运行公开、结果公正、监督有力的行政权力公开透明运行机制，为全社会提供便捷、高效、廉洁、规范的行政服务，营造良好的政务环境。

以信息化完善制度笼子

国家治理体系和治理能力的现代化建设，除政府与社会共治、五位一体的协调、效率与公平统一等命题外，打造制度的笼子、对公权力运行进行有效规范和控制，成为当前的主要抓手之一。特别是在我国现有的政权结构和权力分布下，基层党委政府和部门单位“一把手”享有高度集中的分配公共资源权力，如果责任边界不清、缺乏警示，客观上就为权力寻租和职务腐败行为留出了通道。因此，为保障各级领导干部在推进深化改革进程中积极发挥引领作用，同时精心管理和保护好干部队伍，加强对权力运行的规范和监督制约就是迫在眉睫的重要任务。党的十六大报告中指出，要重点加强对领导干部特别是主要领导干部的监督，加强对人、财、物管理和使用的监督，发挥司法、监察和审计部门的作用。党的十七大报告强调，要健全经济责任审计制度。党的十八大报告再次重申，加强和改进对主要领导干部行使权力的制约和监督，加强行政监察和审计监督。

要通过信息化方式促进落实各级党委（组）在重大人事调整、重大事项决策、重大资金使用、重大工程项目中的信息公开制度，扩大信息公开的范围，对社会关心的热点领域和民生问题给予全面及时的回应。要建立健全相关信息化配套制度，提高信息公开的质量，依法制定科学、合理的信息公开“目录”，让社会监督有章可循。要拓宽群众申请信息公开的渠道，建立符合时代要求的媒体、网络信息公开平台，重视群众利用媒体、网络申请信息公开的诉求，依法依规予以答复。同时要加强对各级党委（组）落实信息化的监督检查力度，充分发挥群众的知情权、参与权、监督权，让社会监督力量能够通过信息化手段、工具真正成为纪检监察机关的“眼睛”和“耳朵”。对群众依法举报的不法行为，纪检监察机关要主动跟进、积极调查处理。

各级组织在自觉接受社会监督的同时，也要利用互联网技术和信息化手段，增强对媒体舆论、网络舆情的辨识力，善于通过网络、媒体等渠道，掌握“四风”和“六大纪律”方面的新动向、新问题，把党内监督的触角延伸到各个方面，让腐败问题无处可藏，要紧紧围绕涉腐热点、焦点问题加强舆论引导，解疑释惑、澄清是非。

治理机制：典型案例一

山西省安泽县：“三级中心，一网一格”破题基层社会治理体系

社会治理是系统化工程。十八届三中全会提出，改进社会治理方式，坚持系统治理、依法治理、综合治理、源头治理的新观点、新要求。新形势下，社会治理和群众工作需要改变以往重管理、轻服务的思想，实现由以往的行政命令向“寓管理于服务之中”转变。

山西省安泽县由县委总体设计，实施“三级中心，一网一格”的工作体系，把夯实基层组织作为着力点，把强化服务作为突破点，通过上下互动、左右互联，将服务的触角延伸到基层，把各级干部从幕后推到前台，促使基层部门变“各自为政”为“齐抓共管”，形成了“党委总揽、政府负责、部门联动、社会协同、公众参与、法治保障”的新合力。

安泽县探索实施的党建暨社会治理“三级中心，一网一格”工作体系的具体内容如下：

“三级中心”是乡镇党建暨社会服务管理中心。在103个行政村成立了村级党建暨社会服务中心，同时在县的45个直属部门组建了便民服务室。

“一网”是利用互联网技术，建立社会治理党建联动服务平台。群众上网即可了解信息、反映诉求。

“一格”是网格化管理，建成人口信息内网平台。将城区和农村分别划为10个和313个网格，配备了323个网格长，装备了3G专用手机；4个社区选配10个网格长，4个片区可配备一名信息员；258个网格已建立党小组，初步形成了网格长—党小组长—信息员的网格化管理小组。每个网格长都要当好政

策宣传员、信息稽查员、矛盾调解员、群众服务员、干群联络员，做到“以一当五”。网格长公示牌在网格内醒目位置公示，通过公开亮职责、亮身份，使群众有困难能够找到网格长。

“三级中心，一网一格” 搭建了县、乡、村、网格4支队伍的纵向到底、横向到边的服务体系和党建联动网站全覆盖、立体化服务的新体系。

该网络平台的建立打破了部门工作的界限，有效降低了社会管理成本，为群众提供了“全天候、不下班”的网上服务，实现了平台互动、信息共享。网站开通以来，共发布各类信息4.4万余条，点击率达70万以上，解决群众网上诉求75件。

治理机制：典型案例二

武汉市江汉区社会管理与服务信息系统[1]

武汉市江汉区社会管理与服务信息系统暨调度指挥系统，集社会管理、业务资源整合、业务流程处理、日常工作为一体，把原来彼此独立的社会管理工作进行抽取整合，建立一个全面覆盖、动态跟踪、联通共享、功能齐全的社会管理与服务信息“云平台”，以管理对象精细化、矛盾化解调度指挥、社区律师法律服务、社会稳定风险评估等特色管理与服务功能为主，实现数据采集、数据交换、集中受理、统一分派、专业处理、集中反馈等功能，最大限度地发挥资源效益，提高公共服务能力和资源的利用率。具体建设内容包括以下方面：

一个服务平台。整合城市网格化管理系统、数字化城市管理系统等相关系统和资源，建立社会综合管理与服务信息平台，提供城市各类信息的浏览、查询、分析、统计等功能，支撑各类事件的采集、上报、核实、办理、回复的工作流程和机制，为城市日常管理与服务提供信息化支撑。

一个监督指挥中心。指挥中心是信息中心、通信中心、调度中心、监控中心的汇集，为各类案件的指挥和调度提供视频监控、应急指挥、视频会议等支持，同时通过连接街道、社区的网络，能够对辖区范围内的案件“看得见、听得清、呼得出、信息准、反应快”，确保“指令下得去，信息上得来”。

---

[1] 湖北武汉：政企民合作推进智慧城市建设. 城市中国网，2015.09.22。

一套体制机制。建立健全一套完整的社会综合管理与服务的体制机制，包括事件和部件分类标准、事件处理运行机制、社会矛盾化解机制、绩效考评机制以及平台数据的更新维护机制等，从政策机制上保障平台安全、稳定、高效地运行。社会治理是系统化工程，十八届三中全会在改进社会治理方式上，提出了系统治理、依法治理、综合治理、源头治理的新观点和新要求。在新形势下，社会治理和群众工作需要改变以往重管理、轻服务的思想，实现由以往的行政命令向“寓管理于服务之中”转变。

治理机制：典型案例三

北京市东城区网格化治理机制[1]

北京市东城区自 2010 年 8 月试行网格化社会服务管理新模式以来，已将区属 17 个街道、205 个社区划分成了 589 个社会管理网格，建立了以“人、地、物、事、情、组织和房”为核心的 7 大类、32 小类、170 项信息、2043 项指标的基础信息数据库，实现了“人进户，户进房，房进格，格进图”的工作目标。

网格化管理的概念。网格化管理就是构筑区级社会服务管理综合指挥中心、街道社会服务管理综合指挥分中心、社区社会服务管理综合工作站“三级平台”和区、街道、社区、网格“四级管理”体系，推进社会管理的精细化。

网格化管理的力量配备。东城区在每个网格均配齐七种力量，包括以社区工作者为主的网格管理员，以社区民警为主的网格警员，以社会工作者为主的网格助理员，以街道处、科级干部为主的网格督导员，以网格党员中选出的网格党支部书记，以法官、检察官、司法干部为主的网格司法人员，以消防员为主的消防力量等。七种力量按照分工承担了解社情民意、维护安全稳定、开展环境监督、整治治安重点、做好群众工作、排查化解矛盾、落实社区矫正和安置帮教工作等职责，同时开展好社区困难群体、社会组织等方面的公共服务工作。

网格化管理的覆盖范围。目前，东城区的社区网格划分工作已经完成，基础信息数据库也已建立，三级平台已搭建，七种力量均已到位。按照每个网格

[1] 北京市东城区：网格化精细管理. 人民网，2011.07.11。

“一格一助理员”的要求，从区流动人口、计生、工会、人保、司法等方面的850名协管员中，经过考试选拔出196名作为网格助理员，又从社会招聘了404名大学生，组成了一支600人的东城区社会服务管理的新型队伍，覆盖全区17个街道、205个社区、589个网格。通过三级社会服务管理组织体系综合协调开展工作，有效地监督治理了城市环境，还路于民。通过精细管理、精准指挥、精心服务，北京市东城区真正发挥了网格化模式在社会建设和管理中的作用，解决了许多实际问题，得到了广大居民群众的欢迎。

治理机制：典型案例四

用科技编织“关住权力的笼子”[1]

成都市纪委监察局推出的“岗位廉政风险防控信息化平台”，将信息科技有机融入公共权力行使过程，将廉政风险防控的触角延伸到每个岗位人员，依靠科技手段编织出一个“关住权力的笼子”。

近年来，成都市将信息化建设作为推进纪检监察工作方式转变的重要手段和有效途径，大力推进“两大体系、十大平台”建设，把信息技术等科技手段全面融入权力监督、市场监管、资金监控以及机关办公办案业务流程中，有效拓展了党风廉政建设和反腐败工作的广度、深度和力度。

据介绍，“两大体系、十大平台”是市纪委监察局依托纪检监察专网构建的内部办公办案体系，推广应用了包括综合办公平台、案件监督管理平台、档案管理平台、综合资料信息共享四大平台。同时，依托电子政务外网构建的外部监督体系，开发应用了包括行政电子监察平台、岗位廉政风险防控管理平台、公共资源交易监管平台、党风廉政责任监管平台、基层公开综合服务监管平台、反腐倡廉宣教互动六大平台。目前，内部办公体系的“四大平台”已实现市、县两级互联互通，同时实现了业务办公自动化，委局机关办公用纸、打印耗材节约50%以上。

通过搭建案件监督管理平台，成都市实现了对信访、案件检查和案件审理等业务全过程的动态监管，同时开发了远程办案指挥系统和信访举报远程视频系统。公共资源交易电子监察系统是规范权力运行、增强监督实效的外部监督

[1] 把权力关进制度的笼子. 成都商报电子版，http://e.chengdu.cn/html/2014-01/25/content_452375.htm。

体系的一个重要平台，也是成都市创新公共资源交易监督模式的新举措。在全市统一的公共资源交易服务平台——成都市公共资源交易服务中心，依托电子交易平台开发建立了电子监察系统，主要对建设工程招投标、经营性土地招拍挂、产权交易、政府采购、特许经营权出让等交易项目实施电子监察和预警纠错。

据市纪委监察局相关负责人介绍，该系统正式运行后，一旦出现异常情况，系统就会自动预警，弹出预警信息，显示出现的风险点在哪个项目、编号是多少、在哪个流程段、哪个流程岗位、是什么类型的风险、风险等级是几级。截至目前，该系统已对进入公共资源交易服务中心交易的855个交易项目实施电子监察，实时预警8次，督促相关主管部门和单位进行整改8次。

基层党风廉政建设一直备受关注。近年来，成都市纪委监察局将基层公开综合服务监管平台作为推进基层党风廉政建设的重要抓手，依托“中国成都”门户网站，打造集公开互动、在线服务、全程监控、实时预警和统计分析于一体的基层公开综合服务监管平台。该平台有效覆盖了全市316个乡镇（街道）和3345个村（社区），截至目前已累计公开信息350余万条，访问量达4700万人次。

为进一步畅通群众表达诉求的渠道，平台专门设置了面向群众的“网络举报投诉”板块。群众如有需要投诉的事项，可通过纪检监察在线举报、行政效能暨投资软环境投诉举报、组织部党员举报投诉、信访局在线信访等渠道进行网上举报投诉。

“为全面提升廉政风险防控实效，切实规范权力运行，我们创新地推进了岗位风险防控平台建设。”成都市纪委监察局相关负责人介绍，岗位廉政风险防控信息化平台将信息科技有机融入公共权力行使过程，将廉政风险防控的触角延伸到每个岗位人员，依靠科技手段编织出一个“关住权力的笼子”。

在行政权力运行监察平台的推广应用方面，成都市持续推进由效能监察向权力运行监察的转变，由行政审批领域向行政处罚、行政征收、行政强制拓展，由政务服务中心向基层便民中心延伸，通过行政效能监管平台，实现了全市107项行政许可项目和210项非行政许可项目实时效能监察。

通过推广应用反腐倡廉宣教互动平台、升级优化“廉洁成都”门户网站、开通“政风行风热线”栏目及“廉洁成都”政务微博，成都市实现了网上信访投诉，切实强化了政民互动。通过开发应用党风廉政建设监管平台，成都市分类设置了责任分工、责任监督、专项工作、特色工作评审、考核评定五大模块，有效解决了领导干部“只挂帅不出征”、责任分工虚化、考核流于形式等问题。

成都市纪委监察局相关负责人表示，成都市以“两大体系、十大平台”为基本框架的科技反腐建设，充分发挥了信息化的支撑作用，初步实现了权力运行透明化、权力监督常态化、制度约束刚性化、业务办公自动化的效果。

三、信息化国家治理能力

改革、发展、稳定的关系是总揽全局的、首要的基本关系，处理好三者之间的关系，集中体现了党“一个中心、两个基本点”基本路线的要求。

正确处理好改革、发展、稳定三者关系，最早是江泽民总书记在十四届五中全会闭幕时的讲话中提出的。到今天，可以说关于“发展是硬道理，是解决一切问题的关键”“改革是发展的动力”“稳定是发展和改革的前提”这样的观念，已经是人尽皆知的“大道理”。然而，把“大道理”付诸实践却并不是一件容易的事情。

改革、发展、稳定的辩证统一关系

稳定是前提，改革是动力，发展是目标。改革是发展的动力，是实现长期稳定的基础；发展是改革的目的，是稳定最可靠的保证；稳定则是改革、发展的前提条件，也是发展的重要要求。处理改革、发展、稳定的关系，要根据客观情况的不断变化而有所侧重。

我国改革开放 40 年的经验证明，必须始终注意把握改革的力度、发展的速度和社会可以承受的程度。正确处理改革、发展、稳定三者的关系，是 40 年来我国经济社会发展取得巨大成就的一条基本经验。在全面建设小康社会的新阶段，正确处理改革、发展、稳定的关系，最重要的是要坚持把发展作为党执政兴国的第一要务，树立和落实以人为本、全面协调可持续的科学发展观，坚持把改革的力度、发展的速度和社会可承受的程度统一起来，在社会稳定中推进改革发展，通过改革发展促进社会稳定。

十九大报告在“三、新时代中国特色社会主义思想和基本方略”中指出，坚持在发展中保障和改善民生，增进民生福祉是发展的根本目的。必须多谋民生之利、多解民生之忧，在发展中补齐民生短板、促进社会公平正义，在幼有所育、学有所教、劳有所得、病有所医、老有所养、住有所居、弱有所扶上不断取得新进展，深入开展脱贫攻坚，保证全体人民在共建共享发展中有更多获得感，不断促进人的全面发展、全体人民共同富裕。建设平安中国，加强和创新社会治理，维护社会和谐稳定，确保国家长治久安、人民安居乐业。该段论述将发展、改革、稳定和治理协同论述，体现了习近平新时代中国特色社会主义思想的睿智创新。

小贴士——一个中心，两个基本点

“一个中心，两个基本点”是党的基本路线的核心内容。

一个中心，指以经济建设为中心；两个基本点，指坚持四项基本原则，坚持改革开放。它们是相互贯通、相互依存、不可分割的统一整体。

以经济建设为中心是在对我国社会主义建设经验教训科学总结的基础上作出的正确选择，充分体现了社会主义本质的要求，是解决我国现阶段社会主要矛盾的根本途径。

四项基本原则是：“第一，必须坚持社会主义道路；第二，必须坚持人民民主专政；第三，必须坚持共产党的领导；第四，必须坚持马列主义、毛泽东思想。”只有坚持四项基本原则，才能使社会主义现代化建设有坚定正确的方向，有团结稳定的环境，有统一的意志和行动。

要坚持以改革作为发展的基本动力，全面深化改革。我国初步建立的社会主义市场经济体制还不完善，现在发展处于关键时期，经济体制改革也仍处于攻坚阶段。

深化改革和调整结构是解决经济社会发展中深层次矛盾的根本措施，但在推进过程中不仅过去长期积累的深层次矛盾会显现出来，而且还会出现新的矛盾和不稳定因素。为此，深化改革必须突出重点、分清轻重缓急，防止改革措施在时间上过于集中。

改革措施要兼顾不同群体的利益，认真考虑每项改革措施对社会各方面的影响，把握好改革出台的时机和节奏。还要重视建立补偿机制，对在深化改革中利益受损的群体，通过一定形式给予补偿。

要坚持以发展为主题，树立抓住机遇、加快发展的战略思想。历史经验证明正确把握发展速度至关重要。经济增长速度过低或者过高，都不利于深化改革，也不利于社会稳定。

经济增长速度过低，既不利于充分利用现有资源的潜力，也会带来就业困难、人民生活水平降低等一系列经济社会问题。特别是我国现在面临着发达国家在科技、经济方面占优势的巨大压力，如果我国经济发展慢了，同发达国家的差距就会扩大，社会稳定和国家的长治久安就不能从根本上得到保证。

另一方面，经济增长速度过高，超过现有资源的潜力，又会引起通货膨胀和价格大幅度上涨，同样也会造成经济和社会的不稳定。

小贴士——社会治安综合治理

2004 年 9 月，党的十六届四中全会通过的《中共中央关于加强党的执政能力建设的决定》强调，坚持打防结合、预防为主、专群结合、依靠群众，加强和完善社会治安综合治理工作机制。这是在总结社会治安综合治理多年实践经验的基础上，对社会治安综合治理方针的重要补充。

社会治安综合治理是在党委、政府统一领导下，在充分发挥政法部门特别是公安机关骨干作用的同时，组织和依靠各部门、各单位和人民群众的力量，综合运用政治的、经济的、行政的、法律、文化、教育等多种手段，通过加强打击、防范、教育、管理、建设、改造等方面的工作，实现从根本上预防和治理违法犯罪，化解不安定因素，维护社会治安持续稳定的一项系统工程。

要坚持把稳定作为改革和发展的前提，保持社会安定团结。不断改善人民生活是正确处理改革、发展、稳定关系的重要结合点。要把就业放在经济社会发展更加突出的位置，实施积极的就业政策，千方百计扩大就业。努力增加城乡居民收入，继续做好“两个确保”工作，搞好“三条保障线”的衔接。

坚持统筹兼顾，协调好改革发展进程中的各种利益关系。合理调整国民收入分配格局，切实做好关心群众生产生活的各项工作，妥善处理人民内部矛盾，特别是涉及人民群众切身利益的矛盾。坚决维护人民群众的合法权益，抓紧解决克扣和拖欠农民工工资、城镇房屋拆迁与农村土地征收征用中侵犯城镇居民和农民合法权益等问题。积极推进改革和结构调整，不断消除不利于社会稳定的体制和结构性因素。继续依法打击各种违法犯罪活动，深入开展反腐败斗争，进一步健全处理各种社会矛盾的工作机制，把不利于社会稳定的因素化解到最低程度，把问题解决在基层和萌芽状态。

处理好改革、发展与稳定三者的关系，是实现中华民族伟大复兴的必要前提。能否处理好改革、发展与稳定三者之间的关系，是考量国家治理能力的重要标尺。

（一）改革能力：科学决策

改革目标以政策为工具。在上下齐心、形成改革共识的前提下，任何一个决策都将牵一发而动全身。在中央政策制定之后，地方政府要在领会中央精神的基础上根据各地实际情况，迅速作出反应。

2015 年这一年，习近平共主持召开 11 次中央深改组会议，几乎平均每月一次，审议了 65 份文件。纵观 2015 年全面深化改革大局，“人民”“改革”“创新”“道路/方向”“投资”“新常态”“可持续”“创业”“环境保护”“国家治理”，这十大高频词（见图 4-6）成为 2015 年不可忽视的改革风向标。

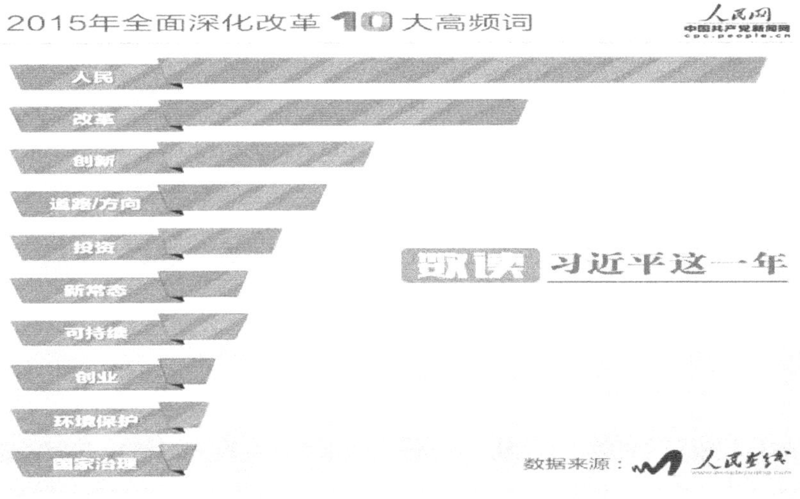

图 4-6　2015 年以来习近平谈全面深化改革十大高频词（数据截至 2015 年 12 月 15 日）

图片来源：互联网。

“开弓没有回头箭”，虽然我们目前是在“摸着石头过河”，向前迈出的每一步都是在创造社会主义的历史，但是试错式的改革既不经济，也不明智。因此决策的正确性与科学性，成为改革能否顺利、高效地实现的关键所在。

当前决策中存在的问题

决策能力是国家治理能力的核心要素，科学决策能力是大数据时代提高国家治理效能的桥梁与纽带。当前决策中还存在以下问题：

一是决策相关主体的科学观念有待提高。部分政府决策者的程序意识、规则意识、制度意识淡薄，决策过程中不遵循已有的程序和制度，依靠个人主观判断进行“拍脑袋”决策。

二是现有决策体系存在缺陷。现代政府决策体制是一个由决策信息系统、决策咨询系统、决策中枢系统、决策执行系统和决策监督系统等既细致分工又密切配合的子系统构成的有机整体。在我国当代的政府决策实践中，决策信息系统的建设刚起步，调查研究技术和方法有待改进；决策咨询系统中存在着咨询组织独立性不强的问题；决策中枢系统中存在着决策权力和职责划分不明确、决策权力过分集中、决策制定主体的决策方式和方法单一的问题；决策执行系统存在着因执行职能受制于决策中枢系统而执行不力和执行低效的现象；决策监督系统存在着监督主体的独立性和权威性不够的问题；且各子系统之间的内在联系不紧密、分工合作的效率有待提高。

三是决策程序的科学性有待加强。如调查研究的程序不规范导致政府决策信息系统的信息能力低；专家咨询论证的程序不健全导致政府决策咨询系统的利用程度低；集体选择的程序不完善导致部分决策中枢系统决策失误多；决策评估程序的不健全导致政府决策监督系统的不完善等。

以信息化促进决策科学化

实现政府治理能力现代化，重在提升改革过程中的决策能力。决策能力高低的体现主要在于决策的科学性。决策的科学化，即把科学引入决策的过程中，离不开对于现代科学技术手段的利用。采用科学的方法，按照科学的程序，通过科学的论证，为正确决策提供技术支撑。科学决策不仅需要尊重科学的程序、按照客观规律决策，还需要运用科学的决策理论、方法和技术。

因此，以信息化促进治理能力现代化，就是要实现从主观主义、经验决策到数据支撑、科学决策的转变，具体包括以下方面：

（1）通过大数据增强信息共享。信息的获取可以减少不确定性，是克服信息不完备、不对称的重要手段。为了获取高质量的信息，应加强信息基础建设，建设以数据共享为目的的集成数据环境，以保证决策主体的正确决策。

（2）通过大数据提升科学决策水平。大数据更加准确、动态、全面地反映客观事实，为决策过程提供科学精准的决策依据，提高治理主体科学决策的能力。

（3）通过大数据强化政府治理能力。大数据突破时间和空间的限制，从更深层次、更广领域促进政府与民众之间的互动，有利于形成政府主导、公众参与、多元协同治理的新格局。

（4）通过大数据提高政府服务效能。大数据提升、扩大政府公共服务的质量和范围，加强部门间的信息共享和沟通，实现对政府决策过程的实时动态监控与预警，提高政府服务效能。

除了技术手段之外，科学决策还需要配套的基础设施和设备。其中完善电子政务是推进政府决策科学化的重要手段。电子政务能够为公众提供有关政府决策的信息，有利于实现公众的知情权、参与权和表达权。

电子政务同样可以为公民参与政府决策提供新渠道，社会公众可以通过网络表达自己的愿望和利益诉求，使政府决策者更多地了解实际情况，做到从实际出发，增加决策结果的科学性。对大数据的运用可以为科学决策加上“双保险”。

改革能力：典型案例一

丹东市智慧党建——“互联网+网格”社区网格服务管理平台[1]

辽宁省丹东市振兴区委针对中心城区居民人口密集、老龄人口较多的实际情况，探索“互联网＋网格”的智慧党建模式，建设社区网格服务管理平台，提升了基层党组织的服务能力和水平。

1. 服务体系网格化

按照“社区建网、网中建格、格有楼栋”的思路，以社区党委为基本单位，振兴区将社区内的小区楼栋、学校、企业、医院等单位，划分为若干个基础网格，构筑成“社区—网格—楼栋”的“三级网格”体系。目前，每个社区都拥有一支以退休党员为骨干的小区党支部书记、网格长、楼长三级管理队伍，并

[1] “互联网＋网格”建设社区服务管理平台．中华先锋网，2016.01.14。

把有专业特长和工作能力的党员志愿者组成党员义工队伍，进行分类编队，建立信息档案，分布到各个网格。党组织服务的触角延伸到了全区基层各个“神经末梢”，解决了服务群众“最后一千米”问题，实现无缝隙、全覆盖。

2. 服务平台信息化

在建立服务网格的基础上，振兴区自主开发了社区居民家庭档案信息系统。对采集到的居民数据进行录入、整合、统计和分析，形成覆盖全区各类民情的网格信息管理数据库，并通过楼长、网格长以及党员骨干对出现变化的居民情况及时更新、动态管理。每栋楼中每户居民的个人及家庭情况及联系方式，包括低保户、残疾人、空巢老人、社区矫正人员、特困党员等情况，都可以通过系统直观了解，并为全面掌握辖区内党员群众情况提供准确的数据。信息系统成为服务群众的基础平台，服务的精准度、及时性都明显提高。福春六网格长郭永兰在辖区内巡视时发现一楼窗户往外冒黑烟，通过社区信息系统平台，很快查到这户居民的联系电话并立即通知该户居民。这位居民接到电话匆匆赶回家，由于发现及时并未造成大的损失。同时，建立社区网格化服务网站、提供网络信息服务，主要有便民服务、政民互动和在线服务等特色模块，可以在网站上发布供求信息，在线为社区居民提供办事指南、政策咨询等内容，丰富了服务信息化的渠道。

3. 服务模式多样化

振兴区以社区网格为单位，充分利用网络互动优势，吸纳整合社区党建、社会管理、就业、养老、医疗等信息资源，通过平台网站、微信及QQ群等网络媒介随时发布并与居民进行互动交流。根据网格服务平台掌握的居民信息，专门为高龄独居、空巢老人和行动不便的残疾人配备了“一键式呼叫器”，使居民能够足不出户，实现一对一服务。目前已为19名高龄独居老人提供帮助，深受居民好评。同时，积极统筹各类资源，实行联盟式服务，结合城区商业网点密集的特点，社区党委发动服务类企业与党组织结成联盟，使居民通过上网或拨打热线电话的方式就能轻松解决生活之需。联盟企业均作出便民、诚信的承诺，为困难群众提供优惠价格。振兴区广泛吸纳党员义工队伍进入网格服务平台，广泛开展以生活照料、医疗保健、家电维修、理论宣传等为主要内容的便民服务，并为居民印制了《便民手册》，辖区居民可通过手册联系志愿者，定制快捷高效的“私人服务”，解决生活难题。

改革能力：典型案例二

基金会中心网——募捐的第三方信息披露平台[1]

2016年5月14日，一则“8年前的汶川地震共收到652亿元捐款，501亿元去向未公开”的报道引起广泛关注。该报道称，善款中的绝大多数都交由政府部门使用，可以自行安排使用的资金到了地方红十字会或慈善基金会的账户，往往进入政府财政账户，或由地方政府来实际执行项目。

根据清华大学公共管理学院邓国胜教授带领的团队公布的对“汶川地震善款流向”的研究报告，截至2009年4月30日，社会各界捐赠给汶川地震灾区的款物总数达到了767.12亿元，其中捐赠资金约653亿元，物资折合约114亿元，其中可能80%流入了政府的财政专户，由政府统筹使用，用于灾后重建。

据了解，审计没有发现重大违纪违规问题，公告具体到某个部门接收了多少捐赠资金、拨付到哪些地方、每个地方拨付了多少、用来做了什么、结存了多少。但是，由于信息公开的制度不完善，公众对此心存疑虑。

据了解，自1998年抗洪救灾开始，凡遇需举国动员的大灾大难，我国政府均以行政指令的方式，明确指定少数几家组织统一接收民间善款，理由是为了加强资金的管理和使用，避免虚捐、诈捐。

2008年5月31日，国务院办公厅发布的《关于加强汶川地震抗震救灾捐赠款物管理使用的通知》中规定：“其他社会组织接收的捐赠款物要及时移交民政部门或者红十字会、慈善会等具有救灾宗旨的公募基金会。组织开展义演、义赛、义卖等各类救灾募捐活动，要按规定报有关部门批准，募集的捐赠款物要及时移交民政部门或者红十字会、慈善会等具有救灾宗旨的公募基金会。”

这一规定在2013年4月芦山地震后发生了改变，民政部在发布的相关文件中并未限定接收捐款的单位，也没有要求公益慈善组织将接收的捐赠汇缴给政府部门，也没有限制各家有救灾宗旨的公益组织接收或募集善款的权利，仅对政府部门接收的捐款作出安排。对于各级党政机关、人民团体、企事业单位和社会公众的捐款，同级民政部门可逐级汇缴至省级民政部门，由省级民政部门转交四川省民政厅，及时用于抗震救灾工作。

2016年9月1日正式实施的《慈善法》明确规定了政府在慈善募捐中的角

[1] 汶川地震后近800亿元款物去哪儿了．中国青年报，2016.05.14（03版）。

色，发生重大自然灾害时，人民政府应当及时、有序引导开展募捐和救助活动。“这意味着政府将退出公开劝募市场，由社会组织接收慈善捐赠。”邓国胜说。他认为，从汶川地震至今，无论是政府还是社会组织，信息公开不断进步，比如芦山地震后，第三方信息披露平台——基金会中心网诞生。而《慈善法》也专设了“信息公开”一章，详细规定了县级以上民政部门和慈善组织信息公开的责任，其中，对于具有公开募捐资格的慈善组织的信息公开要求，具体规定了公开的频率和次数，这对民政部门和慈善组织都是挑战。

据了解，基金会中心网连续 3 年跟踪芦山地震善款使用流向。截至 2016 年4月20日，全国参与芦山地震救灾和灾后重建的357家基金会全部披露了善款使用流向。信息公开已经越来越被公益慈善组织重视。

（二）发展能力：持续发展

可持续是发展的要义

改革开放40年来，以“发展是硬道理”作为指引，我国的经济取得了跨越式发展。西方国家在感叹“中国奇迹”、总结“中国模式”的同时，也表现出对于中国能够在多长的时间保持相似发展速度的疑问和担忧，毕竟巴西、印度、阿根廷、南非等发展中国家均在不同历史时期达到过高速增长的状态，但是目前仍然难以走出“中等收入陷阱”。由此可见，发展能力的核心表现在于可持续性。

> 小贴士——**中等收入陷阱**
>
> 中等收入陷阱（Middle Income Trap），是指当一个国家的人均收入达到中等水平后，由于不能顺利实现经济发展方式的转变，导致新的增长动力不足，最终出现经济停滞徘徊的一种状态。这些国家往往陷入了经济增长的停滞期，既无法在收入方面与低收入国家竞争，又无法在尖端技术研制方面与富裕国家竞争。
>
> 人民论坛杂志在征求 50 位国内知名专家意见的基础上，列出了“中等收入陷阱”国家 10 个方面的特征，包括经济增长回落或停滞、民主乱象、贫富分化、腐败多发、过度城市化、社会公共服务短缺、就业困难、社会动荡、信仰缺失、金融体系脆弱等。

党的十八届五中全会提出，“十三五”时期是全面建成小康社会的决胜阶段，“十三五”规划必须紧紧围绕实现这个奋斗目标来制定，并指出实现“十三五”规划目标，坚持创新发展、协调发展、绿色发展、开放发展、共享发展，是关系我国发展全局的一场深刻变革。

习近平总书记在 2015 年 11 月 10 日的中央财经领导小组第十一次会议上指出，要牢固树立和贯彻落实五大发展理念，适应经济发展新常态，坚持稳中求进，“战略上坚持持久战，战术上打好歼灭战”。这五大理念相互联系、相互支撑，是一个有机统一的整体。创新是发展的动能，协调是发展的基调，绿色是发展的底色，开放是发展的大势，共享是发展的目标。

即便以牺牲发展速度为代价，也要调整产业结构、消化过去高速发展所积累的问题，最终目标还是持续性地保持较高速度的增长。

十九大报告在“三、新时代中国特色社会主义思想和基本方略”中提出，坚持新发展理念。发展是解决我国一切问题的基础和关键，发展必须是科学发展，必须坚定不移地贯彻创新、协调、绿色、开放、共享的发展理念。必须坚持和完善我国社会主义基本经济制度和分配制度，毫不动摇巩固和发展公有制经济，毫不动摇鼓励、支持、引导非公有制经济发展，使市场在资源配置中起决定性作用，更好发挥政府作用，推动新型工业化、信息化、城镇化、农业现代化同步发展，主动参与和推动经济全球化进程，发展更高层次的开放型经济，不断壮大我国经济实力和综合国力。

信息化为持续发展提供动力

可持续的发展需要可持续的动力。目前我国经济社会发展现状暴露的核心问题就是缺乏支持发展的可持续动力。

国家已经将创新作为经济新常态下推动中国经济发展的新的驱动力。而在信息时代，数据已经成为新的国家战略资源，网络已经成为经济活动和创新孕育的广阔土壤，数字经济与信息产业的发展，已经成为国家战略新兴产业中发展动力最为强劲的一个领域。

十九大报告指出，要善于结合实际，创造性推动工作，善于运用互联网技术和信息化手段开展工作。增强科学发展本领，善于贯彻新发展理念，不断开创发展新局面。因此，以信息化促进治理能力现代化，就是要实现从资源驱动到创新驱动、数据驱动、信息驱动的转变。十九大报告全文的高频词如图 4-7 所示。

图 4-7　十九大报告全文的高频词

图片来源：互联网。

十九大报告全文共 3 万多字，其中出现次数位列第一的词是“发展”，共出现 232 次；第二是“人民”，共出现 203 次；第三是“建设”，共出现 165 次。“坚持”“全面”“社会”“国家”等词也十分醒目。这些高频词集中体现了我们党的初心和使命，即为中国人民谋幸福，为中华民族谋复兴。我们党永远把人民对美好生活的向往作为奋斗目标，以永不懈怠的精神状态和一往无前的奋斗姿态，继续朝着实现中华民族伟大复兴的宏伟目标奋勇前进。

小贴士——中国经济新常态

中国经济新常态是习近平总书记在 2014 年 5 月考察河南的行程中提出的。他说：“中国发展仍处于重要战略机遇期，我们要增强信心，从当前中国经济发展的阶段性特征出发，适应新常态，保持战略上的平常心态。”

中国经济呈现出新常态，具有从高速增长转为中高速增长，经济结构优化升级，从要素驱动、投资驱动转向创新驱动等特点。

经济新常态是强调结构稳定增长的经济，而不是总量经济；着眼于经济结构的对称态及在对称态基础上的可持续发展，而不仅仅是 GDP、人均 GDP 增长与经济规模最大化。经济新常态就是用增长促发展、用发展促增长。

发展能力：典型案例一

巴黎新区以交通特色成为欧洲新城的发展楷模[1]

社会的发展使人口不断向大城市聚集，这是全世界面临的共同问题，导致无论是城市开发还是城市改造都今非昔比，因为它不仅是盖房子的单项问题，还涉及人们的出行等多种多样与生活有关的问题，需要确定用什么样的方式去解决。法国巴黎新区——拉德芳斯新区的交通独树一帜，成为欧洲多国新城的楷模。

[1] 巴黎新区是如何靠交通成为欧洲新城的楷模. 中国城市中心微信号，2016.06.13。

1. 拉德芳斯新区概况

拉德芳斯新区于 1958 年开始策划，1964 年批准建设。现在，新区早已高楼林立，成为集办公、商务、购物、生活和休闲于一身的现代化城区（见图 4-8），是巴黎最大、最重要的商务、商业中心，也是欧洲最大的办公区。这里的近 50 座现代高层建筑错落有致、精致多样。不足 1 平方千米的新区里集中了 1200 家企业，11 万多人在这里工作，新区所有企业的年营业额相当于法国一年的政府预算。这里还是繁华商业区和居民小区，有 3 个大超级市场、250 家中小型商店，约有 4 万居民。

图 4-8　拉德芳斯新区凯旋门

2. 拉德芳斯新区的交通设计

拉德芳斯新区距巴黎中心区仅 5 千米，而巴黎靠近中心区的主要道路上的车流量已接近饱和。新区设计的办公、商务、商业以及娱乐业的体量巨大，又离中心区这么近，建设者自设计那天起就已考虑到新区一旦建成，势必面临巨大的交通压力。因此，他们在交通系统规划上经过多方论证，大胆采用了人车完全分离的模式，建立了大面积的立体三层交通体系，将车流完全放在地下，为新区保留充分的地面空间以及街面的完整性。一条长 600 米、宽 70 米的钢筋混凝土人工平台把三种交通流划分得井然有序，各种车辆四通八达、畅通无阻。地下道路几乎将地面的全部建筑相连，并在地下设置了多达 32000 个停车位。

3. 拉德芳斯新区的交通应用

巴黎是世界级四大城市之一，与美国的纽约、英国的伦敦和日本的东京并列。巴黎早就是有名的车轮上的城市。据介绍，拉德芳斯新区建成后，有85%的人乘坐公共交通上下班。拉德芳斯新区的公共交通十分发达，已经成为欧洲最大的公交换乘中心，RER（区域快铁）高速地铁、1号地铁、14号高速公路、2号地铁等在此交汇，国有铁路、地区快速铁路都在拉德芳斯设站。此外，这里还有巴黎地区最大的公共汽车站，共有18条线路，每天进出6万多旅客。公共交通、地下停车场与地面、各办公楼的联系都使用电梯。地面上的步行道路四通八达，在该区域工作的商务人员和居民都借由便捷的地下交通而直接进入地面各高层建筑，人行广场上在非旅游季节几乎无人行走。

4. 拉德芳斯新区建设的可持续性

从经济学的角度看，拉德芳斯地下空间开发在获得同样可利用面积的情况下，一定比地面建筑成本高，后期的运营费用也比地面要高出很多，但在前期规划中若充分考虑开发地下空间，比在不得已时再重新规划开发地下空间，更能节约地下开发成本。这种一次到位的建筑理念令许多欧洲国家佩服，被称为百年大计。因为欧洲众多国家都有一个共同特点——城市建设都是从古代马车时代开始的，到汽车轮子时代虽然有些道路经过了拓宽，但仍很有局限性，况且有些文物级建筑受保护不能拆除，导致交通拥堵。

5. 拉德芳斯新区建设的效果

拉德芳斯新区在交通设计上意识超前，形式上别具一格，颇有创新。设计者采用高架交通、地面交通和地下交通三位一体的设计思想，即地面交通有火车、公交车、出租车；地下交通分为公交车、浅层地铁、深层地铁。在新区地下设有多个大面积的停车场，新区道路两侧看不到沿路边停放的车辆，这跟巴黎市区车满为患、道路两侧停满大小车辆的现象形成了鲜明对照。此外，穿过巴黎市区的1号地铁线已经延伸到大拱门广场，A线深层地铁也从新区的地下通过，大大方便了住在该区的居民和上下班员工的出行。这里交通通畅，没有拥堵现象，上下班可按点而行，不必提前。

拉德芳斯新区交通系统行人与车流彻底分开、互不干扰，这种做法在世界上是绝无仅有的。地面上的商业和住宅建筑以一个巨大的广场相连，而地下则是道路、火车、停车场和地铁站的交通网络。拉德芳斯的规划和建设不是很重视建筑的个体设计，而是强调由斜坡（路面层次）、水池、树木、绿地、铺地、雕塑、广场等组成的街道空间设计。

拉德芳斯新区的人车分流并不是我们所想象的各行其道，而是采用了整体大平台的立体化人车分流规划设计，是世界上第一个实行人车分层的大型城市综合体项目，其核心是人造大平台，平台地面为步行和休闲空间，大平台以下为4层的大规模地下空间，纳入了核心区几乎所有的机动车交通和市政基础设施，包括过境高速公路等6条机动车路、2条铁路、3条公交线路的首末站以及2.6万个停车位，不仅实现了人车分流，而且美化了城市、减少了噪声和环境污染，达到车多而不杂乱、人多而不拥挤的效果。

拉德芳斯新区外有一条环形大道，可通达各办公大楼。两条交叉的呈X形的横向道路有效地解决了该区域与附近地区的交通问题。地下还设计了一个3层的立体交叉公路。为了防止外来游客在此迷路、找不到出口，有关部门还印制了多种文字的交通图，其中包括中文交通图，人们在任何一个地铁站或RER（区域快铁）车站的售票咨询处都能拿到公共交通图。不过导游再三强调，虽然条条大路通罗马，但在这里不要私自离队，初来乍到是很容易迷路的。

拉德芳斯新区的建设，既完好地保存了古典主义的旧巴黎，又较好地体现了新巴黎的现代主义建筑理念，将交通工具全部转入地下，成为当今交通科技的成功典范。

发展能力：典型案例二

广东自贸区推出国内首批“电子证照银行卡”[1]

2015年1月5日，李克强总理在广东自贸区考察时指出，自贸区要做的就是简化审批流程、激发市场活力，争创审批“特区速度”。四季转换，广东自贸区跑出了新速度。

在2016年4月21日广东自贸试验区挂牌一周年庆典之际，人民银行广州分行发布了广东自贸试验区的9个金融创新案例，分为推动金融领域简政放权、扩大金融对外开放、助推粤港澳优质生活圈建设三大类。前海蛇口、南沙、横琴新区片区大力发展特色金融业态，截至2016年3月，3大片区已分别集聚了各类金融机构和创新型金融企业39197家、1090家及2557家，总计42844家，这一数据较去年自贸区挂牌时增加超过25000家。

广东自贸试验区建设的第一大亮点莫过于人民银行广州分行在横琴片区推

[1] 唐柳雯，黄倩蔚，郭家轩. 广东自贸区金融改革创新下多个全国第一. 泛珠三角区域合作信息网，2016.04.22。

出的国内第一批“电子证照银行卡”。人民银行广州分行相关负责人介绍，该卡是以银行卡为载体，将电子证照、银行结算账户、银行卡等“证照户卡”整合在一张卡上，在全国首次实现了政务服务与金融服务信息应用渠道的贯通，有助于提高自贸区企业注册登记和经营的便利化程度、支持商事登记制度改革。2015 年 12 月 18 日，广东自贸区横琴片区成功发放国内第一批“电子证照银行卡”。

除此之外，一年来，粤港澳金融基础设施也逐渐实现互联互通。全国首个跨境公交受理金融 IC 卡项目就是典型案例。随着乘坐莲花大桥穿梭巴士往返粤澳两地客运流量的攀升，不但现金购票难以满足粤澳跨境公交快捷支付的需求，巴士运营主体——澳门地区公共汽车公司和岐关车路公司每日也要耗费大量时间清点零钞。针对这一问题，人民银行广州分行牵头推动了莲花大桥穿梭巴士受理金融 IC 卡项目，实现了粤港澳支付结算系统的顺利对接，推动公共服务领域的支付服务向粤港澳三地银行业开放和粤港澳多币种同城支付。

发展能力：典型案例三

“互联网+”新一波创业创新浪潮[1]

近年来，新一轮科技革命和产业变革兴起，特别是在互联网迅速普及应用的带动及政府的大力推动下，我国正在形成新一波创业创新浪潮，不断汇聚经济发展新动能，对稳增长、调结构、促就业发挥了重要作用。下一阶段，要把“互联网+”和大众创业、万众创新更好地结合起来，加强宽带网络建设，完善相关法规和监管体制，为创业者进一步打开大门、降低门槛、搭建平台，打造经济发展新引擎。

1. 中国正迎来以“互联网+”带动的创业创新浪潮

近年来，在以移动互联网、生物、新能源、智能制造等为代表的新一轮科技革命和产业变革带动下，以及政府的大力推动下，我国正在迎来第四波创业创新浪潮，主要标志是创业企业、创业投资、创业平台爆炸式增长，创业群体迅速扩大，创业创新在全社会蔚然成风。据统计，2015 年全国新登记企业达到 443.9 万户，增长 21.6%，平均每天新登记企业 1.2 万户。天使投资募集资金达

[1] 王昌林，刘国艳. 发力“互联网+” 持续推进大众创业万众创新. 光明日报，2016.04.05。

到 203.57 亿元，是 2014 年的 3 倍多；投资额 101.88 亿元，同比增长 218%，是 2010 年的 20 倍。创业投资募资 1996 亿元，比 2014 年增长 70.7%，投资额 1293.34 亿元，增长 24.6%，投资案例数 3445 个，增长 79.7%。全国有超过 2000 家众创空间，专门为处于初创期的创业者提供低成本的工作空间、网络空间、社交空间和资源共享空间，为创业企业发展提供全方位的创业服务。

这一波创业与前几次相比，最大特点是以“互联网+”为鲜明特征，主要表现为初创企业大都集中在“互联网+”领域，例如，各种网店、互联网金融、网络房屋租赁、移动医疗等。同时，还表现在许多企业的创新活动都基于互联网展开。统计显示，2015 年信息传输、软件和信息技术服务业新登记企业增速达到 63.9%。“互联网+”领域吸引了全国超过 50%的创业投资资金、70%的天使投资资金。另外，创业群体也表现出明显的“互联网+”特征，许多创业者都是基于现有互联网企业进行创业的，如围绕百度、新浪、搜狐等企业出来创业的分别有 100 多家，形成了百度系、新浪系、腾讯系、阿里系等创业大军。

2. “互联网+创业创新”正汇聚起经济社会发展新动能

“互联网+创业创新”的蓬勃发展，在扩大消费、促进新经济发展、增加就业等方面发挥了重要作用。

一是基于互联网的创业创新促进了信息消费爆炸式增长。据统计，2015 年全国移动互联网用户数达 9.64 亿，移动宽带（3G/4G）用户已占 60%。移动互联网接入流量消费达 41.8 亿 G，同比增长 103%，比上年提高 40.1 个百分点。月户均移动互联网接入流量达到 389.3M，同比增长 89.9%。手机上网流量达到 37.59 亿 G，同比增长 109.9%，在移动互联网总流量中的比重达到 89.8%。

二是基于互联网的创业创新加速了新技术、新业态、新模式和新产业发展。在“互联网+创业创新”推动下，近年来云计算、物联网、3D 打印、大数据等新技术产业化加快，互联网教育、互联网金融、移动医疗等新业态迅猛发展，线上线下融合（O2O）、移动支付、个性定制等新模式蓬勃涌现，新兴产业不断发展壮大。统计显示，2015 年中国互联网服务业收入达 1.15 万亿元，同比增长 27.5%。其中，互联网信息服务收入 6950 亿元，同比增长 39%，占比 60.5%。全国网络零售额 3.88 万亿元，比上年增长 33.3%，占社会消费品零售总额 12.8%。2014 年物联网产业规模突破 6200 亿元，同比增长 24%，智能手机、平板电脑等制造业高速发展，2014 年智能手机出货量达 4.5 亿部，平板电脑出货量从 2010 年的 170 万台猛增到 2014 年的 2780 万台，年均增长率高达 101.1%。在移动互联网、云计算、物联网、大数据等快速发展的带动下，信息产业规模进一步壮大，成为经济社会发展的重要引擎。2015 年电子信息制造业增加值同比增长 10.5%，高于工业平均水平 4.4 个百分点，销售产值同比增长 8.7%；500 万元以上项目完成固定资产投资额 13775.3 亿元，同比增长 14.2%；新增固定资产 9658.9 亿元，同比增长 20.6%。

三是基于互联网的创业创新推动了传统产业转型升级。改造提升传统动能，是现阶段我国经济发展的紧迫任务。近年来，我国传统产业领域一批大企业借助互联网等手段，大力推进转型升级，取得重要成效。比如，一些企业将过去由单个企业完成的任务向自愿参与的所有企业开放，并发挥比较优势进行市场分工，提高了创新效率，促进了生产方式的变革。有的企业通过内部信息网络构建“爱创客”创新平台，鼓励车间班组创建创客空间，大大激发了公司员工的创业创新活力。一些地区和企业积极推动创业创新，实施“互联网+”和“机器换人”行动计划，有效拓展了传统产业的发展空间，收到了“老树开花”的效果。

四是基于互联网的创业创新带动了就业增加。互联网经济的快速发展，不仅直接增加了大量的就业机会，而且还间接带动了相关行业的就业。统计显示，近年来新登记市场主体大部分都是服务业企业，很多新设企业从事信息技术服务、物流快递、文化创意等现代服务业，创造了大量新的就业岗位。2012 年至 2014 年，租赁和商务服务业城镇单位就业人员增长 53.5%，信息传输、计算机服务和软件业增长 50.94%，增速在所有行业中分别位居第一和第二位，远高于城镇单位就业增长 19.96%的平均水平。

（三）稳定能力：智慧维稳

现代化与稳定性

美国学者亨廷顿认为，“现代性是稳定的，但现代化的过程是动乱的。”改革与发展的过程是打破旧平衡寻找新平衡的过程，会产生很多变革过程中特有的问题，这些问题都将构成政治不稳定的因素。政府作为国家治理主体，必须为了发展而主动寻求变革，同时顶住因变革而带来的动荡压力，维持稳定的环境，确保改革与发展能够顺利推进。

维稳与维权

孟建柱在传达习近平总书记在中央政法会议上的重要讲话时明确指出，维权是维稳的基础，维稳的实质是维权，要求完善对维护群众切身利益具有重大作用的制度，强化法律在化解矛盾中的权威地位。法治不仅要求完备的法律体系、完善的执法机制、普遍的法律遵守，更要求公平正义得到维护和实现，要求政法机关坚持法律面前人人平等，以实际行动维护社会公平正义。

> **小贴士——塞缪尔·亨廷顿**
>
> 美国当代著名的国际政治理论家，著有《变化社会中的政治秩序》《文明的冲突与世界秩序的重建》等作品。
>
> 《变化社会中的政治秩序》是其理论奠基之作，亨廷顿提出“国家之间政治上最重要的区别，不在于政府的形式，而在于政府的水平。”该书从第三世界各国存在的实际情况出发，提出了第三世界国家走向现代化的“强政府理论”，其要义是，第三世界国家在进行现代化变革的过程中，要根除国内政治的动荡和衰朽，就必须建立起强大的政府，舍此无他路可走。所谓强大政府也就是有能力制衡政府参与和政府制度化的政府。亨廷顿在这本书中卓越的理论贡献使得该书成为研究现代化理论的经典之作。

当前我国政府在维稳方面普遍存在以下问题[1]：

一是中国的社会政治稳定形态是一种刚性稳定。刚性稳定缺乏必要的韧性和延展性，没有缓冲地带。政府管理者习惯于把一切抗议行为如游行、示威、罢工、罢市、上访等行为都视为无序和混乱，都采取一切手段进行压制或打击。在刚性稳定下，社会管治的方式总是简单化和绝对化，非此即彼、非黑即白，执政者时刻处于高度紧张状态。

二是维稳的运作机制是一种压力型体制。在这种压力型体制下，各级党委、政府为了加快完成上级下达的各项维稳命令和任务，构建起一套将物质利益、职位晋升与行政命令相结合的工作机制。

三是维稳呈现出“运动式”治理的特征。在“维稳压倒一切”的观念主导下，地方官员往往不惜动员可以利用的一切资源，采取类似于“人民战争”“群众动员”的方式进行维稳，呈现出典型的“运动式”治理特征。

[1] 唐皇凤．“中国式”维稳：困境与超越．武汉大学学报（哲学社会科学版），2012, 65(5)。

四是维稳手段带有明显的暴力压制性和经济利益补偿性。部分基层政府以不发生群体事件、无大规模上访、无人进京上访等作为衡量“稳定”的指标。地方政府采用“胡萝卜加大棒”的办法，一是“花钱买平安”，人民内部矛盾用人民币来解决；二是不惜动用包括警力等在内的暴力工具，强行将群众的上访和合法的利益诉求压制下去。

维稳的关键在维权，维权既包括维护好政府的权力，不滥用；同样也包括维护好公众的权利，不剥夺。首先，要求执政者端正对于稳定的认识，树立现代化的、科学的稳定观，不能采取一种固化的、绝对的视角，将“风吹草动”都视为不稳定的征兆。其次，要做好将非稳定因素纳入制度化轨道的相关准备，依法处理维稳是基本要求。

> **小贴士——稳定压倒一切**
>
> 1989年2月26日，邓小平针对当时形势的发展状况指出：“中国的问题，压倒一切的是需要稳定。没有稳定的环境，什么都搞不成，已经取得的成果也会失掉。”
>
> 1987年3月8日，邓小平在接见外宾时指出，保持“国内安定团结的政治局面”，“有领导有秩序地进行社会主义建设”，是实现“三步走发展战略”的重要条件之一。1987年6月29日，他又指出，“没有安定团结的政治环境，什么事情都干不成。”
>
> 1990年12月24日，邓小平强调，“我不止一次讲过，稳定压倒一切，人民民主专政不能丢。”

信息时代的智慧维稳

信息时代也是一个充满危机和风险的时代，网络、微博等新媒体早已取代传统媒体成为信息传播的发源地。网络传播的快速性和网络信息可辨识难的特性，使得网络成为公共危机爆发的“火山”。

大数据还原事情真相

政府部门需要利用大数据对社会热点、名人微博等海量社交数据进行跟踪分析，找到社会危机事件的起因、传播渠道、涉及的关键人物，进而有效地还原社会危机发生的过程，以客观的事实和数据呈现事情的真相。对海量社交媒体数据的分析，可以预测如恐怖主义和骚乱活动等突发事件。利用大数据的预测和预警分析功能可以让有关政府部门和社会市场主体提前做好准备工作，有效降低各种危机带来的灾难和损失，特别是在应对各种自然灾害和突发性安全事件之时。

大数据助力网络治理

在中国国家治理的特定情境下，网络群体性事件此起彼伏，群体极化现象严重，集体泄愤、网络暴力、民粹主义、泛政治化等行为对社会稳定都会构成一定的威胁和挑战。利用大数据等信息技术对网民的言论和情绪进行研判，能够感知网民关注的热点问题及其持有的观点和看法，也能够感知网民对某一事情或者现实问题的社会情绪变化，及时采取应对措施，维护社会稳定。通过物联网传感器监测，能够掌握地形的变化、监测油气的泄露情况、监测道路的损毁情况等，并及时找出安全隐患，有效避免安全事故和灾难的发生，更好地实施对社会危机和风险的治理。大数据通过增强对现象发生小概率的关联与研究，可以有效减少社会危机发生的不确定性，增强风险预警能力，降低社会危机带来的危害。

> **小贴士——网络舆情**
>
> 网络舆情是指在一定的社会空间内，通过网络围绕中介性社会事件的发生、发展和变化，民众对公共问题和社会管理者产生和持有的社会政治态度、信念和价值观的体现。它是较多民众关于社会中各种现象、问题所表达的信念、态度、意见和情绪等表现的总和。
>
> 网络舆情具有表达快捷、信息多元，方式互动、网络的开放性和虚拟性等特点。
>
> 网络舆情是社会舆情在互联网空间的映射，是社会舆情的直接反映。

因此，以信息化促进治理能力现代化，就是要实现从事后处理到事前预警、常态化管理的转变。实现的具体方式如下：

一是通过信息化手段畅通公众与政府的沟通渠道。创新公众与政府沟通的方式，开发利用好官方微博、网络问政平台、网络发言人等信息化手段，令公众的诉求得以无障碍表达，令政府的反馈意见得以第一时间传达。

二是以政府信息化开放互联体系广泛调动政府各职能部门。切实解决公众困难，满足公众合理需求，平息不满情绪。

三是以信息化手段辅助维稳方式转变。将维稳措施前置，变事后补救为事前预防。利用大数据计算，研判不稳定事件的发生概率，做好应急预案，做到提前准备、提前行动，化解危机，有备无患。

四是通过社交媒体、互联网等信息化方式加大多元治理主体对于维稳的参与力度。调动各界人民群众的积极性，协助政府及时掌握不稳定情况。

同时，坚持将以上手段逐渐融合统一到一个常态化的、规范化的、依法处置的管理框架内，不断提升稳定能力。

稳定能力：典型案例一

杭州市上城区：从智能管控到智慧城管

所谓“智慧城管”就是运用网络数据等新技术的方式，细化强化城市治理的手段，使服务方法更多样化、服务理念更人性化。杭州市上城区以“智能管控平台”为核心，运用智能管控、数字执法等打造了智慧城市管理体系，为城市治理提供了新思路、新方法。该系统一方面用于路面综合治安，加强非现场执法的可行性，另一方面加强了对街头和公共设施的智能化管理，比如垃圾站点、公共卫生间、雕塑等，成功实现了远程智能监管。

1. 新时期城市治理的特点

在城市管理走向城市治理的新时期，城市治理工作呈现出以下特点：

一是城市管理工作理念由重管理向重服务转变，服务群众已经成为城市治理的首要任务，城市的发展与改变都是以市民为中心的。

二是城市管理主体由政府向政府、市场、社会多元主体转变，积极引导社会、公众参与社会治理，形成城市治理合力。

三是城市管理方式由突出维稳的管控，走向更重视群众意见的协商，减少强制性的管理行为，畅通群众诉求渠道，搭建更多协调平台。

四是城市管理重心由事后处理向源头处理转变，与其事后补救不如提前预防。

以上四个转变要求政府在城市治理体系中转变传统做法，作为城市治理主体之一，而不是唯一的掌控者，同时发挥引导者、协调者的重要作用，推动城市向规范化、科学化、精细化、智能化发展。智慧城管作为现代治理理念和智能技术在城市管理领域中的应用和实践，已经成为城市治理现代化的重要手段和创新城市管理体制的重要抓手。

2. 智慧城管实施的效果

早在2010年，上城区就在全国率先完成了“城管智能管控平台”的建设，通过一系列先进技术，如WiFi、GPS、GIS、RS等，升级原有的系统，满足各种实际操作的需要，在监控、监督、共享信息方面提供有力帮助。这些新技术的应用能够及时发现问题，做到工作信息准确、绩效评价量化、工作状态有序，创新了工作载体，其带来的变化体现在以下三个方面：

一是改变了过分依赖人工路面巡查、信息模糊、管理滞后、工作状态无序的状况。

二是改变了对违法行为的处理手段单一、处理过程不规范、时时刻刻与相对人直接正面接触，容易引发矛盾冲突的状况。

三是改变了队伍管理信息、管理标准、整体素质不统一的问题和发现滞后、责任难以厘清、个人成长主动性不强的问题，推动了队伍规范管理、科学考核，推进了业务培训工作。

3. 智慧城管的实施历程

2011 年 3 月，杭州市政府在上城区召开现场会议，在全市总结推广上城区的经验做法，联系了宁波、温州以及北京、上海、天津等省内外考察团进行学习交流，逐步形成了“数字城管学北京东城，智能管控学杭州上城”的示范效应。

2011 年秋，上城区被列为浙江省智慧城市建设示范试点城市之一。

2012 年 9 月，杭州市政府批复同意《“智慧杭州”建设总体规划（2012—2015）》。

2013 年初，上城区成为住房和城乡建设部 90 个国家智慧城市首批试点单位之一。

2013 年，《杭州市智慧城管建设总体规划（2013—2015）》制定实施。

稳定能力：典型案例二

全国网上信访信息系统[1]

全国网上信访信息系统主要通过国家信访局与各省市信访局搭建网上信访平台，推动省级平台与市、区（县）平台互联互通和信访部门与同级其他职能部门的联通，方便各级信访部门监督和群众监督。网上信访逐渐成为群众信访的主渠道，各项工作正在深入推进，进一步规范网上信访事项办理程序，深化信访信息系统应用，努力打造好用管用的“阳光信访”。“让数据多跑路、群众少跑腿”，网上信访极大方便了人民群众及时就地反映诉求，有效提高信访事项办理的质量和效率，也有利于办理过程和处理结果公开透明。

[1] 国家信访局：借助“互联网+”提升网上信访服务能力. 中国政府网，2016.01.25。

数据显示，2013 年国家信访局和省市县三级党委、政府领导信箱及信访部门网站网上信访总量为 248 万件次，同比增加 10.9%，部分地方网上信访量已超过来信来访量。截至 2013 年年底，已有 29 个省份、275 个市和 1831 个县开通网上信访平台，上海、广东等 19 省份实现省、市、县三级平台互联互通，228 地市实现市、县两级平台互联互通，135 地市信访部门实现与职能部门互联互通。2015 年，全国信访总量、进京访数量和集体访数量均出现下降，网上信访比例继续上升。其中，网上信访数量分别超过来信来访数量，占总量的 40.1%，群众通过网上信访反映诉求的热情不断增长，信访主渠道的作用进一步得到彰显。

从 2016 年 1 月 1 日起，全国信访数据实现全部从国家信访信息系统自动生成、随时统计、随时调取。国家信访局局长舒晓琴表示，信访部门要充分发挥信访大数据的优势，重点围绕农业农村、城乡建设、劳动社保、环境保护等民生领域的突出问题，非法集资、房地产交易等涉众型利益群体信访问题，以及“十三五”规划实施中出现的新情况、新问题，加强专题调研和综合分析研判，强化信访风险预警预控。

国家信访局还将大力推进网上群众满意度评价，通过建立即时告知短信平台、开通微信公众号和手机客户端等措施，引导和方便群众参加对信访事项办理情况的评价，加强对满意度评价结果的跟踪，把满意度评价结果纳入党委、政府信访工作绩效考核内容。对群众反映强烈的突出问题，要及时报告同级党委、政府，督促责任单位依法按政策解决群众的合理诉求。

稳定能力：典型案例三

江苏省淮安市社会稳定风险评估信息化

江苏省淮安市进行现代公共治理模式新探索，努力实现稳定评估（稳评）全覆盖，主要通过研发软件推动稳定评估工作信息化。具体措施如下：

一方面，淮安市利用公安大平台，在全省率先研发并投入使用社会稳定风险评估体系。该系统历经多次修改完善，形成稳评网上办公、网上稽查、网上交流学习的新模式，同时还建立起一套 400 多万字的稳评网络电子台账，大大提高了稳评工作的信息化进程。

另一方面，把稳评信息系统与全市矛盾纠纷排查系统对接，将全市重大风险项目的名称、实施时间、影响范围、稳评内容、稳评结果等进行信息化管理，便于矛盾排查、关联模块数据、进行数据共建共享，多角度掌握社会稳定风险排查化解情况。

5

第五章 信息化重塑国家治理的现状分析

一、电子政务：打造“虚拟”政府
二、智慧司法：助力公正审判
三、智慧城市：通向美好生活
四、信息公开：促进“阳光”执政
五、信息惠民：提供便捷服务
六、问题诊断与系统反思

信息通信技术是新科技革命中最具创新性和融合性的技术变革，在社会、政治、经济、文化等各个领域不断渗透和推陈出新。

政府信息化浪潮的背后体现的是政府理念的转变。围绕“无缝隙政府”“响应型政府”“透明政府”“变革政府”和“一体化政府”等先进的公共管理理念，各国政府在治理实践中引入了信息化和网络化治理的思维方式和手段，新近提出的智慧政府、智能政府、无际政务以及政府 3.0、数字化政务、在线政务、智慧政务服务等概念层出不穷。智慧政务服务旨在努力提升政务服务智慧化水平，让政府服务更聪明，让企业和群众办事更方便、更快捷、更有效率，如图 5-1 所示。

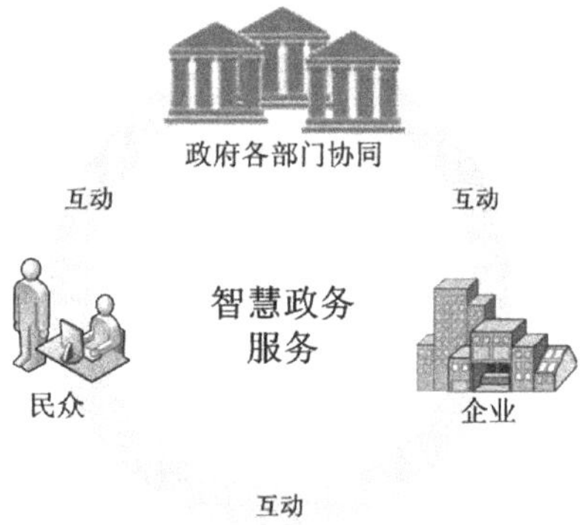

图 5-1　智慧政务服务

尽管这些概念的表述形式有所不同，但其内涵和外延却极为相近，逐渐成为信息时代下政府治理的先进理念和实践，为政府职能转变和治理能力提高提供了更具效率的创新思维和工具。正确把握信息技术变革趋势、合理运用信息化手段成为我国政府在重要历史机遇期实现跨越式发展和转型升级的重要抓手，通过信息化推进政府职能转变和政府管理服务创新，已成为信息时代下实现国家治理体系和治理能力现代化的重要途径。

一、电子政务：打造“虚拟”政府

电子政务是什么

电子政务主要指利用信息网络技术和其他相关技术支持更加适合时代要求

的政府结构和运行方式的实现，主要包括电子政务数据信息化、科学决策判断、大众舆情处理、金融管控分析及行业数据分析等方面（见图 5-2）。电子政务建设的主要目的，是促进政府信息资源的开发、利用和共享，提高行政效率和决策水平，改善公共服务质量和增加服务内容，增加办事执法的透明度，加强政府有效监管，建立政府与人民直接沟通的渠道，推动国民经济和社会的信息化发展。

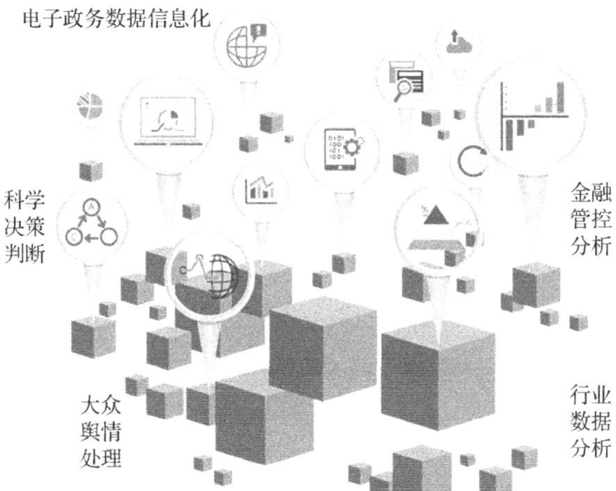

图 5-2　电子政务

电子政务这一概念至少包括以下三个方面的含义：

（1）电子政务处理的是与公共权力行使相关的业务，或者为了提供高效的公共服务而快速处理公共部门内部的事务，这决定了电子政务有着广泛的内容。

（2）电子政务必须借助信息技术得以实现。

（3）电子政务并不是将传统的政府管理和运作简单地搬上互联网，而是要对现有的政府组织结构、运行方式、行政流程进行优化和重组，使其在信息技术的支持下，加强对政府业务运作的监管，促使政府业务运作更加高效，并实现政府为公众提供更加优质服务的目的。

电子政务覆盖范围

电子政务主要包括以下四个部分：

（1）政府部门内部的电子化和网络化办公。

（2）政府部门之间通过计算机网络进行的信息共享和实时通信。

（3）政府部门通过网络与社会组织和市场机构的双向信息交流。

（4）政府部门通过网络与公民的双向信息流。

具体来说，目前各级政府部门广泛使用的办公自动化系统，属于第一类电子政务的范畴；金税、金盾等系统属于第二类电子政务的范畴；政府部门通过自己的互联网网站发布政务信息，以及进行网上招标、网上采购属于第三类电子政务的范畴；网上招聘、网上证件办理、接受网上投诉等，属于第四类电子政务。电子政务覆盖范围如图 5-3 所示。

图 5-3　电子政务覆盖范围

电子政务发展现状

我国电子政务的发展历史可以分为四个阶段：一是 20 世纪 80 年代末的办公自动化建设；二是 1993 年开始的“三金工程”；三是 1999 年国家经贸委和中国电信等单位联合发起的政府上网工程；四是以 2002 年《国家信息化领导小组关于我国电子政务建设指导意见》（中办发〔2002〕17 号）为标志的正式的、真正意义上的电子政务战略的提出。

近十年，我国政务信息化发展是以基础设施和重要业务系统建设为重点推进的，在国家信息化领导小组的正确领导和统一部署下，我国政务信息化建设在很多领域实现重大突破，在网络建设、业务系统、信息资源、安全保障和标准体系等方面取得了实质性进展。

一是国家统一电子政务网络体系初步形成。国家电子政务外网（见图 5-4）已成为我国覆盖最广、连接部门最多、规模最大的政务公用网络，具备了承载部门业务应用的能力，为实现部门的纵向贯通、横向协同奠定了基础。政府网站日趋成熟，为党政机关创新服务模式、扩大服务范围、丰富服务手段提供了条件，已成为党和政府联系群众、进行公共服务的重要渠道和手段。

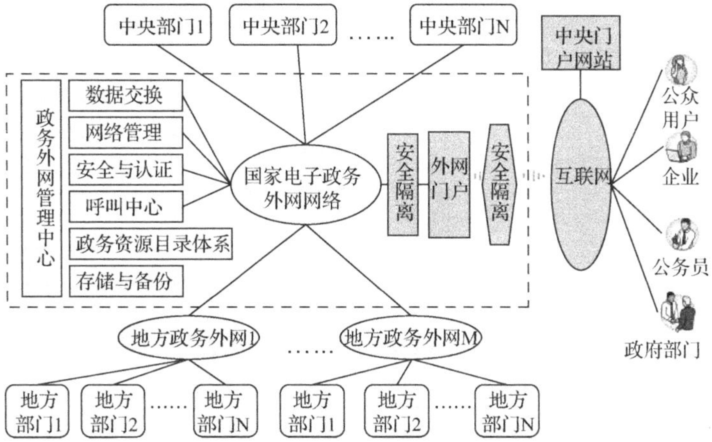

图 5-4 国家电子政务外网

二是政务信息资源开发利用取得较大进展。空间地理、宏观经济与文化资源等国家基础信息库建设整体推进顺利，中央部委和省级政府部门大部分核心业务已建立数据库支撑，集聚了各自领域的业务信息资源，为国民经济和社会发展的科学决策提供了有力支持，为进一步推进部门间信息共享奠定了基础。

三是国家重要信息系统建设成效显著。金盾、金关、金税、金审等重要业务信息系统相继建成并投入使用，提高了行政效率，为各个部门履行经济调节、市场监督、社会管理和公共服务职能提供了技术支撑，为拓展和深化政务信息化应用奠定了基础，为进一步提升多部门合力解决复杂社会问题的能力提供了条件。

四是国家电子政务标准化体系初步形成。电子政务基础性国家标准和信息安全、互联互通、信息共享等相关标准、规范逐步建立，为我国政务信息化建设的整体、安全、规范发展提供了有力支撑。

2010 年以来，我国的政务 App 在公共服务领域不断发展和渗透，越来越多的政府部门开发相关应用，实现高效的政务服务。例如，北京市政府推出“北京服务您”，广州市公安局推出“警民通”、国家税务总局推出“中国税务”等。然而目前我国的政务 App 功能依然比较简单，缺乏数据集成、舆情分析、互动沟通、社会动员、协作治理等功能。

2014 年 1 月，所有省级政府、95%的地级市政府设立了信息化领导小组；60%的中央部门、36%的省级政府和 6%的地级市政府制定和发布了政务信息化建设或电子政务专项规划。在主要业务信息化覆盖率方面，中央各部委政务部门达到 80%以上，省级政务部门为 70%以上，副省级城市为 78%，地市级为 39%，区县级为 46%（见图 5-4）；此外，各级政府网站普及率也不断增高，副省级以上、地市级、县级地方政府的网站覆盖率分别为 100%、100%、80%。

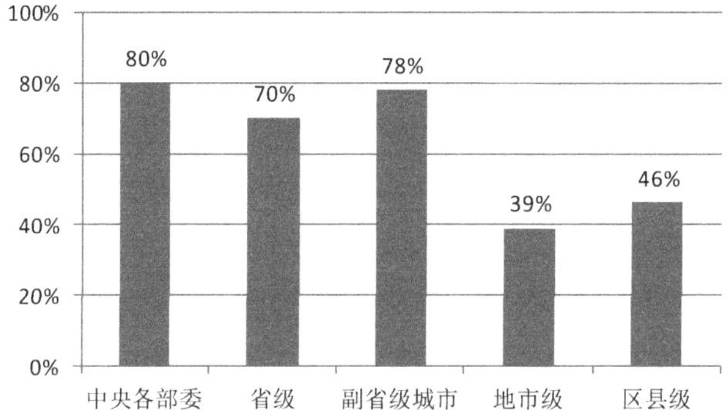

图 5-5　2014 年年初不同级别政务部门主要业务信息化覆盖率

2015 年，全国的政府门户网站超过 5 万家，县以上政府机构普遍都建立起门户网站。门户网站在提供信息服务、办事服务以及政民互动服务方面发挥着越来越重要的作用。

2017 年 10 月，全国党员管理信息系统开通，为广大党员提供开放式信息窗口，为各级党组织和部门搭建一体化工作平台。党员教育资源库升级工作持续推进，全国建立党建网站 2 万多家，开办党员教育电视栏目（频道）1900 个，开通党员教育手机报 6900 个。全国党员干部现代远程教育网完成中央平台、地方平台和 70 多万个乡村终端站点的改版升级，共产党员网注册用户超过 830 万，成为党员教育的旗舰平台。依托互联网加强党的青年群众工作阵地建设[1]。

在国家互联网信息办公室发布的《数字中国建设发展报告（2017 年）》中指出，全国 3525 家法院全部实现审判流程、庭审活动、裁判文书和执行信息公开，裁判文书公开超过 4123 万篇，访问量突破 124 亿人次。电子检务工程建设成效显著，建成贯通全国四级检察机关的司法办案、检查办公、队伍管理、检

[1] 国家互联网信息办公室. 数字中国建设发展报告（2017 年），2018.05.09。

务保障、检查决策支持、检务公开和服务“六大平台”，实现所有案件网上办理。创新信息化社会治理模式，已有21个省（区、市）基本完成综治信息化综合平台建设并投入使用，综治视联网系统已覆盖各省和333个地级市、2795个县、13472个乡镇（街道）等基层单位。

截至2017年6月底，71个国务院部门和直属机构开通了政府网站，92.9%建立了信息发布制度。线上线下一体化政务服务平台基本形成。截至2017年12月底，全国31个省（区、市）和新疆生产建设兵团已全部公布省级政府部门权力清单，省级网上政务服务平台共发布54440项政务服务事项的办事指南、网上办理、结果查询服务，推出31个省级网上政务服务平台。实施全国省级税务机关网上办税软件一体化整合，推进省局门户网站与政府网站对接[1]。

电子政务发展面临的问题

一是顶层系统缺失导致建设工作陷入困境。各部门互联互通难、信息共享难、业务协同难，不利于政府的简政放权与科学发展。

二是“信息噪声”给国家决策造成较大偏差。系统的不联通与不兼容使部门间数据隔离，形成信息孤岛，“信息噪声”为领导决策带来巨大的干扰。

三是碎片化发展给国家安全带来巨大隐患。独立建设的电子政务系统越多，存在的安全漏洞也就越多，一旦被敌对势力或网民攻击突破，国家经济、社会等核心机密将面临重大威胁。

四是基础设施重复建设严重影响运行效率。部分电子政务系统已成为摆设，沦为僵尸系统。

未来电子政务系统的特点

在未来，进一步发展的电子政务系统应具有以下四个特点：

（1）快速识别并满足公众的政务需求，并能够预测进一步的需求及变化趋势。

（2）新系统应是信息、服务、反馈的综合体，可以一站式实现公众与政府的有效互动并持续关注效果。

[1] 国家互联网信息办公室. 数字中国建设发展报告（2017年），2018.05.09。

（3）新系统应该能够支持公众参与决策过程，如提供方案与支持、步骤执行、共享评价并持续改进。

（4）新系统的公开、开放不应仅仅停留在单个部门，而是与整个政府系统、互联网互联，以实现信息、效果的能量交换、融入数字生活空间。传统电子政务系统与未来电子政务系统的区别如表 5-1 所示。

表 5-1　传统电子政务系统与未来电子政务系统的区别

传统电子政务系统	未来电子政务系统
信息供给模式	信息创造模式
服务供给模式	服务需求模式
政策驱动模式	政策制定与协商模式
政府内部决策模式	分享式治理模式

电子政务：典型案例一

国家十二金工程

2002 年 8 月 5 日，中办发〔2002〕17 号文件转发了《国家信息化领导小组关于我国电子政务建设指导意见》，明确表示，要加快十二个重要业务系统建设：继续完善已取得初步成效的办公业务资源系统、金关、金税和金融监督（含金卡）四个工程，促进业务协同、资源整合；启动和加快建设宏观经济管理、金财、金盾、金审、社会保障、金农、金质和金水八个业务系统工程建设；相应构建标准化体系和安全保障体系，进一步推进电子政务的发展；业务系统建设要统一规划，分工负责，分阶段推进。业界把这十二个重要业务系统建设统称为“十二金”工程（部分内容在后续业务系统建设中有改动）。

重点推进的“十二金”办公业务资源系统可以分为三类：

第一类是对加强监管、提高效率和推进公共服务起到核心作用的办公业务资源系统、宏观经济管理系统。

第二类是增强政府收入能力、保证公共支出合理性的系统，包括金税、金关、金财、金融监管（含金卡）、金审五个业务系统。

第三类是保障社会秩序、为国民经济和社会发展打下坚实基础的系统，包括金盾、金保、金农、金水、金质五个业务系统。

1. 金财工程

“金财工程”是利用先进的信息网络技术，支撑预算管理、国库集中收付和财政经济景气预测等核心业务的政府财政综合管理信息系统（简称 GFMIS）。它是在总结我国财政信息化工作实践、借鉴其他国家财政信息化管理先进理念和成功经验的基础上，提出的与我国建立公共财政体制框架目标相适应的一套先进信息管理系统，是《国家信息化领导小组关于我国电子政务建设指导意见》中确定的十二个重点业务系统之一。

"金财工程"以覆盖各级政府财政管理部门和财政资金使用部门的纵横向三级网络为支撑，以细化的部门预算为基础，以所有财政收支全部进入国库单一账户为基本模式，以预算指标、用款计划和采购订单为预算执行主要控制机制，以出纳环节高度集中并实现国库资金有效调度为特征，以实现财政收支全过程监管、提高财政资金使用效益为目标，体现了公共财政改革的要求。

2. 金农工程（见图 5-6）

"金农工程"是 1994 年 12 月在"国家经济信息化联席会议"第三次会议上提出的，目的是加速和推进农业和农村信息化，建立农业综合管理和服务信息系统。

图 5-6　金农工程

"金农工程"的主要任务有四个：一是网络的控制管理和信息交换服务，包括与其他涉农系统的信息交换与共享；二是建立和维护国家级农业数据库群及其应用系统；三是协调制定统一的信息采集、发布的标准规范，对区域中心、行业中心实施技术指导和管理；四是组织农业现代化信息服务及促进各类计算机应用系统的开发和应用。

"金农工程"的目标是建立信息应用系统、构筑农业信息网络、造就信息服务队伍。在现有基础上，利用先进的信息技术手段，开发并运行由支持宏观决策、支持生产经营的各类应用系统组成的多元化的信息应用体系及相关的大型数据库群，加速农业综合信息数据库群和信息应用系统的建设，建立农业综合管理及服务信息系统。

3. 金盾工程

1998 年，国家公安部为适应我国在现代经济和社会条件下实现动态管理和打击犯罪的需要，实现“科技强警”，增强公安系统统一指挥、快速反应、协调作战、打击犯罪的能力，提高公安工作效率和侦察破案水平，提议建设“金盾工程”。

“金盾工程”实质上是公安通信网络与计算机信息系统建设工程，是利用现代化信息通信技术，增强公安机关快速反应、协同作战的能力，提高公安机关的工作效率和侦察破案水平，适应新形势下社会治安的动态管理。其目的是实现以全国犯罪信息中心（CCIC）为核心，以各项公安业务应用为基础的信息共享和综合利用，为各项公安工作提供强有力的信息支持。

“金盾工程”主要包括四个方面的内容，即全国公安综合业务网络的建设、全国公安信息中心建设、加强与完善各级公安指挥中心、全国公共信息网安全监控中心。

4. 金保工程

2002 年 10 月，劳动和社会保障部在辽宁省沈阳市召开了全国劳动保障信息化工作会议，“金保工程”全面启动。

“金保工程”是利用先进的信息技术，以中央、省、市三级网络为依托，支持劳动保障业务经办、公共服务、基金监管和宏观决策等核心应用，覆盖全国的统一的劳动保障电子政务工程。

“金保工程”的内涵可以简要概括为“一二三四”。

“一”是一个工程，指在全国范围建设一个统一规划、统筹建设、网络共用、信息共享、覆盖各项劳动和社会保障业务的电子政务工程。

“二”是两大系统，指建设社会保险子系统和劳动力市场子系统。

“三”是三级结构，指由中央（劳动保障部）、省、市三层数据分布和管理结构组成。

“四”是四项功能，指具备业务经办、公共服务、基金监管和宏观决策四项功能。

5. 金税工程

“金税工程”的全称为“中国税收管理信息系统”（CTAIS），是我国电子政务的核心系统之一，于 1994 年开始推行。该工程促进了税务管理的改革创新，推动了业务和技术在战略层面的结合，支持了税收征管专业化和精细化管理，为推动征管改革和加强税源管理提供了有力的支撑，为税收工作向现代化管理过渡奠定了基础。

“金税工程”三期的主要目标是充分利用现有信息化建设基础条件，通过“一个平台、二级处理、三个覆盖、四个系统”的建设，建立和完善中国税收管理信息系统。“一个平台”是指建立一个包含网络硬件和基础软件的统一的技术基础平台。“二级处理”是指逐步实现税务数据信息在总局和省局二级集中处理。“三个覆盖”是指应用信息系统逐步覆盖所有税种，覆盖税务管理的重要工作环节，覆盖各级国税、地税机关，并与有关部门联网。“四个系统”是指税收业务管理、税务行政管理、外部信息管理、决策支持管理四大应用系统。

6. 金关工程

“金关工程”是我国政府利用计算机网络技术，实现国家的对外经济贸易和相关领域的标准化、规范化、科学化、网络化和现代化管理的一项国家信息化重点系统工程。2012 年初，海关总署启动了“金关工程”二期立项申请工作，其建设目标是在一期建设的基础上通过总体设计、丰富应用、整合资源、创新科技、强化安全，将金关工程建设成进出口环节的企业诚信监督系统和海关服务进出口企业、优化口岸管理的辅助系统和口岸及进出口管理部门协作共建、信息共享、提升公信度的管理系统，不断优化海关监管和服务，保持国内相关领域的领先，并达到国际海关先进水平。

该工程的预期效果是实现进出口货物全过程可视化监控，对监控信息实时分析、风险研判、快速反应和应急处置；形成进出口企业进出口信用评价体系及口岸通关差别化管理机制；进一步优化保税货物的备案、通关、核销流程，实现与国际接轨的无纸化通关模式，有效促进加工贸易转型升级，大幅提升口岸通关效率，降低贸易成本，进一步优化海关监管与服务。

7. 金水工程

“金水工程”又称“国家防汛指挥系统工程”，目标是搭建一个先进、实用、高效、可靠并且具有国际先进水平的国家防汛抗旱指挥系统。它能为各级防汛抗旱部门及时、准确地提供各类防汛抗旱信息，并能较准确地作出降雨、洪水和旱情的预测报告，为防洪抗旱调度决策和指挥抢险救灾提供有力的技术支持和科学依据。

“金水工程”包括防洪和抗旱两个部分。防洪部分覆盖 7 个流域机构、24 个重点防洪省（市）和 224 个地级水情分中心；抗旱部分覆盖 31 个省（市、区）

267个地级旱情分中心以及与之相连的1265个易旱县旱情采集点。

“金水工程”的核心是为实现水利现代化提供信息化手段的支撑，首要任务是在全国水利业务中广泛应用现代信息技术、建设水利信息基础设施，通过提高防汛减灾、水资源优化配置、水利工程建设管理、水土保持、水质监测和水利政务等水利业务中信息技术应用的整体水平，带动实现水利现代化。

8. 金质工程

“金质工程”即国家质量监督检验检疫信息化工程，旨在改变目前我国质检系统信息化程度比较落后的局面，加大打假治劣的力度，提高质量监督检验检疫工作的效率。

“金质工程”的建设内容可以用“一网一库三系统”来概括，即建设质检业务监督管理系统、质检业务申报审批系统、质检信息服务系统“三系统”以及质检业务数据库群和软硬件网络平台。

“金质工程”建设有助于充分发挥质检工作在我国国民经济中的重要技术基础作用，有助于充分发挥质检工作服务经济、促进发展、严格把关、保国安民的职能，有助于提高产品质量、工程质量和服务质量，有助于深入开展打假整治、引导企业自律、加强政府监管的重要作用，有助于充分发挥质检工作在严把国门、维护国家利益方面的作用，既利用技术壁垒限制过量进口，又打破国外不合理技术壁垒，还有助于从源头抓质量，建立健全认证、认可、标准、计量检测体系和质量管理体系。

9. 金审工程

“金审工程”是“审计信息化系统建设项目”的简称。审计对象的信息化，客观上要求审计机关的作业方式必须及时作出相应的调整，要运用计算机技术全面检查被审计单位的经济活动，发挥审计监督的应有作用。1998年，审计署提出审计信息化建设的意见，并开始筹备“金审工程”。

金审工程的总体目标是建成财政、银行、税务、海关等部门和重点国有企业事业单位的财务信息系统，对相关电子数据进行密切跟踪，对财政收支或者财务收支的真实、合法和效益实施有效审计监督的信息化系统。该工程要逐步实现审计监督的三个“转变”，即从单一的事后审计转变为事后审计与事中审计相结合，从单一的静态审计转变为静态审计与动态审计相结合，从单一的现场审计转变为现场审计与远程审计相结合，增强审计机关在计算机环境下查错纠弊、规范管理、揭露腐败、打击犯罪的能力，维护经济秩序，更好地履行审计法定监督职责。

10. 金卡工程

“金卡工程”是1993年6月由江泽民同志亲自倡导实施的、以电子货币应用为重点启动的各类卡基应用系统工程，是我国信息化建设最早启动的“金”字工程之一，也是一项跨部门、跨地区、跨世纪的庞大社会系统工程。

“金卡工程”的广义是金融电子化工程，狭义是电子货币工程。“金卡工程”以计算机、通信等现代科技为基础，以银行卡等为介质，通过计算机网络系统，以电子信息转账形式实现货币流通。

“金卡工程”建设的总体目标是要建立起一个现代化的、实用的、比较完整的电子货币系统，形成和完善既符合我国国情又能与国际接轨的金融卡业务管理体制，在全国400个城市、覆盖3亿城市人口的广大地区，基本普及金融卡的应用。

在国家信息化领导小组的直接领导下，我国IC卡的开发生产和应用如雨后春笋般迅猛发展起来。目前已广泛应用于金融、电信、交通、商贸、旅游、社会保险、企业管理、税收征管、组织机构代码、医疗保险、银行账户管理及公共事业收费管理等领域。

11. 金贸工程

“金贸工程”的主要任务是在流通领域推行电子贸易，是继“金桥”“金卡”“金关”“金税”等工程之后促进流通电子化的工程，如图5-7所示。

图5-7 金贸工程

“金贸工程”旨在推进我国流通体制改革、流通体系建设和流通手段现代化的重大决策，解决在我国流通领域实施电子商务所遇到的有关政策和法律法规等方面问题，特别是解决有关网络通信保障、税收、网上交易合同的确认、交易结算的电子支付和网络客户身份认证等突出问题，逐步形成较为完善的电子商务保障体系和措施，制定电子商务运行的规范和标准。

"金贸工程"的主要内容包括：研究制定促进电子贸易发展的总体规划，研究制定我国电子贸易发展的政策法规，开发、建设具有中国特色和自主知识产权的电子贸易系统，规范电子贸易交易秩序，加强"金贸工程"的运行基础建设。

12. 金企工程

"金企工程"是国家经贸委所属的经济信息中心规划的"全国工业生产与流通信息系统"的简称，是指通过建立大量的各类产品数据库、企业数据库、行业数据库等形成的全国经济信息资源网，建立起的国家经济宏观调控支持系统。

"金企工程"旨在为国家宏观经济决策提供科学依据和信息服务，并为建立全国范围的电子市场奠定基础。1994年年底正式启动建设，由国家经贸委牵头 实施。

金企工程包括三个海量数据库，即各类产品数据库、企业数据库、行业数据库。金企工程建成后实际上将成为全国经济信息资源网，对国家经济宏观调控起到支持作用，为国家宏观经济决策提供科学依据和信息服务，同时为建立全国范围的电子市场奠定基础。

电子政务：典型案例二

佛山市电子政务云计算数据中心

为了加快推进电子政务资源整合、深化政务信息资源的开发利用、促进资源的共建共享、构建高效规范全面的信息化服务体系，广东省佛山市开展区级数据中心建设和电子政务资源整合，用虚拟化和云计算技术，建立起统一标准的电子政务基础设施平台。通过统筹规划、统一标准、统一管理、统一服务，该基础设施平台完善了城区电子政务资源体系的集约化建设、共享和开发利用。佛山市如图5-8所示。

图5-8 佛山市

佛山市通过云计算中心建设，建立统一标准的电子政务基础设施平台，云计算中心建设内容可以概括为：一项基础设施、四大云资源（网络云、计算云、存储云、备份云）、三套支撑体系（云管理体系、云安全体系和云维护体系），具体服务内容随着佛山电子政务（见图5-9）的建设过程不断丰富与完善。

云管理体系是政务云的管理中枢，负责资源的动态调配、云状态监控、资源消耗、费用计算等功能。云安全体系在传统的安全体系基础上，加大了对用户权限及信息访问控制的管理力度，提升了政务云的安全水平。云维护体系基于最新的IT服务管理理念，实现运维服务、运维管理和运维支撑工具的无缝连接，有效保障政务云的稳定、可靠、持续的运行。

图5-9　佛山电子政务4.0框架

佛山市大力整合基础设施资源，推进电子政务云建设。电子政务云建设包括“区电子政务中心机房改造”和“电子政务云云计算平台建设” 两个项目。

1. “区电子政务中心机房改造”项目

该项目统筹全区硬件资源，提高设备的使用效率和系统运行的可靠性，并逐步把中心机房现有的应用系统及新增系统迁移到云计算平台，以较小的投资实现服务能力最大化、维护成本最小化。2013年，虚拟化服务器数量达到100台，为禅城区数字档案系统、农村财务网上监控平台与农村集体资产管理交易平台、公有资产监管信息系统等区属单位应用系统提供平台支撑服务。

2. “电子政务云云计算平台建设”项目

该项目通过建立区级数据中心、梳理资源共享目录，搭建了全区统一数据交换共享平台，实现与省、市数据共享交换平台的技术对接。2012至2013年，综合治税参与部门依托数据共享交换平台，共享了19万条数据，有力地推动了禅城区协同治税工作的开展，也促进了禅城区协同审批工作，为创新行政审批形式提供了数据支撑。

二、智慧司法：助力公正审判

推动人民法院信息化建设是深化依法治国的重要方式和手段。最高人民法院积极推动全国法院政务网站建设，建立全国法院统一的诉讼公告网上办理平台和诉讼公告网站，加强全国审判流程信息公开网网站建设，完善审判信息数据及时汇总和即时更新机制，加快建设诉讼档案电子化工程，推动实现全国法院在同一平台公开审判流程信息，方便当事人自案件受理之日起在线获取审判流程节点信息。

例如，“天平工程”建设可以整合现有资源，推动服务法院工作和满足公众需求的各类信息化应用。根据《最高人民法院关于全面深化人民法院改革的意见》，到 2015 年年底，形成体系完备、信息齐全、使用便捷的人民法院审判流程公开、裁判文书公开和执行信息公开三大平台，建立覆盖全面、系统科学、便民利民的司法为民机制。到 2018 年，最高人民法院和高级人民法院主要业务信息化覆盖率达到 100%，中级人民法院和基层人民法院分别达到 95%和 85%以上。

“智慧司法”建立互联网诉讼平台，对于推动法律服务信息公开大有裨益，电子卷宗随案同步生成和深度应用，也便利了信息的存储和公开。

2017 年 4 月，量刑规范化智能辅助系统在海南法院试运行，截至 2017 年 12 月 5 日，有 307 位刑事法官使用该系统生成量刑表 1423 份，智能生成法律文书 1072 份。使用智能系统后，法官办理量刑规范化案件的时间缩短约 50%，制作裁判文书的时间缩短约 70%，制作程序性法律文书的时间缩短近 90%。高科技大幅减轻了法官办案的工作量，也使量刑更加现代化。

据国务院新闻办公室 2017 年 12 月 15 日发表的《中国人权法治化保障的新进展》白皮书，截至 2017 年 10 月 16 日，中国审判流程信息公开网累计公开案件信息项 83.3 万项，访问量达 253 万次；截至 2017 年 11 月 3 日，各级法院通过中国庭审公开网直播庭审 40.4 万件，观看量达到 30.1 亿人次，全国共有 3187 家法院接入中国庭审公开网，覆盖率达 90.43%。

2018 年 1 月 5 日，人民法院“智慧法院导航系统”上线运行。该系统依托百度地图，不仅覆盖全国四级法院、所有派出法庭等的导航信息，还实现了

12368 诉讼服务热线、审判流程信息公开网、裁判文书网、执行信息公开网、诉讼服务网等诉讼服务信息的集中入口展示，为用户寻找公开信息提供了方便快捷的入口。无论是上网查询相关材料，还是观看庭审直播，越来越多的人通过网络能够轻松获取依法公开的法律信息，如图 5-10 所示。

最高人民法院审判委员会专职委员刘贵祥曾说："智慧法院决不仅限于建设一些网络设施、应用一批业务系统、提供几种智能服务，更在于利用先进的网络信息技术推动整个法院审判执行方式的全局性变革，借助人工智能技术极大地辅助法官和办案人员提高公正司法和司法为民质效。"

图 5-10　智慧司法"网上纠纷网上了"（新华社图）

智慧司法：典型案例一

智慧司法

司法行政机关作为国家的行政机关，加强信息化建设，运用高科技服务司法行政工作，实现办公自动化、办案现代化，维护司法的公正和统一，已是势在必行、刻不容缓。加强政务公开与内部办公自动化系统的建设和应用，对于推进政府职能转变、规范行政行为、提高工作效率具有重要意义。

社区矫正、纠纷调解是基层司法工作两个最重要的工作方向。长期以来，社区矫正工作的开展存在 "位置查询难、犯人监督难、流程复杂、手续烦琐、部门协调难" 等一系列问题，急需通过有效的技术手段对监外执行的犯人进行管理和监督。矛盾纠纷预先发现和及时处理手段的缺乏，也是司法信息化迫切需要解决的重要问题。

江苏移动南京分公司在对基层司法系统充分调研的基础上，科学分析了社区矫正、纠纷调解及司法政务办公的详细工作流程，针对现有问题提出了系统的移动信息化解决方案，并帮助南京市司法局构建了“智慧司法”移动政务信息化系统。该系统目前主要分为移动司法政务专网、社区矫正移动管理信息平台、社会矛盾纠纷调解移动监管平台三个部分。其中移动司法政务专网、社区矫正移动管理平台已建成运行,社会矛盾纠纷调解移动监管平台已于2010年年底上线使用。

1. 移动司法政务专网

司法系统内部机构之间的管理方式正朝着越来越扁平化的方向发展，同时其内部机构的分布地域也越来越广泛，与其他部门和广大民众的关联性越来越紧密、相互影响度越来越强烈，这使得司法系统政府部门迫切需要把原有的各自孤立的局域网互联为一个整体，为电子政务系统构筑畅通、可靠、安全的网络信息传输的统一平台。

为满足南京市司法局下属13个区县、136个司法所与人民调解所的司法政务组网需求,江苏移动南京分公司在南京城域网上基于MPLS VPN技术构建了移动司法政务专网，纵向建立市、区县、司法所三级网络，横向同时为公安、法院、检察院预留网络接口，在安全保密的同时满足各部门间资源共享的需要。移动司法政务网络从整体结构上可以分为核心层、汇聚层和接入层三个层次，核心层和汇聚层是网络中心主体，也即政务网的骨干部分。骨干网是指市、区县各职能部门上连设备以上部分，市级骨干网作为全市数据交换平台，由运营商进行管理，是骨干网络的承载部分，包括核心层和汇聚层。骨干网主要使用千兆以太网技术、MPLS VPN技术，组建高速的宽带IP网。核心层的功能主要是完成全网业务的高速交换和路由转发，对网络的可靠性、业务的支持能力和数据的转发性能都有较高的要求，从设备的处理能力考虑，核心节点设备采用交换式分布处理体系骨干高端三层路由器，对所有端口提供线速支持能力，之间采用双GE光纤互联，形成环状结构。汇聚层节点作为每个区域的业务汇接中心起着承上启下的作用，上连骨干节点设备，下接各政府部门的局域网，实现流量的汇聚。接入层将136个基层司法所和调解处与市、区县两级主管部门联通，实现了数据的有效传输与共享。

2. 社区矫正移动管理信息平台

社区矫正是我国进行司法体制改革、建立和谐社会的重要举措，是对中国刑罚执行制度的探索与实践。针对目前开展社区矫正工作存在的位置查询难、犯人监督难、流程复杂、手续烦琐、部门协调难等一系列问题，江苏移动南京分公司融合中国移动先进的 LBS（Location-Based Service，基于定位的服务）技术与 MAS（Mobile Agent Server，移动代理服务器）技术，为司法管理部门提供了一整套规范化、系统化的社区矫正管理综合解决方案，构建了社区矫正移动管理信息系统，从而有效地实现了对监外执行对象的人性化实时监管，规范和简化了社区矫正工作的主要流程，提升了司法矫正工作的管理效率。社区矫正移动管理系统运用中国移动成熟的 LBS 技术，对社区矫正对象实施高准度、高密度的定位，限定矫正对象的一定活动空间，每隔 1 小时形成定位跟踪历史轨迹，将矫正机构监管的有形之手转化为无形之限，实际是将监狱的高墙电网扩建到了我们想要的空间范围，保证不出门就能及时掌控矫正对象的活动范围。这种利用技防措施增补人防手段不足的模式，增强了社区矫正监管工作的科技水平，实现了监管工作的全时制、全方位和远程化，做到了社区矫正的到位防控，也彻底转变了一线矫正工作人员的传统勤务模式，实现了各类矫正对象管理从静态到动态的成功转化，形成了提升社区矫正动态控制能力的新增长点。基于 MAS 技术的社区矫正移动管理信息系统将公益劳动、情况汇报、集中教育、心理矫治、走访谈话、外出审批、计分考核、审前调查和风险评估等日常工作内容，统一纳入平台界面，通过网上办公审批、电子档案管理、数据智能分析、手机定位监控等功能，全面整合了矫正工作中的各类信息资源，使原来的基础信息、专业数据活化起来，实现了社区基础工作向信息化、规范化管理的转变，大大提升了基层基础工作水平和工作质量。截至 2010 年 6 月底，南京市司法局已经利用社区矫正移动系统实现了市、区县、街镇司法行政机关三级联网，并与公安、检察院、司法等部门的矫正数据无缝衔接，实现网络管理 4569 人，建立电子档案 4569 人，移动手机定位监控 260 人，被监控人员无一脱管、漏管，无一再犯罪。

3. 社会矛盾纠纷调解移动监管平台

随着社会主义市场经济的发展，许多新的矛盾纠纷逐渐产生，矛盾纠纷的主体、内容日益多样化、复杂化。许多纠纷如果不能及时疏导化解，有可能引发群体性事件，甚至激化为刑事犯罪案件。人民调解已成为解决基层社会矛盾纠纷的重要途径和有效方法之一，成为维护全县社会稳定的重要力量。为了实时汇集全市重大社会矛盾纠纷和不稳定因素（重点人情况）预警信息，全面、即时掌握全市重大社会矛盾纠纷调处工作情况，指导全市区县、街镇两级调处中心社会矛盾纠纷排查调处工作，江苏移动南京分公司利用呼叫中心、视频会议、MAS、工作手机开发等通信与信息化手段，为南京市司法局开发了社会矛盾纠纷调解移动监管系统。

该系统建立了全市重大矛盾纠纷和不稳定因素信息库和区县、街镇及其专业调委会、专业调解工作室社会矛盾纠纷和不稳定因素信息库，具有信息受理、信息录入、更新提示、状态警示、工作互动等功能，对全市矛盾纠纷和不稳定因素实现动态化管理，对区县、街镇两级调处中心及其下属的专业调委会和工作室调处工作实现信息化管理；建立全市社会矛盾纠纷信息员工作档案，具有方位显示、实绩记载、统计查询等功能，对全市社会矛盾纠纷信息员工作业绩进行量化考核；利用短信、即时会话、视频会议、视频传输、常用表格下载等功能，对区县、街镇两级调处中心进行实时工作指导。

基于移动物联网技术，以移动司法政务专网、社区矫正移动管理信息平台、社会矛盾纠纷调解移动监管平台为基础构建的"智慧司法"移动信息化系统，将司法系统的各项工作从烦琐、无序、低端的工作中解放出来，集中精力从事核心事务，整体提高了单位办事效率和对信息的可控性，大大降低工作成本，提高了执行力，使司法政务管理更趋完善。"智慧司法"移动信息化系统大大降低了社区矫正对象改造后的重新犯罪率和对被改造者家庭的负面影响，及时疏导、化解社会矛盾纠纷。该系统的开发也是江苏移动南京分公司在司法政务领域ICT信息化拓展的一次成功探索，项目团队在ICT项目的需求分析、开发、测试、维护过程中积累了大量的实战经验，大大提升了移动政务信息化集成能力，进一步促进南京移动由传统通信运营商向ICT综合服务提供商转型。

三、智慧城市：通向美好生活

智慧城市是什么

2008年，IBM公司推出了"智慧地球"的概念。在IBM的大力宣传及广大媒体的推动下，"智慧城市"概念一经提出很快便在全球得到传播、接受并应用于实践。

智慧城市是运用物联网、云计算、大数据、空间地理信息集成等新一代信息技术，促进城市规划、建设、管理和服务智慧化的新理念和新模式。建设智慧城市，对加快工业化、信息化、城镇化、农业现代化融合和提升城市可持续发展能力具有重要意义[1]。

我国智慧城市的发展特征

从“十二五”开始，我国的无线城市和智慧城市进入规模化运营的高速发展时代。各地在实践中探索出中国特色的无线城市、智慧城市发展模式，总结起来，呈现如下特征：

一是智慧城市建设和发展总方针逐步形成。2013 年下半年，随着国务院批复国家八部委联合制定《关于促进智慧城市健康发展的指导意见》，中国智慧城市建设被正式纳入国家级产业发展战略。中央政府和各部委相继出台了智慧城市发展规划，地方相关法律法规和发展环境也在逐步完善，形成了理性推进、重点先行的发展方针，为智慧城市发展建设提供了良好的环境。

二是民生优先，试点先行，智慧城市建设成果突出。北京、上海（见图 5-11）、广州、杭州等为试点城市，基于智慧城市的实际建设需求，以关注民生为出发点，依托基础设施建设优势，整合资源，加强规划建设，注重发展质量，积极打造公共服务平台，提升社会治理能力、公共服务水平，并带动产业升级。智慧城市建设在交通、医疗、旅游、电子政务等方面已取得明显成效。

三是因地制宜，多元化发展。国内很多城市已经启动了电子政务、无线城市、三网融合、平安城市、产业园区、物联网、云平台、大数据中心等和智慧城市相关的项目建设。各城市建设的思路和方向呈现出多元化的发展模式，包括以北京、上海、广州等城市代表的全面发展型、以东南沿海发达城市为主的优势产业拉动型和以中小型城市为主的稳步发展跟进型。

图 5-11　智慧城市（上海）

[1] 戴源. 对新型城镇化背景下智慧城市建设之再认识. 中国工程咨询，2015（11）。

我国智慧城市的发展目标

2014年，经国务院同意，国家发改委、工信部、科技部、公安部、财政部、国土资源部、住建部、交通部八部委联合发布了《关于促进智慧城市健康发展的指导意见》。该指导意见提出，到2020年，我国将建成一批特色鲜明的智慧城市，增强聚集和辐射带动作用，综合竞争优势明显提高，在保障和改善民生服务、创新社会管理、维护网络安全等方面取得显著成效。2014年的《国家新型城镇化规划（2014—2020年）》也明确提出"推进智慧城市建设"，将智慧城市纳入国家级战略规划，代表着"智慧城市"建设正式成为国家行为。

为全面推进智慧城市建设，国家发展改革委、中央网信办联合印发了《新型智慧城市建设部际协调工作组2016—2018年任务分工》，加强对新型智慧城市建设工作的统筹协调，指导和推动各级各类智慧城市建设朝着规范、有序、高效的方向发展。组织对220个城市开展新型智慧城市评价，形成《新型智慧城市发展报告2017》，以评估促改进，以评估促发展。组织80个城市开展信息惠民试点，大幅提升政府公共服务水平。积极推进数字化城市管理工作，指导各地整合形成数字化城市管理平台。数据驱动的核心引擎作用在城市发展中的作用日益凸显，智慧生产、智慧生活、智慧生态、智慧治理深入发展。各地积极探索PPP（Public-Private Partnership，政府和社会资本合作）模式，构建包容普惠、汇聚众智、多元共生的新型智慧城市生态体系，积极推动智慧社区、智慧养老等应用服务。甚至，我国成为智慧城市领域多个国际标准化组织机构的发起国和核心成员，国家标准《智慧城市 技术参考模型》成果为国际标准提供重要支撑[1]。

推进智慧城市建设的总体要求和路径如下：

（1）按照走集约、智能、绿色、低碳的新型城镇化道路的总体要求，发挥市场在资源配置中的决定性作用，加强和完善政府引导，统筹物质、信息和智力资源，推动新一代信息技术创新应用，加强城市管理和服务体系智能化建设，积极发展民生服务智慧应用，强化网络安全保障，有效提高城市综合承载能力和居民幸福感受，促进城镇化发展质量和水平全面提升。

（2）以人为本，务实推进。智慧城市建设要突出为民、便民、惠民，推动

[1] 国家互联网信息办公室. 数字中国建设发展报告（2017年），2018.05.09。

创新城市管理和公共服务方式，向城市居民提供广覆盖、多层次、差异化、高质量的公共服务，避免重建设、轻实效，要使公众分享智慧城市建设成果。

（3）因地制宜，科学有序。以城市发展需求为导向，根据城市地理区位、历史文化、资源禀赋、产业特色、信息化基础等，应用先进、适用的技术科学推进智慧城市建设，在综合条件较好的区域或重点领域先行先试，有序推动智慧城市发展，避免贪大求全、重复建设。

（4）市场为主，协同创新。积极探索智慧城市的发展路径、管理方式、推进模式和保障机制，鼓励建设和运营模式创新，注重激发市场活力，建立可持续发展机制。鼓励社会资本参与建设、投资和运营，杜绝政府大包大揽和不必要的行政干预。

（5）可管可控，确保安全。落实国家信息安全等级保护制度，强化网络和信息安全管理，落实责任机制，健全网络和信息安全标准体系，依法管理网络和保护个人信息，加强要害信息系统和信息基础设施的安全保障，确保安全可控。

到 2020 年，建成一批特色鲜明的智慧城市，聚集和辐射带动作用大幅增强，综合竞争优势明显提高，在保障和改善民生服务、创新社会管理、维护网络安全等方面取得显著成效。智慧城市全景图如图 5-12 所示。

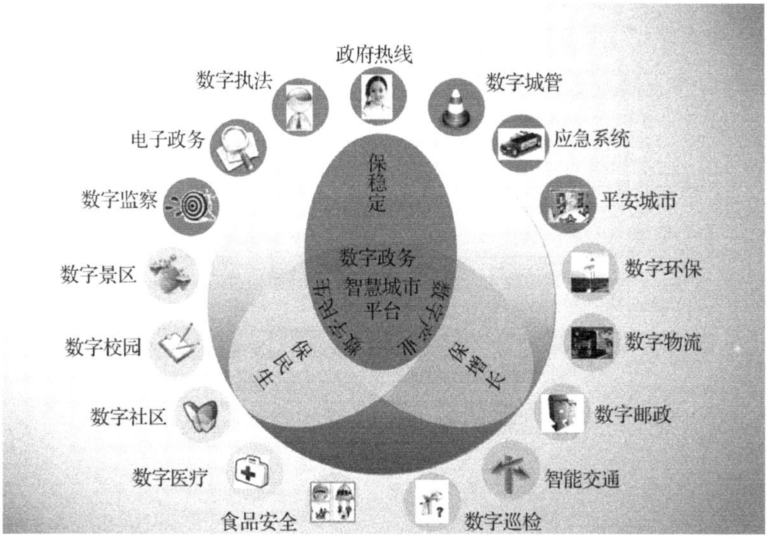

图 5-12　智慧城市全景图

图片来源：互联网。

我国智慧城市发展面临的问题

一是缺乏统一认识。各地盲目建设，存在着目标不明确、跟风建设、盲目投资、资源浪费等现象。

二是缺乏标准。方向把控不强，在技术层面无法实现系统的互联互通和信息的共享协同。

三是重使用、轻防护。系统不安全，诸多层面的建设存在安全风险。

四是重建设、轻创新和应用。智慧城市不智慧，各地建设的智慧城市大同小异、功能重复，且在建完之后缺乏专门的运营机制来支撑、维护，导致不能物尽其用，造成资源浪费。

智慧城市：典型案例一

中国智慧城市惠民发展评价指数

2016年1月23日，中国信息协会主办、《中国信息界》杂志社承办、中国信息协会信息惠民分会与中国智慧城市产业技术创新战略联盟协办，中国智慧城市发展研究中心、国家行政学院信息化与信息技术研究中心、中国社会科学院信息化研究中心等多家单位共同支持的“2016 中国智慧城市发展与合作年会”上正式发布《中国智慧城市惠民发展评价指数报告（2015版）》（以下简称“报告”）。智慧城市惠民的理论模型如图5-13所示。

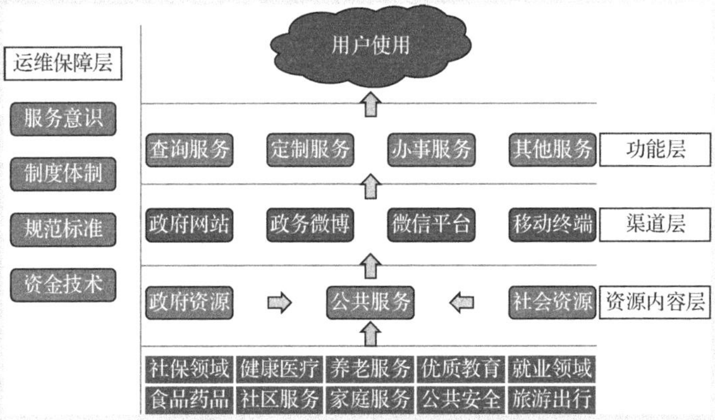

图5-13　智慧城市惠民的理论模型

该报告从344个明确提出“建设智慧城市”的地级市以上各部委试点城市

中，通过在线数据爬取和大数据分析等科学手段和方法，初步选取了排名前100的具有代表性的优秀惠民城市，并在此基础上，按副省级以上城市、省会城市、地级市城市进行划分，对这些入围城市的惠民发展情况展开进一步的系统调研评价，依据评价结果提出了相应的对策和建议。

依据评价结果，2015年度进入副省级以上“智慧城市惠民”排名前10名的城市有上海、北京、广州、哈尔滨、深圳、杭州、西安、重庆、青岛、南京，如图5-14所示。

排名	城市	总分	智慧城市服务平台	惠民服务实现程度	智慧城市惠民发展环境
1	上海	86.20	0.90	0.81	0.97
2	北京	85.10	0.85	0.83	0.96
3	广州	80.80	0.85	0.75	0.93
4	哈尔滨	77.00	0.77	0.73	0.97
5	深圳	76.60	0.83	0.72	0.74
6	杭州	76.40	0.79	0.71	0.93
7	西安	75.30	0.83	0.70	0.71
8	重庆	75.10	0.79	0.70	0.85
9	青岛	74.80	0.76	0.70	0.94
10	南京	73.70	0.76	0.71	0.78

图5-14 2015年副省级以上城市“智慧城市惠民”排名前10名

进入省会级“智慧城市惠民”排名前15的城市有广州、哈尔滨、杭州、西安、南京、合肥、成都、长沙、郑州、石家庄、南宁、太原、济南、武汉、长春，如图5-15所示。

排名	城市	总分	智慧城市服务平台	惠民服务实现程度	智慧城市惠民发展环境
1	广州	80.80	0.85	0.75	0.93
2	哈尔滨	77.00	0.77	0.73	0.97
3	杭州	76.40	0.79	0.71	0.93
4	西安	75.30	0.83	0.7	0.71
5	南京	73.70	0.76	0.71	0.78
6	合肥	71.00	0.66	0.72	0.86
7	成都	70.40	0.65	0.71	0.89
8	长沙	70.10	0.78	0.6	0.89
9	郑州	69.70	0.71	0.67	0.78
10	石家庄	68.80	0.71	0.67	0.69
11	南宁	68.70	0.71	0.65	0.78
12	太原	68.70	0.71	0.65	0.78
13	济南	68.20	0.72	0.6	0.94
14	武汉	68.10	0.72	0.63	0.78
15	长春	67.10	0.72	0.61	0.78

图5-15 2015年省会级城市“智慧城市惠民”排名前15名

进入地级市“智慧城市惠民”排名前20的城市有佛山、本溪、威海、宜昌、苏州、上饶、珠海、大庆、泉州、芜湖、新余、无锡、嘉兴、潍坊、徐州、桂林、温州、东莞、扬州、莆田，如图5-16所示。

排名	城市	总分	智慧城市服务平台	惠民服务实现程度	智慧城市惠民发展环境
1	佛山	72.40	0.80	0.66	0.74
2	本溪	71.50	0.81	0.68	0.51
3	威海	70.70	0.79	0.71	0.89
4	宜昌	70.40	0.82	0.63	0.66
5	苏州	70.20	0.82	0.63	0.66
6	上饶	68.70	0.74	0.53	0.35
7	珠海	68.10	0.72	0.70	0.35
8	大庆	67.30	0.72	0.70	0.35
9	泉州	67.20	0.71	0.50	0.50
10	芜湖	67.00	0.75	0.50	0.50
11	新余	66.90	0.73	0.57	0.89
12	无锡	66.80	0.78	0.59	0.43
13	嘉兴	66.30	0.73	0.57	0.89
14	潍坊	66.00	0.76	0.53	0.35
15	徐州	65.90	0.62	0.45	0.24
16	桂林	65.50	0.61	0.73	0.46
17	温州	64.80	0.80	0.66	0.74
18	东莞	64.60	0.68	0.61	0.53
19	扬州	63.30	0.72	0.70	0.35
20	莆田	63.20	0.63	0.67	0.89

图5-16　地级市城市“智慧城市惠民”排名前20名

智慧城市：典型案例二

智慧上海（见图5-17）

1. 基础设施

从2011年开始，上海电信面向家庭和政企宽带用户，先后实施6次“智慧城市”宽带大提速。截至2014年年底，上海已全面完成城市化地区光网覆盖，覆盖能力超过840万户。上海电信目前拥有宽带用户已经达到530万户，其中，光网用户数达到440万户，百兆宽带用户超过30万户。2015年3月起，上海市第七次“智慧城市”宽带大提速开启，预计到2015年底，可让100万用户用上百兆宽带。

图 5-17　智慧上海

2. 智慧旅游

近年来，上海把加快智慧旅游发展作为建设世界著名旅游城市的一项重要举措，不断探索运用现代信息技术完善旅游公共服务体系、提高旅游管理服务水平、促进旅游产业融合创新、提升城市旅游品牌形象，积极推动上海旅游业向现代服务业转型，为民众提供丰富多彩的旅游产品和服务。未来，上海将继续着眼游客、市民和涉旅企业的需求，聚焦线上线下资源的整合和共享，聚焦公共支持平台的建设和开放，聚焦信息发布和服务到位，完善旅游公共服务，深化旅游市场监管，引导智慧旅游营销，进一步推进智慧旅游健康生态系统的形成，力争把上海建设成为国际知名、国内领先的智慧旅游城市。

3. 智慧健康

上海的“智慧健康”工程已经有了大量铺垫，而且成效明显。目前，已联网 38 家市级医院，开通市级医院专家门诊预约、跨院一站式付费等多项服务。此前上海启动建设的上海健康信息网工程，实现了全市各级各类公立医疗卫生机构的互联互通，建立了国内最大样本量的健康信息库，包括 2700 万份动态电子健康档案以及 38 亿条个人诊疗记录；启动了为老服务平台，使老年居民可以通过网络、电话、手机 App 等多种渠道，获得紧急救助、主动关爱、居家养老、医疗健康等服务。同时，上海利用物联网技术开展“智慧医疗”（见图 5-18），对老年居民的血压、血糖等体征指标进行日常监护和智能管理。

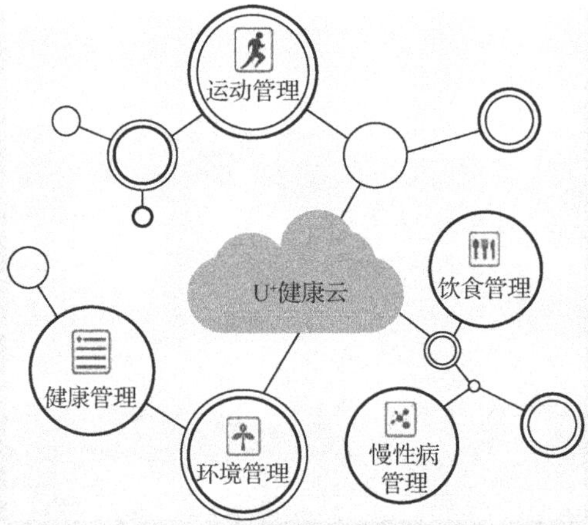

图 5-18　智慧医疗

4. 食品安全

上海在全国最早建立起了猪肉和蔬菜追溯体系，但只能追溯到产品的流通环节，很难追溯到产地，更别说田头了。因此，真正做到食品安全，必须建设“一追到底”的食品安全信息追溯体系。目前上海正在筹建可追溯食品安全信息的“高速公路”，并视具体情况开放“匝道”，供食品安全相关监管部门和涉及畜产品及其制品、蔬菜、乳品等食品生产经营者上传或下载食品安全信息。该“高速公路”建成后，将打破食品在种养殖、生产、流通等环节以及相应监管部门之间的信息壁垒，让食品安全信息能够真正一查见底。

5. 智慧社区

2012 年，上海市经济和信息化委员会启动了智慧社区试点示范工作，共在全市 17 个区县确定了 50 家试点社区。各试点社区以居民的需求为导向，围绕社区生活服务、社区管理及公共服务、智能小区和智能家居等方面，因地制宜地探索智慧社区建设，取得了初步成效。针对智慧社区建设的共性需求，上海发布《上海市智慧社区建设指南（试行）》，指导街镇开展智慧社区建设工作。2014 年，市经济和信息化委员会借鉴智慧社区建设经验，会同市农委启动了智慧村庄试点工作，以农村信息基础设施高速泛在、公共服务便利化、村庄治理信息化为重点，在相关区县试点推进 20 个智慧村庄建设。

6. 智慧园区（见图 5-19）

作为智慧园区建设的先行城市，上海近年出台和实施了一系列政策和措施推进智慧城市建设。2013 年上海市经济和信息化委员会制定出台了《关于加快推进本市智慧园区建设的指导意见》，提出了上海智慧园区“围绕一个目标、聚焦四个重点、促进两个转变”的推进思路。上海还起草制定了国内首个智慧园区地方标准——《智慧园区建设与管理通用规范》，率先提出了包括设施、管理、服务、产业等在内的完整的智慧园区总体框架，创新性地对工业区、商务园、科技园、创意园等不同的园区类型提出了差异化建设内容。

图 5-19　智慧园区

7. 电子政务

上海全力推进网上政务大厅建设、社会信用体系建设和政府信息资源共享与开放，未来 3 年主要有五项重点工作：一是升级改造网上政务大厅，建设统一标准的市区两级网上政务大厅，形成网上政务“单一窗口”；二是改版“中国上海”门户网站，更加突出网上政务大厅，优化网上办事、信息公开、公众服务、效能监察等核心栏目设置；三是推进单部门审批事项统一上网，全面梳理单部门审批事项，逐步统一接入网上政务大厅；四是深化拓展重点协同应用，继续推进企业设立和建设工程并联审批；五是推动政务信息资源整合与共享，推动各部门政务平台互联互通，逐步实现与电子政务云和大数据平台对接。

8. 数据开放

上海力争通过 3 年时间，完成各政府部门的信息系统所承载的信息资源的分类、目录编制和注册工作，实现全市政府数据资源目录的集中存储和统一管理。上海政府部门掌握的信息数据资源，只要不涉及国家安全、商业秘密和个人隐私的，尽量都向社会开放，按照“负面清单”原则，只要不是不可公开的，就全部公开。

9. 应急平台（见图 5-20）

上海将积极应用大数据等新一代信息技术，实现对风险的实时监控、实时防范，由此提升城市应急预警能力，促进新兴行业的发展。上海在融合大数据、移动互联网、智能传感设备等新一代信息技术所形成的智慧应急领域已形成产业特色，在国内具有比较明显的优势，产业基础扎实。政府部门将通过政策、资金、项目等手段，促进智慧应急产业的发展，重点瞄准地铁交通、大型商圈、安全生产、重大展会等领域，通过管理制度与技术支撑的结合，提升城市的整体安全保障水平。

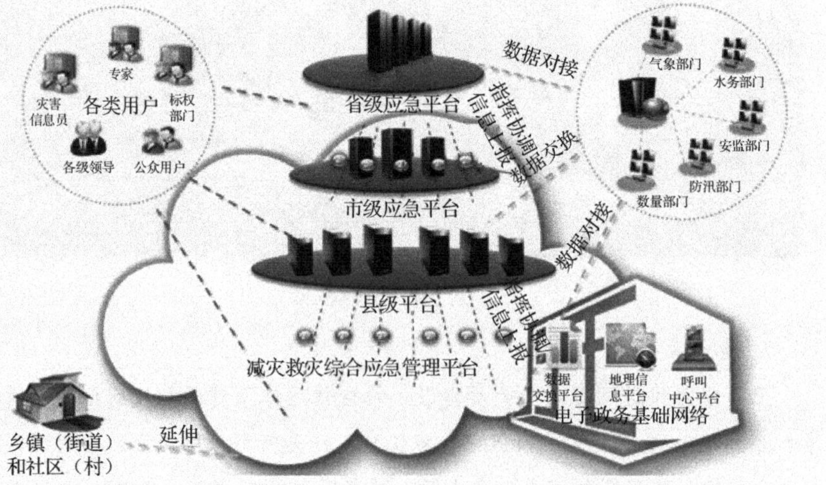

图 5-20 应急平台

智慧城市：典型案例三

智慧深圳（见图 5-21）

“智慧深圳”的愿景是建设“人文深圳、创新深圳、绿色深圳”，并以此作为建设国家创新型城市的突破口。智慧深圳的总体目标是建设“智慧产业生态系统”和“智慧城市生态系统”两大智慧生态系统。“智慧深圳”将充分利用信息技术，分析整合城市运行的关键信息，对各方需求作出智能响应，形成新的生活、产业发展、社会管理模式，构建面向未来的全新的城市形态。打造以无线城市为载体的“智慧深圳”，将是深圳未来继续保持发展优势和核心竞争力的有力保障。

图 5-21　智慧深圳

建设“智慧深圳”主要围绕以下方面展开：第一，着力构建开放互联的信息资源共享体系；第二，着力构建高效便民的公共信息服务体系；第三，构建国际先进的信息基础设施体系；第四，着力构建创新高端的电子信息产业体系。此外，在信息安全方面，注重顶层设计和网络信任体系建设，特别是网络信息安全实时监测平台，加强对重要领域、行业信息的监管。深圳的总体目标是通过建设智慧城市，打造一个高水平的“深圳质量”，实现从“深圳速度”到“深圳质量”的跨越。

1. 基础设施

近几年，深圳市政府加快推进公共场所 WLAN 免费接入服务，通过政府购买服务方式，在行政服务大厅、市政公园休憩区、口岸及交通枢纽候客区等人流较密集、窗口功能突出的公益性公共场所，为市民提供免费的 WLAN 接入服务。深圳市政府 2014 至 2016 年，每年安排超过 3000 万元购买公益性公共场所的免费 WLAN 接入服务，为市民提供信息福利，其中市财政补贴资金 1500 万元。

2. 电子政务

深圳市已建成面向个人和企业的统一电子公共服务门户，初步实现了公共服务一体化、便捷化、个性化。政府门户网站共向公众和企业提供约 3800 项网上服务，基本实现了服务事项一站式办理，处于全国领先地位。“12345”公共服务呼叫中心初步实现了“一个号码对外”，为市民提供全方位、全天候、高效率的政府公开电话服务。此外，深圳市经贸信息委还建成了全市电子政务云平台，为全市各部门电子政务应用统一提供计算、存储等基础设施资源，以节约财政投资、避免重复建设、推动信息共享。

3. 信息安全（见图5-22）

在加强网络信息安全方面，深圳出台了《深圳市电子政务信息安全管理试行办法》，建成了全市党政机关网络信息安全监测预警平台，在电子政务公共服务里实现多证书的“一证通用”，在国内率先将“信息安全”纳入政府绩效评估指标，不断改善全市信息安全事件，年均递减30%，全市的重要信息系统等级保护定级也在全省排在前列。

图5-22 信息安全

4. 智慧旅游

国家旅游局把2014年定为“智慧旅游年”，以智慧旅游为主题，引导智慧旅游城市、景区等旅游目的的建设，尤其要在智慧服务、智慧管理和智慧营销三方面加强旅游资源和产品的开发和整合。为紧跟时代的步伐，深圳市旅游协会在深圳市文体旅游局的指导下，开展“深圳旅游”微信公众平台建设工作。经过前期认证及3个月的试运营，在2014年5月19日中国旅游日当天，“深圳旅游”官方微信公众平台正式投入运营，与广大深圳市民及各地游客见面，深圳旅游开启全新网络互动营销模式。

5. 智慧医疗

“健康云”（见图5-23）由深圳市卫计委和深圳市科创委组织，深圳市医学信息中心联合深圳市超算中心具体落实，以市民健康档案为基础，建立覆盖医疗卫生体系的信息共享平台，围绕居民医疗健康需求提供快捷的健康信息服务。“健康云”的数据整合平台包括居民电子健康档案管理、健康信息服务、医院信息化系统、远程健康管理、自助健康体检等功能模块。目前深圳市健康云平台已经覆盖全市 58 家公立医院及 634 家社区医疗机构，纳入 1600 多万居民的健康档案信息、超过 10 亿条诊疗数据，全年门诊量达 7900 多万人次，标志着深圳市在医疗健康领域的信息化已走在了全国前列。

图 5-23 健康云

6. 智慧交通

2014 年 9 月，深圳正式推出“交通在手”4.0 版本手机客户端及微信公众号，为市民提供全市 700 多条公交线路实时到站信息的查询服务，市民乘坐公交不用再盲目“人等车”，而是可以有计划地安排出行时间，实现“车等人”。“交通在手”App（见图 5-24）是目前国内覆盖线路最广的手机电子公交站牌软件，覆盖了全市三家公交特许经营企业运营的绝大多数公交线路。这是互联网技术应用到传统的交通运输行业后发生的新变化，既提升了公交监管和运营效率，也有助于改善公交服务水平。

图 5-24 “交通在手”App

四、信息公开：促进"阳光"执政

改革开放 40 年来，政府信息公开从有限赐予到有责提供，公众获得信息从被动接受到主动参与公共治理，行政过程从结果公开到全面公开，中国政府正加速走向"开放型政府"[1]。

在大数据时代，政府数据共享（国家安全相关数据、保密数据和隐私数据除外）的意义，不仅是满足公民的知情权，更在于让大数据时代最重要的生产资料——数据自由流动起来，创造更加富有责任感、更有效率、更透明的政府，并催生创新和经济增值，推动信息经济的发展，促进我国经济增长，提升我国的全球竞争力。

信息公开的发展历程

我国政府的信息公开经历了一段漫长的发展过程。

- 第一个国家信息化规划。2002 年 10 月，《国民经济和社会发展第十个五年计划信息化重点专项规划》颁布，这是我国编制的第一个国家信息化规划。
- 《中国电子政务干部知识读本》。2002 年 10 月，国内第一套完整、全面地向社会各界尤其是党政干部、广大公务员介绍中国电子政务的系列教材之《中国电子政务干部知识读本》首发式在北京人民大会堂举行。
- 关于进一步推行政务公开的意见。2005 年 3 月，中共中央办公厅、国务院办公厅《关于进一步推行政务公开的意见》出台。
- 中央政府门户网正式开通。2006 年 1 月，中央政府门户网正式开通，标志着国家的电子政务建设发展到了新的阶段。该网站的开通被视为构建公开、统一、透明、阳光型政府的重大举措。
- 《中华人民共和国政府信息公开条例》。2008 年 5 月，《中华人民共和国政府信息公开条例》正式施行，信息公开成为政府的法定职责。此前，广州市于 2003 年 1 月在全国率先实施《政府信息公开规定》，该规定是我国地方政府制定的第一部全面、系统规范政府信息公开行为的政府规

[1] 本刊首席时政观察员，改革开放30年系列之六 国家能力与政府治理的模式创新. 领导决策信息，2008（11）。

章。

- 新闻发言人制度。我国政府的新闻发言人制度始建于 1983 年外交部首设新闻发言人之后，各级地方政府也相继建立了新闻发言人制度。2003 年 1 月，北京率先要求市局级以上单位建立新闻发言人制度。目前，我国的新闻发言人制度已“遍地开花”。
- 《国家电子政务总体框架》。2006 年 3 月，《国家电子政务总体框架》出台，明确提出到 2010 年“基本建成覆盖全国的统一的电子政务网络，50%以上的行政许可项目能够实现在线处理”。
- 南京“权力上网”。2006 年 2 月，南京市出台了《加快电子政务建设，构建权力阳光运行机制的意见》，明确要求全市各部门两年内基本建成行政权力阳光运行工作机制。
- 重庆自主新闻发布会。2007 年 11 月，重庆举行了首场自主新闻发布会，成为继上海之后第二个推出自主新闻发布制度的省市。重庆把突发公共事件纳入了发布范围，力争第一时间举行自主新闻发布会，满足公众知情权。
- 杭州网络直播政府会议。2008 年 4 月，杭州市政府首开先河，在其门户网站视频直播第 26 次市政府常务会议全过程，并实现与市民的在线同步互动。
- 上海公开交通大数据。2015 年，上海市首次开放十大领域总容量达上千 GB 的交通大数据，包括城市道路交通指数、地铁运行数据、一卡通乘客刷卡数据、浦东公交车实时数据、强生出租车行车数据、空气质量状况、气象数据、道路事故数据等。同时，上海还面向全球征集改善城市交通、便利市民出行、创新商业模式的应用程序和解决方案，实现以开放数据为基础的协作。

阳光政府建设

近年来，政府大力推进信息公开，致力于阳光政府建设。党政干部对政府信息公开的认识有了很大改变，政府信息公开的范围不断扩大，公开的形式越来越丰富，有关信息公开的各项制度越来越完善。各级政府机构通过建设官方网站、开通官方微博和微信平台、组建专门的网络新闻发言人队伍等方式，进一步加强政务公开。中央部委首次向社会公开了“三公”经费情况，各地也相继公开了“三公”经费情况，标志着我国政府信息公开工作的进一步深化。

信息公开发展面临的问题

一是制度供给上存在缺陷。《中华人民共和国政府信息公开条例》是国务院颁布的行政法规，在我国的法律规范体系中的位阶不够高，只能覆盖行政机关而不能覆盖所有的公共部门，且地方和各部门缺乏相应的配套立法，制度建设进展缓慢。数据开放和信息公开的制度保障严重缺失和不足，虽然已有部分地区先后出台了数据共享和信息公开的政策，但从全国范围和国家角度来看，相应的保障制度建设还处于严重滞后和不健全的状态。

目前，我国数据共享和信息公开的基本法律依据是《中华人民共和国政府信息公开条例》，但其只是行政法规而没有上升到立法的层面。随着数据公开和信息公开的逐渐扩展和放开，该条例很难为数据共享和信息公开提供健全的保障。不仅如此，与数据共享和信息公开密切相关的《保密法》也严重滞后，其规定的定密和解密程序、泄密处罚以及救济机制等制度设计已与当前大数据时代的环境不相匹配。此外，对于属于国家秘密的数据信息，《保密法》也没有全面覆盖和明确界定，涉密以外的政府数据哪些应该向社会开放、哪些可以公开也没有标准，使得我国数据共享和信息公开处于有法难依、无法可依的尴尬境地。

二是公开范围存在不足，各部门间数据孤岛现象严重。目前信息公开主要涉及行政机关，未包括党委、人大、司法机关和其他公共机构。而且相当数量的相关人员在认识上存在偏差，没有认识到政府信息是一种公共资源，而是把它当作部门所有的资料，信息公开不够及时、全面、充分，部分信息的公开存在相互推诿的情况，公众获取政府信息的渠道有限。

所谓数据孤岛是指，由于数据标准等原因，不同信息系统之间的数据无法兼容，从而形成了一个个的“孤岛”。数据孤岛的产生，主要是由于不同部门在建设信息系统时，缺乏顶层设计和整体发展战略，导致不同的信息系统之间很难兼容，整合代价昂贵。目前我国缺乏各部门信息协同分享的机制建设，其结果是国家信息化管理体制中存在的职能交叉、部门分割、管理不到位、协同发展能力较差等一系列问题始终没能得到解决，数据孤岛在我国当前政府部门的信息化系统之间成为一种普遍现象。数据孤岛严重阻碍了我国政府大数据的利用，是未来推进政府数据共享制度建设的首要关键。

三是技术支撑不足，数据标准不统一，平台建设不足。数据共享和信息资源的公开不仅涉及制度和管理层面的问题，其本身更是技术层面的问题。政府数据和信息的获取、存储、管理、分析、应用、开放、共享、公开和保护，每个程序都涉及相关的技术问题，我国对此方面的技术保障尚显不足。

此外，缺乏统一的数据共享和信息公开基础平台作为数据公开的渠道，数据共享和公开无法真正落地。虽然各地、各层级的政府先后建立了政府门户网站，用于公开相关的政务信息，但全国范围内的数据开放和共享平台建设还严重不足，各种基础数据的数据库和数据平台建设情况也参差不齐，而且缺乏统一的数据标准，难以保证数据开放和共享的质量，共享数据的可用性较差。

四是数据应用方向有待探索和挖掘。从政府开放数据的角度来看，还有更多应用方向值得探索和挖掘。仅从优化政府管理能力和水平的需求上，一些常见的公共社会问题的监督、协调、管理就都可以通过大数据应用来实现和提高，例如，反恐维稳、公共交通管理、节能减排、灾害防控、食品安全等，甚至是反腐倡廉工作也可以从社会经济层面上利用大数据应用提供数据信息支持。

信息公开：典型案例一

全球数据开放全景图与政府行动计划

数据开放首先从聚焦民生开始。在 193 个联合国成员国中，有 130 个国家在政府开支上实现了数据共享。在教育、卫生、劳动力、环境和社会福利领域实现数据开放共享的国家分别为 115 个、109 个、107 个、106 个和 94 个。

美国政府公开来自政府卫星和地面气象站的数据，直接推动了美国气象信息产业的形成与发展，包括气象预报、商用农业咨询服务以及新的保险服务等。美国政府还公开了全球定位信息 GPS。之前这一领域的数据只保留给军事用途，现在已经开放给民用和商业领域，推动了一系列以 GPS 信息为基础发展起来的产业，包括航空器导航、精确播种和各类 LBS 服务等，给美国总的经济规模每年贡献多达数十亿美元的价值[1]。

从欧盟的数据开放情况来看，围绕民生需求的数据比重最高，也颇受用户欢迎。欧盟主要国家英国、法国、德国、意大利参与签署的《数据开放宪章》提到的 14 类高价值优先开放数据中，与民生相关的多达 9 类（如社会福利、交通、医疗、教育等）。

再来看各国的政策。2009 年 5 月，美国联邦政府宣布实施“开放政府计划”（Open

[1] 张茉楠. 大数据时代的国家治理转型. 中国工业评论，2016（1）。

Government Initiative），提出利用整体、开放的网络平台，公开政府信息、工作程序和决策过程，以鼓励公众交流和评估、增进政府信息的可及性，从而提高政府效率、增进与企业及各级政府间的合作，推动政府管理向开放、协同、合作迈进。

截至2012年11月底，美国政府数据网站有37.853万个原始数据集和地理空间数据集、1264个政府应用程序、236个公民开发的应用程序、103个移动应用程序，覆盖180个机构和子机构。公众的参与和协作是美国政府数据网站成功的关键。Data.gov的一个主要目标是改善美国民众访问联邦政府数据的条件，打破政府和公众之间的数据壁垒，通过鼓励创新的想法（如Web应用），对这些数据进行创造性地使用。

英国以数据开放推动"透明政府"建设。"2013年全球数据开放报告"对地理环境、土地持有、人口、政府预算、政府财政支出、公司注册、法律、公共交通、国际贸易、健康、教育、犯罪数据、环境统计和选举结果14类数据开放进行了综合评估，英国凭借较高的数据开放程度综合排名第一。

英国政府大数据开放战略的主要内容包括：

（1）构建数据开放的公共评价体系。2012年6月，英国政府发布了《开放数据白皮书》（Open Data White Paper），还建立了一套对公共部门开放数据程度的评价体系，对各公共部门完成开放数据任务情况进行审计。

（2）形成数据清单，统一数据编码。2013年10月31日，英国政府发布"英国国家开放政府合作伙伴关系2013—2015行动计划"，提出将继续发布其所拥有数据的清单，包括已经公开的及尚未公开的。

（3）英国政府承诺，要求地方政府按照统一的地方政府数据代码发布关键信息和数据，把更多的权力交到公民手中，让公民更方便地参与到地方决策制定过程中，并提供更好的公共服务。

（4）设立透明委员会，负责研究制定英国政府数据开放政策。

信息公开：典型案例二

政府信息公开典范——上海市12345市民热线[1]

在信息公开中，咨询类信息申请占行政机关政府信息公开申请受理工作的

[1] 肖卫兵. 信息视角下的12345市民热线建设. 检察风云-社会治理理论专刊，2015（2）。

比重不少。从2004年5月1日实施《上海市政府信息公开规定》以来，10年间在政府信息公开过程中收到1.6多亿人次的电话咨询，平均每年1600多万人次。上海市12345市民热线（见图5-25）正是注重信息和信息流通的信息社会的产物，它具有量大、便民、快速和可再利用等优点，顺应了信息社会的发展潮流。自2012年10月8日开通以来，市民服务热线践行“市民至上、倾心服务”的宗旨，全天候向社会提供优质服务，收获了社会各界的广泛好评。更为可贵的是，市民服务热线以自我加压的精神，开始了为优化政府决策、促进行政效能、提升服务质量的新探索。

图5-25　上海市12345市民热线办公场所

市民服务热线形成了涵盖市政府文件、热线规章、热线管理办法、热线业务流程与话术、热线岗位及工作职责、内部管理制度6大类61项规范性文件。在由规范性文件进行工作上的指导外，市民服务热线工作人员严格执行“1-5-15”热线事项办理时限标准，建立了退单和抽听电话质量分析工作机制以及紧急事项、次紧急事项处置工作流程，时限要求是对工作人员的硬性标准，该标准的执行情况直接与绩效考核挂钩。

市民服务热线采用先进的技术手段，能够达到事半功倍以及“意想不到”的效果。例如，条件成熟时引进地理信息系统（GIS），该系统可以有效地将市民拨打热线的情况记录、标记在地图上，通过地图上不断积累的信息和数据，市民服务热线的工作人员能够了解什么时间、什么地点会出现突然激增的电话量，观察总结出一些现象，并对一些非常规事项进行预测，也使得相关政府部门能够及时应对突发事件，走在市民的前面为百姓提供服务。这是一个既便利政府工作、发挥政府效能，又可以服务市民的先进技术。GIS 系统也可以提供数据，庞大的数据库让政府相关部门了解到什么地点、什么时间已经发生或者将要发生的事情，进而采取行动以降低市民损失和行政成本，达到“服务市民”“服务政府”的双重效果。上海 12345 市民服务热线 App 界面如图 5-26 所示。

图 5-26　上海 12345 市民服务热线 App 界面

五、信息惠民：提供便捷服务

信息惠民的重要意义

李克强总理在 2015 年的政府工作报告中明确提出“立国之道，唯在富民”的建国原则。“惠民”始终是人民政府一切工作最根本的出发点和落脚点，而解决当前体制机制和传统环境下民生服务的突出难题自然成为各级政府的工作重心。信息惠民工程的实施是信息化带动和促进民生领域跨越发展的战略选择。以信息化为抓手，以社保、医保、教育、养老等各项惠民的需求为导向，通过拉动消费、促发展、惠民生的综合实践，可以探索将城镇信息化的各类相对独立的提法整合成以“惠民生”为主线的体系，在“以服务公众为中心”的实践中逐步完善。信息惠民如图 5-27 所示。

图 5-27 信息惠民

当前是我国全面建设小康社会的关键时期，也是在重大民生问题和民生需求上实现突破的重要战略机遇期，既面临社会流动性和开放性的日益增强，以及民生诉求多样化、利益多元化、服务个性化、方式便利化的新形势，又迫切需要有效破解民生领域公共服务资源短缺失衡、区域城乡差距扩大、均等化普惠化水平不高等老问题。实施信息惠民工程，拉动消费、促发展、惠民生，是以信息化带动和促进民生领域跨越发展的战略选择，是提供广覆盖、多层次、差异化、高品质公共服务的有效途径，有助于优化社会资源配置、创新公共服务供给模式、提升均等化与普惠化水平，也将有助于培育新型业态和新的经济增长点，对促进信息消费、提升基本公共服务水平、加强和创新社会管理、构建和谐社会等具有重要意义。

信息惠民建设的成效

信息惠民国家试点工作有序稳步推进，总体建设成效显著，具体体现在以下方面：

一是工作机制高效，政策环境完备。建立了“一把手”领导协调、多部门协商决策的工作机制，包括管理模式创新、公共服务驱动、业务流程优化。

二是信息开发彻底，信息共享面广。广泛应用大数据、云计算、移动互联网等新兴电子技术，推出智能政务平台、手机 App、一体化市民卡等服务。

三是综合成效显著，特色功能多样。交通、教育、医疗、社保、就业、社区、公共安全、食品安全等综合服务能力得到极大提升，并多元化地建设了农业、旅游、文化、少数民族、国际区域发展、地质灾害服务等特色信息化系统。

四是市场参与度深，PPP 模式应用广泛，鼓励、支持私营企业参与信息惠民工程建设。

通过实施信息惠民工程，实现信息化与民生领域应用的深度融合，进一步发挥信息化对保障和改善民生的支撑性和带动性作用，信息惠民应用取得显著成效。教育、医疗、社保等基本公共服务有效供给逐步优化，均等化程度明显提升。养老、就业等公共服务模式不断创新，一体化服务能力逐步加强。社会信用、城市和社区管理、食品药品安全监管等社会管理的模式不断创新优化，多部门联合、传统方法与现代手段结合的综合化管理体系初步建立。公共安全、城市管理等科技支撑手段不断升级完善，智能化水平稳步提高。城乡、区域信息基础条件差距逐步缩小，普惠化水平全面提升。教育、医疗、养老、社保等领域新型信息服务更加活跃，信息消费需求进一步释放。智慧医疗（见图 5-28）正是信息化提升惠民服务水平的突出领域。

图 5-28　信息惠民工程——智慧医疗

2014 年，国家发展改革委等 12 部门将全国 80 个城市列为信息惠民国家试点城市。通过试点，可加快提升公共服务水平和均等普惠程度，推动城市各政务部门的互联互通、信息共享和业务协同，探索信息化优化公共资源配置、创新社会管理和公共服务的新机制新模式，并为全面实施信息惠民工程积累经验。

信息惠民发展面临的问题

一是不同城市间的信息惠民工作存在较大差异。城市的经济水平、信息化水平、试点建设的组织机制、制度设计等导致了城市间的差异。

二是信息惠民与城镇化和农业现代化的融合有待提高。目前的建设主要存在于市辖区层面，各区县、乡镇的覆盖率相对较低，仅有少数几个城市在建设中关注信息惠农，信息化对农业现代化的支撑不足。

三是信息系统的安全性有待进一步加强。较少见到对信息系统本身安全性的建设，各城市间碎片化的发展模式也存在较大的安全隐患。

信息惠民：典型案例一

互联网+智慧景区旅游[1]

黄鹤楼位于湖北省武汉市长江边的蛇山之顶，被称为“千古名胜，天下绝景”，因传说吕洞宾屡乘黄鹤经由此地而得名。黄鹤楼分五层，高 51.4 米，60 个翘角层层凌空，72 根大柱拔地而起（见图 5-29）。历代文人至此，多有题咏，尤以崔颢、李白所题之诗，千年流传，最擅胜名。黄鹤楼公园自 1985 年对外开放以来，先后荣获“中国旅游胜地四十佳”“全国文明单位”“建筑鲁班奖”和“中国 AAAAA 级景区”等多项荣誉，成为武汉市的地标性景点。

目前，国内各大城市纷纷启动“智慧城市”建设，武汉市被科技部列为国家 863“智慧城市”项目的试点城市，智慧旅游是武汉智慧城市的重要组成部分，将成为未来几年武汉市政府的工作重点之一。黄鹤楼公园作为全市唯一 5A 级景区被选定为武汉市智慧旅游、文化旅游的双试点单位，智慧景区的建设迫在眉睫。

图 5-29 江南三大名楼之黄鹤楼

[1] 张薇，张晓燕. 黄鹤楼景区旅游吸引力提升研究——基于深度旅游的视角. 武汉大学学报（哲学社会科学版），2011，（1）。

黄鹤楼景区的业务管理包括景区票务管理、游客门禁管理、资产管理、景区设施管理、旅行社管理、导游管理、停车场管理、景区工作人员日常办公（各个科室绩效考核）等业务，这些业务在以往的工作中，有的已经建立了信息系统，如电子门票门禁系统、视频监控系统等，但是有些系统已经老旧，需要升级，而大部分业务没有信息化，还处于手工作业阶段。为了更好地提高工作效率、提升游客体验，需要对黄鹤楼进行全面信息化，以游客体验为中心、以提升经济效益为主要目标，实行总体规划、分步实施。

1. 综合视频监控子系统升级需求

综合视频监控子系统的升级，需要实现以下功能和要求：实现在综合管理与服务平台中 GIS 服务上标注所有监控点位置信息的功能；实现在线点击监控点标注图标可以实时查看监控信息的功能；实现对所有包含人流监控的点位监控，可以实时查询当前人流数量信息（默认显示当日客流数据）的功能。

实现黄鹤楼主楼进出口部署安装具有视频人流分析的监控摄像头，通过安防监控后台给服务平台实时推送当前主楼内游客人数信息，并设置三级预警机制。当游客人数达到第一级预警线，平台会通过景区管理通道将消息推送给景区各管理人员加强主楼巡视管理工作；当游客人数达到第二级预警线，平台会通过景区 LED 大屏公示、广播进行提示、自助导览系统消息推送，让景区游客适度安排游玩主楼计划，避开游览主楼高峰期；当游客人数达到第三级预警线，平台将自动关闭主楼进口卡机停止游客进入，并再次将当前游客饱和信息发送给景区广播子系统和自助导览系统进行信息推送告知景区游客，待游客人数下降至安全游客人数后再解禁主楼卡机，并再次通过推送功能告知景区游客。

结合目前景区无线安防报警系统，实现重点防盗区域部署安装具有追踪功能的监控摄像头。若发生非法侵入或者盗窃行为，无线安防报警系统在发生突发事件时会第一时间响铃预警，安防监控系统会将突发事件具体位置信息及其最近监控设备视频信息推送到综合管理与服务平台上，综合管理与服务平台将在 GIS 服务中对应的地理位置高亮显示预警和蜂鸣，并自动调用突发事件区域正在预警的追踪监控设备视频提供给监控中心管理员审查。如果认为确是非法侵入，管理员点击确定按钮，综合管理与服务平台将开启突发事件所在区域各出口的照明设备进行跟踪，方便景区安保人员围捕。

实现对园区人员进出口规范管理的应用。通过对园区东、西、南三个入园大门进行视频人流监控，自动统计入园人数，并智能比对票务信息，设置误差值，当误差值超过合理误差范围时，提醒管理员不购票入园现象严重，发出警报，最大限度地保障园区经济利益，规范购票入园（注：办公室有专人开接待单，会单独输入接待单入园人数，降低误差值）。

2. 智能化停车场管理子系统升级需求

智能化停车场管理子系统的升级，需要实现以下功能和要求：实现在大屏上实时显示当前停车场空闲停车位信息功能；实现按时间查询入口车辆数量功能；实现按时间查询出口车辆数量功能；实现按时间查询进出口车辆信息功能（包括车牌号、车辆照片等信息）。

3. 电子门禁子系统升级需求

电子门禁子系统的升级，需要实现以下功能和要求：在地图上实现标注所有进口卡机点位信息，便于查询和操作功能；实现控制整个景区所有入口验票卡机开关的功能；实现按时间查询景区三个入口入园人数情况的功能。

4. 景区广播子系统升级需求

景区广播子系统的升级，需要实现智能消息推送给广播人员播报信息的功能。

5. 景区智能照明子系统升级需求

景区智能照明子系统的升级，需要基于地图实现控制各关键区域出入口照明系统的电力开关系统的功能。

6. 公众服务网站升级需求

公众服务网站的升级，需要实现在线“虚拟游”、旅游产品发布宣传、服务质量投诉反馈、旅游信息咨询交流、在线票务预订、路线规划等功能，为旅游者及旅游部门提供涵盖食、住、行、游、购、娱六大旅游要素相关的全面、准确、权威的旅游服务。

7. 新增游客体验中心

新增的集中—分散式的游客体验中心，要为游客提供更多互动、身临其境的体验感和资讯查询，在景区选取点位安置互动数字标牌，提供游客服务自助式服务，在对应的地理位置显示各体验点的位置信息，并通过点击对应图标显示当前游客体验中心今日节目安排列表等。

8. 新增自助导览系统

通过游客租赁自助导览系统，实现自助导览和消息推送功能；通过导览终端查看景区游客分布情况；实现在线反馈，并通过自助导览系统进行发布和收集统计结果。

9. 智慧黄鹤楼综合管理与应急服务平台

通过增加景区设施智能管理系统来管理景区设施；通过增加业务办公与绩效评估系统来提高景区工作效率；通过增加旅游行业管理系统来管理旅行社、酒店、导游等；通过增加应急指挥系统来应对景区紧急事件，实现智慧黄鹤楼综合管理与应急服务。

黄鹤楼公园的智慧化还可以使管理部门实时了解公园的客流、基础设施等实时状况，从而进行相应的决策管理，使公园的生态环境得到持续的保护和发展。智慧黄鹤楼为武汉市注入新的活力，带来良好的社会、经济、生态效益。

信息惠民：典型案例二

分享经济+小猪短租

小猪短租成立于 2012 年，是国内最早的帮助用户分享、出租闲置房源的 C2C 互联网平台（见图 5-30），因执着于房屋分享经济模式被媒体称为“中国的 Airbnb”。

截至 2015 年年底，小猪短租平台已覆盖国内 213 座城市（其中一二线城市占比超 60%），房源约 70000 个，房源量比上年同期增长 3.5 倍，订单量增长 5 倍，平台上已积累超 300 万活跃用户，在 16 个城市设有分公司。其中北京、上海、广州、成都、深圳 5 座城市占总成交量的 34%。一二线城市是践行分享经济短租行业的重地，2015 年小猪短租 60%房源集中在一二线城市，成交订单最多的前 5 位城市依次是北京、上海、成都、广州、深圳。随着分享经济的热度逐步扩散到中小城市，中小城市短租房东和房客数量增长飞快，30 岁左右的上班族和家庭主妇是小猪短租中小城市房东的主要群体。

小猪 xiaozhu.com

有人情味的住宿

图 5-30　小猪短租

高频次使用小猪短租平台的房客比例增长迅速，平台上出现将小猪短租当作生活方式的“短租客”群体。2015 年一位杭州房客在“小猪”住了173 晚，创下“小猪”房客之最，这意味着 2015 年他有一半的时间住在小猪短租的房子里。下单次数最多的房客下了 71 单，平均每周下单住宿超过一次。

小猪短租平台的快速发展也引起了投资界的关注。2013 年 1 月，小猪短租完成近千万美元的 A 轮融资，由晨兴资本领投；2014 年 6 月，完成 1500 万美元 B 轮融资，由君联资本领投，A 轮投资方晨兴资本跟投；2015 年 7 月，完成 6000 万美元 C 轮融资，愉悦资本领投，晨兴资本、中信资本、和玉资本跟投，以太资本作为财务顾问全程参与。

从发展趋势上看，未来五年，一二线城市连同乡村都将成为小猪短租发展的广阔空间，房屋剩余资源的配置将通过互联网平台的力量达到优化。各地房地产过度开发的副作用，有望通过小猪短租平台得到消化，而美丽乡村的理想也将得到更快实现。

小猪短租预测，未来一年每天有 1 到 2 万用户使用别人的房子，每个月的交易额会达 1.5 亿元。照此增速，到 2020 年，小猪短租的房源数量将超过 200 万个，每天入住“小猪”平台的人数超过 20 万人。

到 2020 年，“小猪”将有望发展成为房屋分享的巨无霸级平台。CEO 陈驰认为未来中国将超过欧洲和美国，成为世界最大的房屋分享经济市场。

李克强总理提出“大众创业，万众创新”的号召，大众创业并不意味着人人都去开公司，将一间、一套或多套房屋进行分享是更为灵活也更安全的创业手段。根据“小猪”的数据，将房屋进行短租，只要用心经营，在一线城市，所得收益为长租收益的 2～3 倍，在中小城市，也能为房东增加可观的日常收入。

预计到 2020 年，小猪短租平台将活跃着上百万个房东，他们都是微创业者。而短租民宿分享产业也将创造约 10 万个保洁、社区服务、水电维修等周边岗位。在人口红利消退、传统增长模式难以为继的情况下，激发微观主体的活力，推进创新创业是开发经济新增长动力的可靠选择。

随着中国的经济结构转型，大量就业人口将向服务业转移，房屋分享将帮助政府吸纳大量就业人口。家庭主妇、自由职业者、失业人口、刚毕业的青年，都是“小猪”理想的房东。根据小猪短租的数据，一批年收入超 10 万的个人房东开始涌现，收入最高的一位房东在2015年通过小猪短租共收入52万元。而北京一位退休阿姨云姨当上“小猪”房东以后，年收入达22万元。分享型经济大大扩大了劳动就业的年龄范围，也拉升了经济增长。

2015年，小猪短租开发了神农架地区隐居作家古清生的特色房源，并已与神农架林区政府接洽。神农架享有“中国绿肺”的美誉，政府不准当地发展工业相关产业，因此当地村民营生方式有限，以红举村为例，政府仅支持当地村民进行茶叶种植活动。在当地如此“重农限工”的特色政策下，村民欲增加营收时，绿色旅游业成为最优也是最可行的选择。已有村民表达想成为房东的意愿，需要进一步考察和评估。2016年，以古清生的“小猪”种子房源为点，红举村、木鱼村为面，推广复制经营模式，依托当地政府资源，发展、整合更多当地民宿房源（当地原生态民房和已在经营的商业民宿），创造当地新经济增长点。这种合作模式将对美丽乡村进行推广，让乡村民宿与乡村旅游成为小猪短租平台的组成部分。

小猪短租还正在酝酿“青年回乡创业计划”，借鉴中国台湾地区的乡村建设模式，征集愿意回到家乡创业的青年，只要提出可行的美丽乡村民宿计划，“小猪”就对其进行资助，支持他们成为乡村创业者，成为小猪短租的房东。这些有知识、有乡村情结的青年，将会以乡村民宿为基地，推动乡村建设和儿童教育方面的进步，缓解大城市的就业压力。

小猪短租以互联网公司起家，以连接信息、打造互联网平台为基本使命。几年来经过发展，小猪短租发现，要让共享经济成为显性经济的模型，给用户真正提供可以持续使用的服务，就要将互联网思维沉入线下的供应链和服务链，解决服务本身的问题。2016年，“小猪”将发展为依托互联网技术和平台、同时拥有线下能力的公司，重塑和短租相关的服务链条，保证做信息连接的同时在服务链和产业链深耕，完善绿色产业生态链。

信息惠民：典型案例三

佛山市智能社区

佛山市社区信息化水平不断提升，在社区基础设施资源管理数字化、管理对象档案电子化、社区工作服务规范化的基础上，在全市试点推行社区信息化管理系统建设，佛山市智能社区系统如图5-31所示，该系统可实现区、镇、街、居委会的实时沟通、协同办公和“地图—房屋—户籍—个人”的一体化管理，并与残联系统、医疗救助系统、志愿者系统等进行无缝对接和数据交换，实现更广泛的信息共享。该系统已在禅城区 87 个社区全面推广使用，已有社区居民信息超过 15 万户、40 余万人。

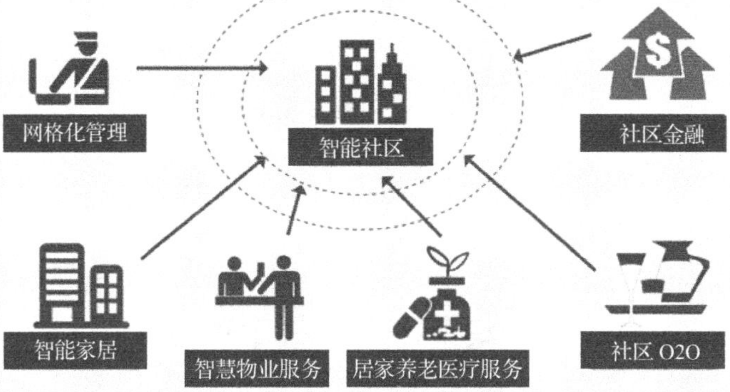

图 5-31 佛山市智能社区系统示意图

同时，佛山市推进区域医疗卫生信息系统建设，区域医疗卫生信息数据中心建设为卫生信息化软件项目提供软硬件环境支撑，并为建设社区卫生信息系统演示中心提供条件。目前区域医疗卫生信息数据中心系统集成已经建设完成并进行了验收。数据中心目前运行了 4 个卫生信息化的应用项目，即数字医疗 SaaS 应用平台、社区健康管理服务系统、区域数字医疗影像和检验管理平台。

信息惠民：典型案例四

南京市智慧交通（见图 5-32）

南京是全国智慧型交通试点城市。南京拥堵排名曾在一年内从全国第 6 位下降到第 26 位，退出“十大拥堵城市”，这是南京完善交通基础设施、着力打造“公交都市”、建设智能交通等一系列努力的结果。为让公交专用道上的公交车跑得更快，引导更多市民乘坐公共交通出行，城区主干道安装电子站牌 230 块，江南六城区 687 个灯控路口进行联网控制，实现了公交车优先通行，公交车都装有定位系统，当车辆快到达十字路口时，信号灯可根据路口车辆流量，为公交车延长或缩短信号灯变换时间，使其更快通过。

市交通运输局研制开发的“南京 e 交通”手机软件经过测试也已正式上线，内容涵盖公交、地铁、公路、铁路、航空等票务或动态实时信息查询。市民通过“公交换乘”“实时公交”“地铁查询”等栏目可以实时查询要乘坐的公交车何时到站、地铁公交如何换乘等；通过“公共自行车”栏目，可实时查询网点是否有车可借、有无空位还车；开车出行的市民则可通过“路况截图”等实时监控功能，及时避开拥堵路段。

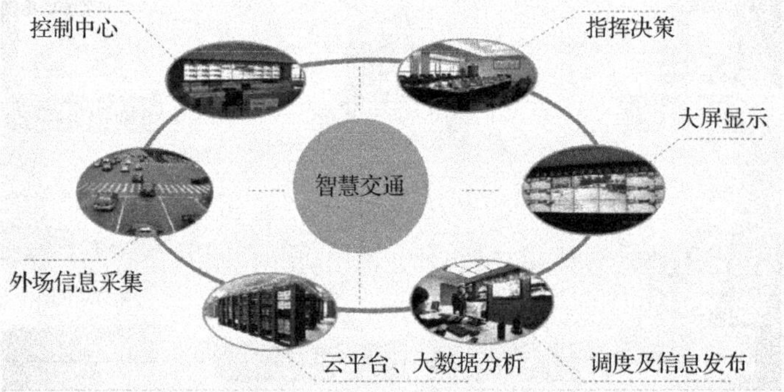

图 5-32　南京市智慧交通系统示意图

六、问题诊断与系统反思

（一）问题诊断

在信息化建设取得一定成效的同时，总体上看我国的信息化发展水平仍不高，对国家治理体系和治理能力的支撑作用还有很大提升空间，很多问题亟待解决。造成这些问题的原因则主要有以下四点。

政府管理条块分割体制的制约

我国政府部门自上而下的垂直归口管理形成了纵向的“条条关系”，政府部门横向之间缺乏联动造成“块块关系”相互交割。“条块分割”的管理体制是信息化建设的障碍之一，一方面是权威和资源的碎片化给政府运作过程带来了政出多门、多头管理、权责不清等问题；另一方面容易造成各部门各自为政，将自己获得的信息和数据当成部门权力，导致信息孤岛及重复建设现象发生。

层级行政管理体制的障碍

传统金字塔式的行政层级链条过长，效率低下、信息失真和政策扭曲现象时有发生，突出表现为层级增多导致地方的需求信息难以自下而上流动，高层管理者对新的治理问题的感受力和应对力弱化。同时，由于行政组织的高度同构，地方政府的主要任务与中央高度重合，治理方式缺乏多样性，与当下社会的多元利益需求发生错位，制约了政府职能转变和服务创新。

> 小贴士——**条块分割**
>
> 条：指的是由中央直属部委自上到下的一种指挥体制，例如，国家税务局对各级税务部门，国家工商部门对各级工商部门的指挥，就属于“条”。
>
> 块：则是以地方行政当局统管的某一区域全部的行政行为的一种描述。
>
> “条块分割”比喻两种指挥体系把整个国家人为地分割成不同的领域。

理念与应用创新不足

创新的政府服务理念和创新的技术手段，需要有支持创新思想的机制和氛围。而目前我国在政府治理理念与应用创新方面，还存在认识不足、作用不突出、协同创新不力等问题，这也直接影响了政府职能转变和信息化发展的质量。一方面，缺乏宽松的创新环境导致政府创新性服务转变迟滞、治理主体参与创新动力不足；另一方面，缺乏具有一流水准的专业研究机构和高级专业人才，难以为政府服务创新提供有力的智力支持。

“数字鸿沟”带来的信息化发展障碍

“数字鸿沟”造成的“信息差别”正在成为继城乡差别、工农差别、脑体差别“三大差别”之后的“第四大差别”，尤其是我国城乡之间、东西部之间的信息化水平差异明显，已不仅是一个技术问题，而正在成为一个社会问题。由此导致的各地区网络政务在活跃度、创新性、互动性、服务能力以及民众参与度等方面的差别较为突出，并表现为政府政务的“数字鸿沟”。政务“数字鸿沟”的产生与扩大，必将加速电子政务发展上的地区差异和层级差异，进而带来一系列社会发展问题。

（二）系统反思

由于政治现代化（统治—管制—治理）与人类社会现代化（工业化—信息化）是不同视角下的同一过程，政治现代化着力解决的治理问题就自然囊括了信息化变革中出现的治理问题[1]。在信息化视角下考察国家治理现代化的起点，即当前国家治理体系与治理能力的基本欠缺，可以概括为以下两点：①体系建设不平衡，即政府作为元治理的主体，信息化程度相对滞后；②能力塑造不充分，即政府面对信息时代的治理问题，应对能力相对不足。

体系建设的失衡与国家治理的滞后转型

所谓体系建设不平衡主要体现在两个方面：一是重经济、科技领域的信息化建设，而轻政治、社会领域的信息化变革；二是重工具、操作层面的信息化改造，而轻理念、方法层面的信息化转型。

最初从国家层面强调信息化建设时，党中央、国务院在特定历史条件下，对于信息化的理解侧重于经济、科技领域，而较少涉及政治、社会领域，更多地将信息化视作一种产业或一项工程，强调信息基础设施建设以及信息技术、产品、应用的研发推广可以促进经济增长与科技进步，但是对这个建设与推广的过程对于国家与社会关系的影响甚至重构，则相对缺乏关注[2]。逐渐意识到症结所在之后，各地区各部门对于信息化的片面执行，却又令信息化建设中的不平衡以似曾相识的方式得到延续，即在基本保持传统治理方式不变的前提下，从工具层面对治理手段、治理方法等进行信息化改造，造成信息时代的国家治

[1] 张权，李睿深，尹立. 关于信息化助力国家治理现代化的几点思考. 中国电子科学研究院学报，2017，12(2):115–118。

[2] 信息化建设历程回顾：20 世纪 90 年代，相继启动了以金关、金卡和金税为代表的重大信息化应用工程；1997 年，召开了全国信息化工作会议；党的十五届五中全会把信息化提到了国家战略的高度；党的十六大进一步作出了以信息化带动工业化、以工业化促进信息化、走新型工业化道路的战略部署；党的十六届五中全会再一次强调，推进国民经济和社会信息化，加快转变经济增长方式；“十五”期间，国家信息化领导小组对信息化发展重点进行了全面部署，作出了推行电子政务、振兴软件产业、加强信息安全保障、加强信息资源开发利用、加快发展电子商务等一系列重要决策。

理转型相对滞后。

能力塑造的短板与国家治理的现实困境

所谓能力塑造不充分同样主要体现在两个方面：一是国家治理实践中的措施手段得到优化，而方式方法却面临挑战；二是治理主体的内部合作愈发紧密，而整体协同却趋于松散。

传统的治理范式形成于工业时代，适用于工业时代的国家与社会关系，对其中存在的内生性问题往往形成了相应的解决办法，例如，在科层官僚制组织中，上下层级之间的互动不仅限于单向的命令—服从，还需要双向的互惠与谈判作为补充，才能实现相对稳定高效的组织运行。

以信息技术改造传统治理手段，可以有效提高单线程工作的效率，比如，通过电子邮件显然比通过邮寄或人力等方式能够更快地传递信息。但是传统治理方式中用于克服内生性问题的办法，对于经过信息化改造之后的新情况却有可能“束手无策”，例如，在传统的行政管理流程中，人为造成的失误一经发现可以随时修正，但在电子政务系统中，人为造成的失误一旦进入工作流程，则难以通过人为的努力及时弥补。放大到中央与地方关系的层面，基于不同数据标准和规范建立的信息系统，将各治理主体打造成一个个内部运行顺畅却互不联通的信息孤岛，政令在不同系统之间“举步维艰”，形成了彼此隔绝的治理孤地，构成难以化解的现实困境。

在体系建设不平衡与能力塑造不充分的共同作用下，国家治理相比过去或许变得效率更高、反应更迅速，但是体制机制中封闭僵化的问题也更加凸显。对于信息化的偏颇理解与片面推进，已经在客观上形成了阻碍国家治理体系与治理能力现代化的信息壁垒。

6

第六章　信息化引领国家治理的未来展望

一、面向“十三五”的信息化国家治理
二、信息化国家治理新挑战
三、信息化国家治理新思路
四、更遥远的未来：信息技术与社会形态

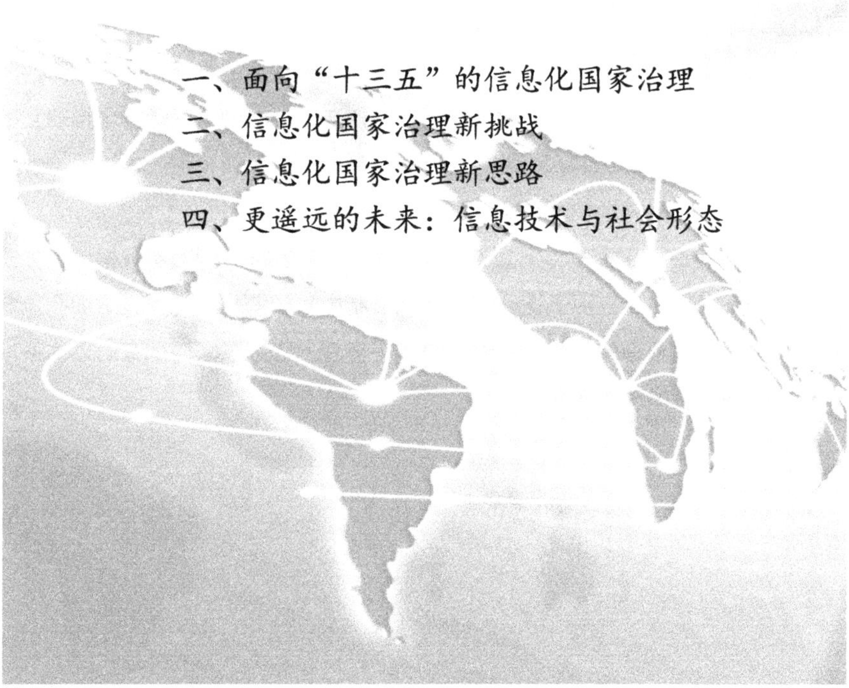

一、面向“十三五”的信息化国家治理

（一）以供给侧改革为抓手

我国的信息化治理已在信息化规划、信息公开、智慧城市建设、信息惠民工程等多个方面取得了明显成效。但在转型期和新常态的背景下，仍存在固有的机制体制障碍和特定的社会问题，使得相关工作还未达到预期。“十三五”规划将实现国家治理体系和能力现代化作为总目标，统筹安排“十三五”期间的各类信息化工作，通过信息化推进政府职能转变、政府管理服务创新与治理现代化，实现信息化助力国家治理体系和能力现代化。

“十三五”（2016—2020 年）是国家经济社会发展的关键历史时期，具有三个重要时间节点，意义也不同寻常。

第一，按照党的十八大要求，到 2020 年我国将全面建成小康社会，国内生产总值和城乡居民人均收入将比 2010 年翻一番，从而实现“收入倍增计划”，社会主义市场经济基础将进一步完善。

第二，按照十八届三中全会《决定》精神，经过经济社会各领域的全面深化改革，社会主义市场经济体制将更加完善，各方面制度将更加定型、更加成熟。供给侧改革便是其中的重要改革举措，如图 6-1 所示。

第三，到 2020 年，在经过社会主义建设、改革开放两个 30 年之后，按照社会发展新的“三步走”的战略目

> 小贴士——**供给侧改革**
>
> 习近平总书记在2016年1月26日主持召开中央财经领导小组第十二次会议上强调，供给侧结构性改革的根本目的是提高社会生产力水平，落实好以人民为中心的发展思想。要在适度扩大总需求的同时，去产能、去库存、去杠杆、降成本、补短板，从生产领域加强优质供给，减少无效供给，扩大有效供给，提高供给结构适应性和灵活性，提高全要素生产率，使供给体系更好适应需求结构变化。
>
> 供给侧改革是一种寻求经济新增长新动力的新思路，从供给、生产端入手，通过解放生产力提升竞争力、促进经济发展。其核心在于提高全要素生产率。在政策手段上，包括简政放权、放松管制、金融改革、国企改革、土地改革、提高创新能力等。

标，我们将在 21 世纪中叶达到中等发展国家水平、进入实现中华民族伟大复兴的“中国梦”阶段的第三个 30 年。

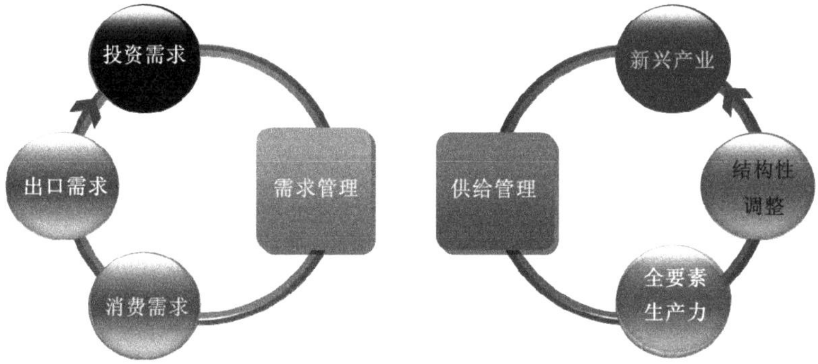

图 6-1　供给侧改革

正是因为汇集着这三个重要时点，2020 年不仅对全面建成小康社会、实现全面深化改革的战略目标具有标志性意义，也将为下一个 30 年进一步坚持和完善中国特色社会主义道路、推进国家治理体系和治理能力的现代化打下坚实基础。

“十三五”信息化：典型案例

“十三五”规划与电子政务

推进电子政务是促进政府职能转变和建设服务型政府的有效手段。十八届三中全会提出了完善发展中国特色社会主义制度、推进国家治理体系和治理的现代化的总目标，部署了加快转变政府职能、强化权力运行制约和监督体系、创新社会治理体制等一系列重大任务，这些重大任务的实施很多都与电子政务工作息息相关。同时，贯彻落实依法治国，为依法推进电子政务发展、切实保障国家网络安全提供了基本遵循和最大契机，国家电子政务发展面临新的任务和要求。

“十三五”时期，我国电子政务发展的思路是：紧紧围绕信息化驱动现代化、建设网络强国的总要求，以深入推进“四个全面”、促进国家治理现代化为目标，以互联网新思维、新技术、新应用、新模式为牵引，以转变电子政务发展方式为抓手，以促进建设整体政府、协同政府、开放政府、智慧政府为核心，从建设模式、服务模式、管理模式、安全保障四个方面入手，深化应用、突出实效，有效支撑政府履职，助力实现法治政府、创新政府、廉洁政府和公共服务政府，切实提高党和政府治国理政现代化水平。

1. 在建设模式上，强调统建共用、协同共享和互联互通，实现电子政务整合、协同、集约发展

要转变电子政务基础设施的建设方式，从粗放式、分散化转向低成本、集约化、整体化的可持续发展模式。

（1）以“统建共用”原则统一布局电子政务基础设施建设。

一是整合构建统一的国家电子政务网络体系，厘清网络边界和承载关系。统一的国家电子政务网络是治国理政的重要公共基础设施。未来十年，我国电子政务网络发展应紧紧围绕“网络整合、互联互通”做文章。一方面，要抓紧做强国家政务内网和外网，尽快建成全地域、全天候、全业务、全功能的统一网络平台，确保其能够支撑党政部门各类业务应用，能够达到技术先进、性能强大的国际先进水平。另一方面，在充分发挥统一网络平台整合政务信息和公共服务优势的基础上，做好专网向统一网络平台的迁移工作，对现有各级各类业务专网进行较为深入调研，厘清网络边界和业务支撑需求，逐步实现与统一内网或外网平台的对接和业务融合。同时，发改委、财政部等部门要联合出台相关措施，坚决控制新建专网投资。

二是推广基于云计算的电子政务基础设施建设模式。未来几年，应进一步加大统筹协调力度，发挥云计算的优势，根据不同地区、部门特点，充分利用现有基础，建设集中统一的行业性、区域性电子政务公共云平台，实现各领域政务信息系统整体部署和共建共用，大幅减少政府自建数据中心的数量，充分利用云计算遏制分散建设和重复投资现象。

（2）以“协同共享”原则统筹推进跨部门、跨区域、跨层级重大应用。

电子政务的发展，应用是关键。建立电子政务跨部门、跨地区协同推进体系是世界各国电子政务建设的共同目标。过去几十年，电子政务的发展总体上是以工程项目为中心推进的，使得政务信息系统呈现出“碎片”化状态，导致信息无法共享、系统相互独立、重复建设在所难免。未来五年，在各领域业务信息化覆盖率显著提升的基础上，应在共享协同前提下统筹部署应用系统，支持跨部门、跨区域的业务协同和信息资源共享，彻底扭转困扰电子政务发展的“互联网互通难、信息共享难、业务协同难”的局面，推进各政务业务的协同发展，切实提高各级政务部门履职能力。

2. 在服务模式上，积极引入互联网新思维，切实提高服务的效率与质量

更加强调以公众为中心，主动适应信息化和互联网发展的新趋势，把互联

网领域的新技术、新应用和新模式引入到电子政务服务中来，改造和优化传统服务方式，提升服务效率和质量，使电子政务更好地惠及全民。

（1）以政府数据开放共享和大数据应用为抓手，充分发挥政府信息资源的社会价值。

未来五年，应重点把握以下三个方面：

一是建立政府数据采集更新机制，以政务应用需求为导向制定数据资源规划，建立公共基础数据资源的标准，完善数据资源采集、共享、利用和保密等相关制度，完善政务信息资源目录体系，扩大数据的采集和交换共享范围。建立数据更新和校验策略，以提高数据的完整性、准确性和及时性。

二是出台国家层面的政府数据开放政策，构建国家统一的政府数据开放共享平台（data.gov.cn），奠定国家大数据应用的基石。基于该平台，把政府及其支撑机构掌握的非涉密信息进行开放，特别是积极探索地理、人口、法人、知识产权等政府基础信息以及其他有关管理机构数据资源向社会开放，鼓励社会力量积极参与政府数据资源的深加工和再利用，盘活政府信息资源价值，把政府数据转化成社会财富。

三是以民生重要领域大数据应用为突破口，重点选取辅助决策、医疗卫生、食品安全、灾害预防、就业社保、交通物流、教育科研、公共安全、城市管理、科技服务以及金融、电信、能源、传媒等重要且数据量大的行业领域，建设政府大数据应用试点示范，支持政府机构和企业创新大数据服务模式，及时总结、逐步推广。

（2）引入互联网新技术、新应用和新模式，促进服务模式融合创新。

应用互联网思维，充分借助云计算、移动互联网、物联网、大数据等新技术探索和培育适应互联网新趋势的在线服务模式，实现政府服务的智慧化转型。从目前已显现的趋势看，有三种服务模式的融合与创新值得关注。

一是基于O2O的服务场景融合。特别是在民政和公安等领域，比如护照办理、签证等都是网上申请、网下办理，应用这种模式不仅可以优化政府办事流程、提高效率、节省资源，同时也能给公众带来更好的体验。

二是多媒一体的服务渠道融合。全媒体时代的媒介传播方式、路径和环境的变化，给传统的电子政务服务方式带来了巨大挑战，特别是移动互联网的发展使公众注意力逐步向手机、平板电脑、可穿戴设备等移动终端迁移，微博、微信、移动App已成为实现政务服务的“新宠”。未来政府在线服务的载体与输出通道需要适时转变，整合多种媒体、多个渠道，以满足公众的多元化服务需求。

三是基于社会化的网络服务平台整合。经过过去 20 多年的发展，中国互联网领域已涌现出一批平台级的企业与一批可称之为“互联网基础设施”的平台级应用，借助社会化的网络平台资源推进政府服务，成为政府服务转型的重要方向。

3. 在管理模式上，构建统筹规范、协调有力的推进机制，全面适应国家治理现代化需要

积极顺应发展形势需要，坚持统筹规划，理顺管理体制，抓好顶层设计，完善制度规范，建立科学的绩效评价体系，引导和促进电子政务持续健康有序发展。

（1）借助行政体制改革的强大推动力，为政府信息化创造体制条件。

电子政务发展最大的问题是体制障碍。要打破传统思维定式，通过简政放权、改革行政审批制度，为电子政务创造体制机制条件，其重要意义不容小觑。例如，现在很多地方正在构建“橄榄型”政府，把所有政府部门的审批事项独立出来成立行政审批局，原来七八个章变成一个章。在后端则是把各个部门的执法队伍整合成几个综合执法队伍，每个部门都能把管理事项分解出去，执法项目变成综合执法，处于橄榄型中间的政府大部门主要负责决策和监管。通过简政放权、改革行政审批制度，为电子政务创造体制机制条件。

（2）构建“管、建、用、评”相互分离、四位一体的电子政务推进机制。

一要创新电子政务模式。在云计算、大数据等新兴技术的支撑下，扭转以“自管、自建、自用、自评”为主，分散建设、重复立项、信息孤岛、资源利用率低的局面。强化电子政务系统统筹部署，构建从项目立项到系统启用后的闭环管理机制，加快推进已建电子政务系统的整合迁移和新建电子政务系统的联合审查，形成统一的电子政务网络和平台，提高购买服务比例，大幅提升系统集约化水平和投入产出效率。

二要加强电子政务统筹规划和顶层设计。出台 5 ~ 10 年的电子政务发展战略，明确未来发展目标，部署重点任务及发展领域，以便统一认识、指导未来十年电子政务的科学健康高效发展。尽快编制国家电子政务顶层设计框架，同时组织专业队伍在业务和信息资源梳理、具体架构设计、跨部门协作和项目整合等方面研究可行方法、出台实施指南，真正促进顶层设计的可操作性和工作

指导性。

三要加强电子政务工程项目建设全程管理。建立多元化、多渠道的电子政务投融资机制，对一些民生领域的重要系统建设，积极拓展政府融资渠道，探索政府部门与民营企业合作（PPP），吸收引进社会优势资本。强化工程项目全生命周期管理，鼓励各地发改委或财政部门建立“政府投资电子政务项目全程管理与绩效评价系统”，对项目审批全流程、实施全过程进行实时动态监控和绩效评价，进一步提高政府投资项目管理的科学化、规范化、信息化、公开化水平。

（3）建立引导电子政务健康持续发展的绩效评价机制。

要推进电子政务朝着战略目标健康、持续发展，开展绩效评价势在必行。

一要在全国各级政府强制推行电子政务工程项目绩效管理制度。国家有关电子政务工程项目管理部门（如国家发改委、财政部、工信部等）联合出台电子政务绩效评估指标体系和工作指南，组织或委托第三方机构开展评估工作，并与现有项目管理手段相衔接，评估结果作为项目运维和后期建设投资的重要参考。

二要进一步调整优化各类政府网站绩效评估工作，规范和完善专业机构、媒体、公众相结合的社会评估机制，引导政府网站评估向强调服务成效和用户体验方向发展。

三要组织开展电子政务发展水平评估，建立涵盖成本效益、应用效果、协同共享、安全保密、创新服务等方面的评估指标体系，建设发展水平评估数据收集、统计、报送和发布系统，鼓励第三方专业机构积极参与，引导和促进各级各地电子政务健康有序发展。

四要形成绩效评价结果的激励机制。绩效激励的实现手段应当多样化、组合化，其中，最有效的手段是把电子政务绩效与项目的后续投资或部门人员的考核、升降、奖惩挂钩，并且把这些手段规范化、制度化甚至法制化，这样才能有利于电子政务步入良性发展的轨道。

4. 在安全保障上，以自主创新为动力，增强安全可控的信息技术产品和服务供给能力

认真贯彻“一手抓电子政务建设，一手抓网络和信息安全”的精神和中央关于信息安全保障工作的总体要求，重点加强自主创新能力，加快重点领域的国产替代计划，尽快提升安全保障能力。

一是突破核心技术设备瓶颈，实现自主安全可控，提升核心芯片、高端服务器以及操作系统、数据库等基础软件的整体发展水平。加强有线、无线、光传输等信息网络核心设备和系统的研发与产业化，建立自主知识产权和标准体系，构建全球领先的自主产业生态系统。加快 5G 技术与标准研究，开展无线传输及组网等关键技术的研究与试验，抢占国际标准制定主导权以及产业创新发展先机。开展未来网络技术创新与验证，突破互联网新型体系结构以及可扩展路由、内在网络安全等关键技术。

二是加快党政军和重要领域安全应用部署，实施国产替代计划，在党政等重点部门，全面实施核心芯片、关键服务器、基础软件以及整机的国产化部署，依托自主可控的设备与部件，构建安全可信的应用系统。在金融、能源、交通、医疗等重要领域，根据具体发展需求和国产设备供给能力，逐步实施软硬件国产化替代。大力发展军民结合的优势技术和产品，加快制定统一的军民两用信息技术标准，推动实现军用、民用信息技术和产品的互通互用，加快军民融合式发展。完善政府采购机制，通过在政府采购中实施严格的安全要求，树立保护本土企业发展的技术门槛。

（二）以大数据、大系统、大平台为依托

大数据影响着社会治理和客观环境，并逐渐成为创新的基础和社会治理科学化的核心。十九大报告指出，要“建立网络综合治理体系，营造清朗的网络空间”。在“十三五”期间，构建基于大数据、大系统的信息化大平台，继而建立网络综合治理体系、加强政府治理体系与治理能力现代化建设，对进一步完善政府治理生态具有非常重要的意义。

大数据是政府治理体系现代化的战略性工具

大数据能够提升科学决策水平，更加准确、动态、全面地反映客观事实，为决策过程提供科学精准的决策依据，提高治理主体科学决策的能力。大数据能够增强政府治理能力。大数据突破时间和空间的限制，从更深层次、更广领域促进政府与民众之间的互动，形成政府主导、公众参与、多元协同治理的新格局。大数据能够提高政府服务效能。大数据提升政府公共服务的质量、扩大政府公共服务的范围，加强部门间的信息及时共享和沟通，实现对政府决策过

程的实时动态监控与预警，提高政府服务效能。

大数据有力推动着国家治理体系和治理能力走向现代化，正日益成为社会管理的驱动力、政府治理的“幕僚高参”。李克强指出，“把执法权力关进‘数据铁笼’，让失信市场行为无处遁形，权力运行处处留痕，为政府决策提供第一手科学依据，实现‘人在干、云在算’。”“不管是推动政府的简政放权，放管结合，还是推进新型工业化、城镇化、农业现代化，都要依靠大数据、云计算，所以，它应该是大势所趋，是一个潮流。”大数据使得政府决策的基础从少量的“样本数据”转变为海量的“全体数据”。政府树立大数据意识，促进相关数据完全共享，更多地依赖数据进行决策，可以实现从有限个案为基础向“用数据说话”转变的全新决策。

以云计算、大数据和智能生态为代表的新技术支撑的云网络体系、云资源体系、云服务实体开始融入公共治理，大数据与云计算密切相关（见图 6-2），“云治理”应运而生。云治理至少带来了三个明显的变化：一是治理思维与模式的变化；二是治理主体的多元化；三是治理风险的多样化。

图 6-2　大数据与云计算

大数据时代“云治理”将促使政府治理走向新的模式，形成新常态。在“全面深化改革，推进国家治理体系和治理能力现代化”的时代要求与背景下，发挥大数据在国家治理中的重要价值，推动数据治理技术、模式的创新，必将全面提升国家治理能力。

大数据催生政府柔性治理新时代。在大数据时代，公民成为网民，网络成为公民参与公共事务的平台，“柔性网络执政”就成为政府执政的必备要求。政府既要保证公民的言论自由，不能简单粗暴地封闭网络，又要对网络环境加以监管。这就要求政府在新时代下充分利用大数据技术做好网络舆情的监控和引导，及时回应公民关心的问题，防患于未然，将问题解决在萌芽阶段，从而维护政府的公信力。

大数据技术支撑政府精准智慧决策、提高服务质量。大数据技术能够科学地利用数据说话、做决策，使政府更有效率、更开放、更透明。大数据时代的来临对信息技术应用的影响主要有两个方面，一方面促使数据获取、数据存储的应用范围更广泛；另一方面会激发信息技术挖掘的强烈需求，未来发展更趋向于信息的价值提升和决策智能化。

大数据技术能够正确地捕捉社会需求，增加政府公共服务的针对性，提升政府公共服务的能力和水平。政府是掌握数据资源最丰富的部门，也是利用大数据潜力最大的部门。大数据提高政府公共服务效率主要体现为：一是为政府各项政策的制定提供参考依据；二是提升政府内部协调效率；三是提高公共服务效率。

大数据在提升公共服务效率的同时，也能完善社会治理制度、缓和社会矛盾、调节社会关系。首先，大数据可完善收益分配机制；其次，大数据能够调整生产关系；再者，大数据有利于提高公众参与度，帮助公众参与政府决策和制定政策，使政府决策广泛、充分地吸纳民情民意，从源头避免矛盾的产生。大数据技术将社会治理推动到“公共治理”“多元共治”“复合治理”“多中心治理”“协同治理”的善治新阶段[1]。

大系统是解决改革和发展瓶颈问题的关键一招

要按照系统工程的思路，在各部门现有信息系统的基础上，从全国信息系统统一、联合、协同能力出发，提高对各部门的信息支持。通过开展顶层设计，制定集成框架和系统技术标准，提供公共信息基础环境，着眼于解决新研系统和现役系统面向统一、联合、协同的综合集成问题。将各部门的信息系统作为

[1] 王博．“云治理”：我国数据治国的新探索．人民论坛网，http://theory.rmlt.com.cn/2015/0312/376507.shtml。

“大系统”的技术体系和组成部分，自上而下实现各部门信息系统的统一、联合和协同，创新推进各部门信息的共享与数据的开放，重构、联通现有的政府信息体系。

大平台是政府治理能力现代化的重要目标

英国、法国、德国、韩国等 20 余个国家均建设了统一的政府公共网络平台，整合构建统一的政府公共信息平台成为电子政务集约化发展的大趋势。

“十三五”时期政府信息系统建设规划的重要目标，就是要在前期发展的基础上，实现“四统一、四协同、四智能、四集约、四安全”的功能。“四统一”即“技术标准统一、基础设施统一、经营管理统一、风险防控统一”；“四协同”即“业务流程协同、系统平台协同、信息传递协同、数据共享协同”；“四智能”即“信息挖掘智能、数据分析智能、功能汇聚智能、软件开发智能”；“四集约”即“系统建设集约、体系构架集约、功能设计集约、经营管控集约”；“四安全”即“系统稳定安全、信息数据安全、人员管理安全、网络攻击安全”。及时将全国政府信息系统的所有业务、流程、信息和数据汇聚到一个平台，支撑党和国家的决策。

信息时代，互联网是政府施政的大平台。单纯依靠政府管理和保护数据的做法会使政府在面对大规模而复杂的数据时应接不暇、不堪重负。而通过“全国一张网”的电子政务系统，可以实现在线服务，做到权力运作有序、有效、“留痕”，促进政府与民众的沟通互联，提高政府应对各类事件和问题的智能化水平。

“十三五”期间，应当运用大数据技术，整合构建统一的政府公共信息大平台，将全国政府信息系统的所有业务、流程、信息和数据汇聚到一个大系统，以支撑党和国家的决策。

网络综合治理体系是大数据、大系统、大平台的方向

党的十九大报告指出，“加强互联网内容建设，建立网络综合治理体系，营造清朗的网络空间，落实意识形态工作责任制，加强阵地建设和管理，注意区分政治原则问题、思想认识问题、学术观点问题，旗帜鲜明地反对和抵制各种错误观点。”这为我们构建这些大数据、大系统、大平台指明了发展方向。

大数据治理的现状与问题

一是技术能力不足。我国大数据技术存在水平不高、技术扩散不畅、投入较低的问题。我国的互联网企业具备快速将国际先进的开源大数据技术整合到自身系统中的能力，并构建了单集群上万节点的大型系统，但仍缺乏原创技术，对开源社区的贡献不足，进而对前沿技术路线的影响比较微弱。我国需要进一步提高企业的自主创新能力，研发属于我国的大数据核心技术，有利于推动我国大数据的发展和应用，同时也有利于保障国家安全。

同时，我国大数据的发展仍处于割裂状态，很多单位之间的数据关联、集聚、共享、价值的深度挖掘还不够，在数据计算、可视化、结果呈现等方面仍存在技术难题。而且由于本土开源社区等产业组织的发育滞后，国内领先企业在大数据方面的技术创新也难以向社会扩散。

目前，我国在大数据研究和发展方面的投入还远远不够，方向也不明确，这是制约我国大数据发展的主要瓶颈之一。因此，要实现大数据关键技术的突破，避免在未来大数据技术方面受制于人。

二是法律法规缺失。目前，我国已出台了一批法律、法规、司法解释等规范性法律文件，形成了国家法律、国务院行政法规、部门规章和地方性法规三个层次，覆盖网络安全、电子商务、个人信息保护、网络知识产权等领域的网络法律体系，但是法律治理体系尚不健全。

在大数据环境下，信息主权的界定和网络用户隐私的保护将为国家安全和数字经济的发展创造良好环境。目前，我国关于网络用户隐私保护的问题在相关法律中有所涉及。大数据环境下，这些法律条款在用户隐私保护方面虽然起到一定的作用，但还远远不够。我国并没有制定关于网络用户隐私安全的单行法律，这是制约我国大数据发展的重要因素。

数据增值的关键在于整合，但自由整合的前提是数据共享。在大数据时代，开放数据的意义不仅是满足公民的知情权，更在于让大数据时代最重要的生产资料、生活数据自由地流动起来，准确、全面地应用起来，以推动我国经济社会经济增长、保障我国国家安全。虽然我国已经于 2007 年发布了《中华人民共和国政府信息公开条例》，政府信息公开也有了一定进展，但我国政府、企业和行业信息化系统建设中受到各种因素制约，形成了众多“信息孤岛”，数据共享广度和深度严重滞后。

三是安全隐患严重。数据安全在大数据时代也同样面临挑战。大数据发展的趋势往往与加大信息开放度、设计新的信息收集设备以及为海量数据的庞大存续和分析需求提供支持的云计算等如影随形。带来的副作用是 IT 基础架构将变得越来越一体化和外向型，对数据安全和知识产权构成更大风险。尤其是我国大数据核心基础设施的“根”在美国，容易遭到他人窥探，使我国的国家安全遭受严重威胁。2014 年初，爆出美国大规模入侵华为服务器的消息，无线路由器等上网设备所造成的重大安全漏洞可能导致用

> **小贴士——赛博空间**
>
> 赛博空间（Cyberspace）是控制论（Cybernetics）和空间（Space）两个词的组合，该词由加拿大科幻作家威廉·吉布森 1982 年提出。
>
> 赛博空间是信息环境内的全球领域，它由独立的信息技术基础设施网络组成，包括因特网、电信网、计算机系统以及嵌入式处理器和控制器；赛博空间作战是赛博能力的运用，其主要目的是在赛博空间内或通过赛博空间实现军事目标或军事效果。这类行动包括支持全球信息栅格运行和防御的计算机网络行动和行为。
>
> 美国国防大学 2009 年 4 月出版的《Cyber Power 和国家安全》认为：
>
> ①赛博空间是一个可运作的空间领域，虽然是人造的，但不是某一个组织或个人所能控制的，在这个空间中有全人类的宝贵战略资源，不仅仅是用于作战，还可用于政治、经济、外交等活动，例如，在这个空间中虽然没有一枚硬币流动，但据最新的相关资料表明，目前全球每年信息经济的总值已近 20 万亿美元了。
>
> ②与陆、海、空等物理空间相比，人类依赖电子技术和电磁频谱等手段才能进入赛博空间，才能更好地开发和利用该空间资源，正如人类需要借助车、船、飞机才能进入陆、海、空一样；
>
> ③开发赛博空间的目的是创建、存储、修改、交换和利用信息，赛博空间中如果没有信息的流通，就好比电网中没有电流，公路网上没有汽车一样，虽然信息的流动是不可见的，但信息交换的效果是不言自明的；
>
> ④构建赛博空间的物质基础是网络化的、基于信息通信技术（ICT）的基础设施，包括联网的各种信息系统和信息设备，所以网络化是赛博空间的基本特征和必要前提。

户被“终身监视”的严重后果。因此，要加快出台国家信息安全战略，以大数据为重点构建网络安全保障体系，保障我国的国家安全。

四是高端人才匮乏。大数据的迅速发展带来了对大数据相关人才的需求。正如《哈佛商业评论》所言，“数据科学家将成为21世纪最性感的职业。”数据科学家是复合型高端人才，是采用科学方法、运用数据挖掘工具寻找新的数据洞察的工程师。数据科学家除应具备好奇心和怀疑精神外，还应具有分析能力、技术能力、沟通和合作能力。

麦肯锡预计，到2018年，仅在美国市场，数据科学家人才缺口就将达到14～19万，而相关方面的管理人才缺口将达到150万。人才短缺也是制约我国大数据产业发展的重要因素。

建立大数据治理体系

我国与欧美国家在大数据国家治理体系和治理能力等方面存在明显差距，已成为未来政治、经济、军事、外交发展的重大隐患。应以事关经济发展、国家安全和社会稳定三个领域为重点，加快构建我国大数据治理体系。我国大数据国家治理体系如图6-3所示。

我国应尽快制定完善的政策法规和行业标准，选准政府治理的关键领域，充分调动企业与个人等相关方面在大数据领域的积极性和主动性。政府应迅速制定和完善政策法规，大力推动技术创新，科学选取重点运用领域和示范工程，积极鼓励企业参与大数据核心技术的研发，做到“产、学、研”的有机结合，真正发挥大数据的大作用。

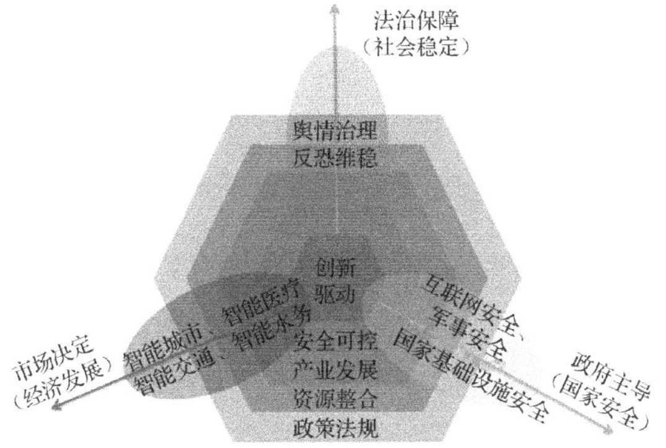

图6-3　我国大数据国家治理体系示意图

中国电子科学研究院制图。

一是以网络空间安全为重点，确保国家安全。

紧紧围绕保障国家安全和社会安全这一核心主题，建立“信息有序公开、数据高效共享”的机制；加强基础设施建设，从源头上保障安全；推动数据交换过程中的数据来源追溯和安全保护；从宏观战略和微观技术两方面分别采取不同措施，对于进入政府机构、交通、电力、金融等重要领域的产品，需要建立“黑名单”机制，不仅对技术也对企业背景进行审查，保障国家信息安全，而对于在市面流通的信息技术产品，需进行“白名单”强制认证。

二是以完善公共服务和促进消费市场为重点，促进经济社会发展。

选取医疗卫生、智能交通、食品安全、教育科技、智能水务等惠及民生的关键领域，着力开展典型应用示范，率先开展大数据服务。通过典型应用案例，以点带面，建立健全大数据公共服务平台体系，提升大数据的覆盖面和应用水平。以企业为主体，充分发挥市场的作用，由政府予以扶持和监督，激励大数据企业的创新、技术成果转化应用以及商业模式的探索，形成完备的大数据产业体系，提升大数据产业的国际竞争力。

三是以舆情治理、反恐维稳为重点，维护社会长治久安。

以恐怖活动高发地区为重点示范，建立反恐维稳大数据应用示范工程，逐步构建覆盖全国的反恐维稳大数据体系。构建网络舆情治理体系，以技术手段保障数据源的准确性、监测的及时性、分析的科学性，为舆情治理提供基本保障，建立完善的网络舆情监测预警体系和完备的网络舆情研判标准体系。

大数据治理案例如图 6-4 所示。

图 6-4　大数据治理案例

图片来源：互联网。

大数据平台存在的问题

目前大数据平台存在的突出问题主要体现在以下四个方面。

（1）数据不可知。用户不知道大数据平台中有哪些数据，也不知道这些数据和业务的关系是什么。他们虽然意识到了大数据的重要性，但并不了解平台中有没有能解决自己所面临业务问题的关键数据，以及该到哪里寻找这些数据。

（2）数据不可控。数据不可控是从传统数据平台时期就一直存在的问题，在大数据时代表现得更为明显。没有统一的数据标准导致数据难以集成和统一，没有质量控制导致海量数据因质量过低而难以被利用，没有能有效管理整个大数据平台的管理流程也导致利用数据的活动秩序混乱、效率低下。

（3）数据不可取。用户即使知道自己业务所需要的是哪些数据，也不能便捷自主地获取数据，相反，获取数据需要很长的开发过程。在大数据时代，业务追求的是针对某个平台业务问题的快速分析，这样漫长的需求响应时间是难以满足业务需求的。

（4）数据不可联。大数据时代，平台拥有海量数据，但平台数据知识之间的关联还比较弱，没有把数据和知识体系关联起来，难以做到数据与知识之间的快速转换，不能对数据进行自主的探索和挖掘，数据的深层价值难以体现。

在传统数据平台阶段，数据治理的目标主要是管控，为数据部门建立一个治理工作环境，包括标准、质量等。在大数据平台阶段，治理主体对数据的需求持续增长，用户范围从数据部门扩展到全社会，数据治理不能再只面向数据部门，而需要成为面向全企业用户的工作环境，以全社会用户为中心，在管理好数据的同时为用户提供自主获得大数据的能力，完成数字化转型。

网络舆情治理体系

网络空间是基本的网络舆情治理领域。大部分的感知行为都发生在网络空间，但其基础却在网络之外的人类社会。

网络舆情治理体系的主要内容包括网络舆情本身、网络舆情背后的社会基础、网络舆情涉及的主体（人或机构，包括网络舆情制造者、网络舆情传播者、网络舆情控制者、网络舆情控制效果评判者等）、网络舆情治理链及其中的感知模型、数据库等。

网络舆情管控本质上是互联网内容行政管理部门通过网络舆情治理链、网络舆情控制链、网络舆情处置链对网络舆情本身甚至网络舆情发生、传播、消亡的技术、社会基础进行影响，从而实现网络舆情管控部门的意图。

网络舆情治理本质上是人的动态博弈过程，包括主体和主体之间的关系、主体之间发生关系的方式等内容。网络舆情治理体系主要包括一般网络舆情治理系统、网络舆情主体与网络舆情自动化互动系统、特殊网络舆情治理系统、网络舆情治理评价系统等，该体系体现了网络舆情涉及的主体如何通过各种方式在网络甚至网络外环境实现博弈的过程。

网络舆情治理体系主要有以下四大系统。

1. 一般网络舆情治理系统

一般网络舆情治理系统面对的是大量低影响力的网络舆情，该系统为自动处理的计算机系统，可以对境内外多平台、多种类数据进行实时抓取和关联分析研判，可实现对各种网络舆情的监测，科学评估各类舆情热点和引爆点，并提供一般的候选干预措施。

该系统具有基本的、常规的感知流程、感知数据库、浅层社会关系库、传播模型库的调用、分析与仿真系统等，能够自动预判出大部分近期可能爆发的网络舆情。

2. 网络舆情人机互动系统

一般网络舆情治理系统毕竟是计算机系统，必须要和网络舆情主体进行结合。一方面，舆情分析、研判、预警属于前沿探索技术，一般网络舆情治理系统的软硬件根据实际社会和信息化技术发展的需要，每隔一定的时间和在重大突发事件的考验前后，要进行不断的升级；另一方面，舆情隶属于社会科学范畴，诸如社会心理、网络情绪等纯主观舆情指标，有大量的舆情判断因素很难量化成具体的计算机指标。这些因素导致目前阶段舆情系统必须要单独设立网络舆情自动化互动系统，实现网络舆情主体与一般网络舆情治理系统的深度契合。该系统更多注重将舆情信息以高效、准确、适合人体舒适感知的方式推送给舆情主体，同时辅以一定的专家人工建议服务，由此提高舆情治理的效率和水平。

通过人机结合，同时不断利用最新的人工智能成果对二者结合的自动化互动系统进行升级。实现从技术预警到人机结合的综合预警和研判体系，对舆情预警事件能够快速形成综合研判意见，为下一步的指挥决策工作提供科学、准确、有效的支撑。

3. 特殊网络舆情治理系统

一般网络舆情治理系统可以完成 80%以上的网络舆情感知，但是根据二八原则，剩下的 20%网络舆情却可能发挥着 80%的影响力。因此，实际上 80%资源和精力应该放在这 20%的特殊舆情上，要重点搭建特殊网络舆情治理系统。特殊舆情有其特有的感知判断理论模型，以及全面深入、迅捷准确的指挥、处置流程系统。

一般来讲，特殊舆情必然与当前的社会、政治热点密切相关，也与人类社会的根本需求密切相关，由此搭建特殊舆情治理系统。应实现对特殊舆情产生的基本社会舆情基础、网络空间传播流程、可能影响的网络主体等特殊舆情存在、传播、发展、消亡的环境基础的全面、深入、彻底的感知管控。

4. 网络舆情治理评价系统

舆情治理体系是个长期动态发展的过程，也是注重实时获知体系发挥作用效果的体系，因此网络舆情治理评价系统必须要与以上三个系统同步协同建设。网络舆情治理评价系统的主要目标有：对以上三个系统的实施效果进行评价，由此促进其不断地升级改进；促进网络舆情参数系统的绘制（参数和参数之间的关系等）和不断完善；促进整个网络舆情治理体系甚至指挥处置体系的改进完善。

具体步骤是：通过理论分析和前期工作经验，建立以上网络舆情治理体系的四大系统的初期模型、基础信息库和训练目标系统，然后利用现有网络数据和不断出现的网络舆情问题数据不断对以上模型、数据库进行训练和充实，并适时修正训练目标，获得逐渐可用的、符合实际需要的参数系统和新的系统结构、系统内容，从而实现整个网络舆情治理体系达到初步可用、成熟应用，甚至完美预测的不同阶段目标。

网络舆情治理体系的实现主要分为以下三个阶段。

1. 整体架构论证搭建阶段

该阶段的任务是对网络舆情治理体系的四大系统进行理论论证和初步模型搭建，即基于现有的技术手段和资源，对舆情治理模型和技术手段进行研究和开发；建立基于大数据分析的网络舆情治理基础数据库，并对接各类社会商业数据系统、科研数据系统、国家安全系统等，共同构成全国统一的网络态势感知系统的基础部分；提出成熟的网络舆情治理的舆情理论，包括一般情况、特殊情况、人机互动系统、评价系统的理论系统；建立基于以上理论模型、计算机仿真系统和初步可用的软硬件系统；初步建立网络舆情指标体系。

2. 模型训练、参数调整、体系成熟阶段

在该阶段，全面建设网络舆情治理体系，舆情治理技术手段相对成熟，数据库基本完善，大数据中心建设基本完成，可以投入使用，舆情治理预警能够达到良好的应用效果。

根据部分实际网络舆情或特制的网络舆情训练数据，对第一阶段形成的初期体系进行不断训练，并根据实际需求和训练结果不断对初期体系和各子系统的架构、组成内容、参数数值等内容进行调整，由此促进整个网络舆情治理体系的成熟。

3. 实际运用、全面拓展、统一集成阶段

将成熟的网络舆情治理体系应用到实践中，通过应对更为海量的数据、更为复杂的舆情、更为即时的需求、更为重大的事件等不同的实际网络舆情，进一步调整体系架构、内容、数据、参数等，实现对实际网络舆情的完美应对。

接下来，以实现智能化、全方位、立体化的事前预警和高效舆情管控处置的全面统一集成为目标，达到“上医治未病，感知即处置”的目标。

司法信息大数据平台

为了贯彻落实十八届四中全会精神，2015 年 2 月 26 日，最高人民法院发布了《最高人民法院关于全面深化人民法院改革的意见》(以下简称《意见》)，提出以健全审判权力运行体系作为全面深化法院改革的总目标。《意见》提出的七大方面、六十五项重大改革举措，都在一定程度上依赖信息化手段。通过建立审判流程公开平台、裁判文书公开平台、执行信息公开平台、全国法院司法信息大数据等信息化工作，以信息化作为关键手段及创新路径，促进司法改革提升水平、促进落实任务目标。

审判权力运行体系是对司法体制改革体系化思考后得出的体系框架，从横向维度开展法院业务流程和制度设计，从纵向维度梳理法院系统的垂直关系。通过信息化战略的部署实践，各种法律关系要素实现了统筹联合，从最高人民法院至各级人民法院的纵向通路得到了完整贯穿，同时纳入其他相关机构，形成了逻辑完备的体系框架。由此，分散的司法改革要素在此框架内成为一个个节点。按照司法体制改革的顶层设计，各级人民法院只需为体系的完备度以及各节点的完成度负责，即可有效落实司法改革的各项内容。

以当前司法体系运营存在的问题为导向，用信息化手段构建审判权利运行体系的方法和步骤如下。

首先是搭建信息基础设施平台，均衡法院信息化建设发展。搭建起一套贯穿四级人民法院，可共享、可连通、可协同的信息基础平台，建立以数据为核心的数据挖掘与云服务系统。该系统包括服务于司法管理、法官管理、司法解释制定等云数据中心，可实现司法大数据的采集、管理、挖掘、统计、分析。有效利用法院信息化中的数据，是未来法院信息化建设的重点，也是审判权力运行体系得以构建和运行最重要的基础。

信息基础设施平台可以规划全国范围的司法数据中心布局，集中汇聚全国司法数据资源，采用有效的云端大数据挖掘手段，最大化数据的价值；可以提高司法文书自动文本信息处理、审判执行工作辅助决策、审判过程音视频记录、信息处理等系统的智能化程度。各地法院业务应用系统运行于统一的云平台中，避免各地分头建设、各自为政带来的人、财、物、时间等方面的额外开销，有利于法院系统的全国统筹考虑，缩小法院信息化过程中的地区差异。平台支持各地法院以多种方式接入数据中心，支持应用和数据的迁移、应用和数据的完全托管、单纯数据上传等模式。全国法院采集的案例、当事人、审判过程等信息在云中共享，便于法官全面、集中了解案件信息，提高审判效率[1]。

其次是建立以法院为核心的全国法院网络系统，提升法院内部、法院之间的自动化程度。流程管理系统包括以法官为核心的法官管理系统、以关键节

> **小贴士——司法公开**
>
> 最高人民法院明文界定“司法公开”为六个方面，即立案公开、庭审公开、执行公开、听证公开、文书公开和审务公开。
>
> 2013 年 11 月 21 日，最高人民法院以法发〔2013〕13 号印发《最高人民法院关于推进司法公开三大平台建设的若干意见》（以下简称《意见》）。
>
> 该《意见》分为以下 5 部分：推进司法公开三大平台建设的意义、目标和要求；推进审判流程公开平台建设；推进裁判文书公开平台建设；推进执行信息公开平台建设；工作机制。

[1] 白倩倩，张权，饶玉柱. 信息化助力实现审判权力运行体系现代化. 中国电子科学研究院学报，2018，(2)。

点为核心的流程管理系统和以当事人为核心的司法服务系统。法官管理系统围绕法官这一业务核心，包含法官绩效考核系统、法官职业评价系统和法官职业培训系统。流程管理系统以关键节点为核心，衔接各业务流程，实现法院内部办公自动化。流程管理系统中最重要的就是审判流程管理，建立以审判流程为核心的庭审系统，包括远程审理系统、远程调解系统和科技法庭系统等。通过梳理法院之间的垂直监督、指导关系，建立以法院为核心的全国法院网络系统，实现法院之间的办公自动化、信息化。在司法为民和司法公开方面，建立以当事人为核心的司法服务系统，包括一站式信息化诉讼服务中心、12368 集成式 App 平台、司法公开统一平台。

构建信息基础设施平台和全国法院网络系统，首先需要统一标准、互联互通。可以参考国家电子政务标准总体体系框架，构建全面的人民法院信息化、标准化体系。保证部门之间、上下级法院之间、不同信息系统之间的互联互通和数据共享。其次是注重安全、完善运维。按照法院云计算体系的信息安全等级保护和分级保护技术措施、管理措施，进行安全防护体系建设，加强对信息系统全生命周期的安全管理，提高信息网络和重要信息系统的安全保护水平。建设、完善法院信息化的运维管控系统，实现对体系状态的实时监控，做到体系故障的提早发现、及时处理、快速恢复。再次是院企合作、整合资源。在基础设施、专门领域以及业务平台等方面强化共用、整合通用、开放应用。

在完成基础平台和网络系统的构建后，还需要树立一批典型、规范的应用和系统，即：

（1）标准化业务流程。将法院业务流程的共性进行梳理和概括，并形成标准，在云端以业务管理应用的形式实现。进行小范围的示范试点后，向全国法院推广。借助标准化的业务流程推动全国法院司法数据的整理和集中管理。

（2）业务流程可视化定制。法院业务流程以云端应用的形式实现，其中的共性业务节点实现为必须的流程节点。云端应用同时提供一个“流程节点库”，供各法院根据各自的特色，对业务流程以可视化拖拽的方式进行流程定制。

（3）司法大数据分析。从海量与审判业务相关的案件元数据（包括与案件相关的文字、声音、视频、图像信息）中，使用大数据的方法进行数据挖掘，提升我国司法的智能化程度。

（4）法官个人移动助理。为法官配备移动设备，能够随时随地接入“云端法院”，与云端安全、高速通信，方便法官移动审理案件。配备电子指纹签名设备，支持案件当事人现场确认审判结果。对案件审理过程进行实时记录，通过信息压缩实时上传到云端。

（5）“屏媒”传音。在各地法院大厅部署落地大屏幕，用于发布信息和提供便民服务。大屏幕与云端连接，可以接受云端统一推送的信息，形成“全国同一个窗口”的效果，让党和国家的声音、最高人民法院的声音在第一时间传遍全国3551个法院。

（6）“灵境”传神。使案件各方可以远程参与案件审理，让数据和信息多跑路，让人少跑路。提供身临其境、类似面对面的沟通体验，通过使用全景摄像机、广角三眼摄像机、触摸互动设备、信息共享工具，极大改善案件各方的沟通效果，提高审判效率。

> **小贴士——智能化司法**
>
> 智能化司法是司法领域的一场真正的革命，它指的是通过智能化原理，将数据收集、储存、运用等环节融为一体，利用多媒体技术、网络技术以及集中控制技术，对诉讼过程中所出现的送达、诉答、证据与证明、庭审与辩论、诉讼记录、诉讼裁判、签章等行为，进行声、光、电等设备处理，对司法的过程与结果实行统一管理与控制。
>
> 2018年2月，习近平总书记对政法工作作出重要指示，强调要深化智能化建设，严格执法、公正司法。

（7）远程协同系统。互动协同系统是新型的实时远程协作工具，融合了视频、语音、消息、内容等一站式功能，支持从移动设备到沉浸式终端，通过应用最新的触摸、语音识别、计算机视觉、增强现实等技术，极大提升与会者的参与程度与沟通效果。

利用信息化构建审判权力运行体系如图6-5所示。

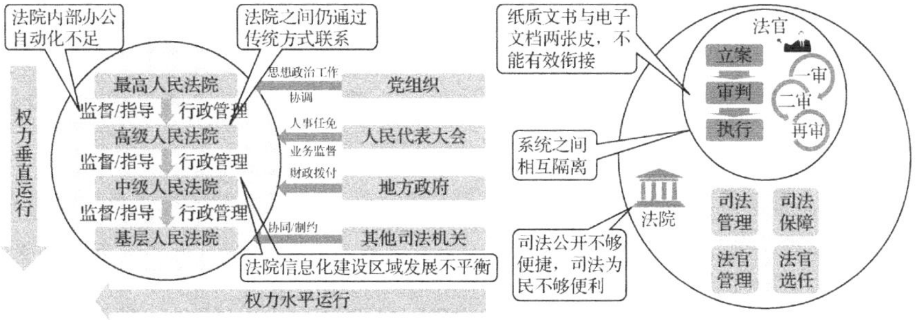

图6-5　利用信息化构建审判权力运行体系示意图

“三大系列”信息化：典型案例一

我国大数据产业发展历程及现状

2014年3月5日，李克强总理在十二届全国人大二次会议上作政府工作报告时指出，“设立新兴产业创业创新平台，在新一代移动通信、集成电路、大数据、先进制造、新能源、新材料等方面赶超先进，引领未来产业发展。”这是“大数据”首次进入政府工作报告，也表明其作为一种新兴产业，将得到国家层面的大力支持。“大数据”议题已经成为国务院常务会议的座上客，“大数据”战略早露端倪。

2014年7月23日，国务院常务会议审议通过《企业信息公示暂行条例（草案）》，推动构建公平竞争市场环境。其中要求建立部门间互联共享信息平台，运用大数据等手段提升监管水平。

2014年9月17日，国务院部署进一步扶持小微企业发展推动大众创业万众创新，其中包括加大服务小微企业的信息系统建设，方便企业获得政策信息，运用大数据、云计算等技术提供更有效服务。

2014年10月29日，国务院要求重点推进6大领域消费，其中强调加快健康医疗、企业监管等大数据应用。

2014年11月15日，国务院提出在疾病防治、灾害预防、社会保障、电子政务等领域开展大数据应用示范。

2015年1月14日，国务院部署加快发展服务贸易，以结构优化拓展发展空间，提出要创新模式，利用大数据、物联网等新技术打造服务贸易新型网络平台。

2015年2月6日，国务院确定运用互联网和大数据技术，加快建设投资项目在线审批监管平台，横向联通发展改革、城乡规划、国土资源、环境保护等部门，纵向贯通各级政府，推进网上受理、办理、监管“一条龙”服务，做到全透明，可核查，让信息多跑路，群众少跑腿。

2015年7月，国务院办公厅印发的《关于运用大数据加强对市场主体服务和监管的若干意见》提出，要提高对市场主体服务水平，加强和改进市场监管，推进政府和社会信息资源开放共享，提高政府运用大数据的能力，积极培育和发展社会化征信服务。

我国大数据产业仍处于起步发展阶段，各地发展大数据积极性较高，市场规模增速明显。

《2015年中国大数据产业白皮书》显示，我国潜在的大数据资源非常丰富，预计到2020年，我国大数据产业市场规模将达到8228.81亿元。

目前，我国大数据市场的供给结构初步形成，与全球市场结构相似呈现三角形结构，即以百度、阿里巴巴、腾讯为代表的互联网企业，以华为、星环、联想为代表的IT厂商，以亿赞普、拓尔思、九次方为代表的大数据企业。

在大数据产业链方面，我国大数据产业在高端环节缺少成熟的产品和服务。面向海量数据存储和计算的服务较多，在前端数据采集、预处理，后端环节数据挖掘分析和可视化，以及整体解决方案的产品较匮乏。

“三大系列”信息化：典型案例二

国土资源部信息化构建信息化管理大平台

“十二五”期间，国土资源部以信息化规范和创新国土资源管理，以金土工程二期为抓手和平台，以国土资源“一张图”和综合监管平台建设为重点，整合资源，深化应用，持续开发，强化服务，扩大覆盖面，加强信息化建设与应用的统筹，推动信息化与国土资源管理业务的深度融合，实现四级国土资源全业务信息化管理，初步实现国土资源管理手段的现代化[1]。

国土资源部信息中心主任韩海青表示，做好“十二五”期间的信息化工作，需要在以下几方面取得突破。

——让信息化成为国土资源管理改革创新的重要抓手。信息技术完全融入国土资源管理各环节，优化和重组管理流程，打通条条分割、板块林立的机构边界瓶颈，构筑以信息化为支撑的协调顺畅的国土资源管理新模式，给力新机制构建，不断为经济、法律、行政、科技“四架马车”注入活力。

——让信息化成为资源高效合理配置的基础保障。围绕土地、矿产资源的节约集约和综合利用，构筑国土资源“电子沙盘”，实现土地和矿产资源数量、质量、空间分布、开发利用、潜力等情况一览无余，使土地利用、矿业权投放等资源开发空间格局及结构配置得到优化，奠定“节约优先”的总体格局。

——让信息化成为综合执法监管体系中的中坚力量。将信息技术贯穿发现、

[1] 国土资源部解读国土资源“十二五”标准化发展规划. 中国政府网，2010.05.06。

反馈、处置全过程，监管视野扩展至全国覆盖，监管对象缩小至资源开发利用和市场交易现场，监管过程延伸到国土资源管理全周期的末梢，形成闭合链条，事前、事中、事后全程介入，促进执法监管形势根本好转。

——让信息化成为反腐倡廉“防火墙”。借助网上审批、网上监管、网上公开，规范权力运行，构建不可逾越的网络“隔离带”，前移关口，从源头上预防腐败。

——让信息化成为构建服务型政府的重要动力。借助互联网的强大渗透力和影响力，扩大在线服务领域，创新服务形式，提高公众参与度，回应有关资源的热点、焦点问题，提高互联网时代的舆论引导能力。

实现上述突破，信息化建设无论是在顶层规划还是具体推进措施方面，都比以往要求更高、难度更大，信息化建设和应用必然要与管理制度的设计和改革交织、互动，触及深层次问题。

搞好布局，即以“一张图”和综合监管平台建设带动信息化全面发展。

国土资源部“十二五”信息化工作将以“一张图”和综合监管平台建设为基本框架，承前启后，不断扩展，着力完成以下主要任务，带动信息化工作全面发展。

——加快国土资源“一张图”核心数据库建设。以2010年国土资源部印发的《国土资源数据管理暂行办法》为制度保障，统筹整合基础地理、遥感影像，以及国土资源规划、调查评价、监测、管理、开发利用信息，分层叠加，建立覆盖全国的国土资源“一张图”核心数据库，为国土资源规划、管理、保护、合理利用和对外服务提供信息保障。

——加快国土资源综合监管平台建设。围绕“一地一证一号”和“一矿一证一号”，整合土地、矿产资源、地质环境及地质灾害相关应用系统和信息，建立集信息集聚、预警监测、辅助决策、在线指挥功能于一体的国土资源综合监管平台，为综合执法监管体系提供技术支撑。

——持续推进四级国土资源全业务网上运行。到“十二五”末，四级国土资源管理业务全部实现网上运行和在线电子数据交换，并向乡镇国土资源所延伸，初步实现国土资源全业务的信息化管理。

——积极推进国土资源信息共享服务。政务信息网上公开实现县级以上国土资源管理部门全覆盖；推行网上交易，建立全国统一的土地和矿业权市场信息平台；统筹相关行业和社会需求，设计和开发国土资源品牌信息产品；实现地质资料服务集群化。

——加强网络安全和网站建设。建立贯穿四级国土资源管理部门互联互通的业务网，逐步向乡镇国土所延伸；不断强化信息网络安全保障措施；加强网站整合，形成各站点互联互通的国土资源门户网站体系。

——进一步完善和推广国土资源调查评价和监测技术，提高国土资源调查监测精细化程度和效率。

创新服务，即构建国土资源管理决策信息化大平台。

"十二五"期间，国土资源管理面临的"两难"局面持续存在。"当前的国土资源信息化工作，领导空前重视，需求空前旺盛，应用空前急迫，压力空前巨大，只有构建好信息化大平台，我们才能做到从容不迫。"韩海青表示。

国土资源管理决策信息化大平台由三大支撑平台构成，即建立在国土资源"一张图"和业务网基础上的综合监管平台、综合办公平台及共享服务平台。借助综合办公平台、综合监管平台，2010 年新开发和升级改版的系统达 50 多个；到"十二五"末，构筑由三大平台支撑的国土资源管理决策信息化大平台。"十二五"期间，国土资源信息化工作将围绕"破两难""把责任和权力放下去，把监管和服务切实抓起来""教育、制度、科技三管齐下，构建具有国土资源系统特色的廉政建设惩防体系"等当前国土资源管理改革和发展的重点课题，在服务保障中找地位，在管理创新中求发展。

"我们不片面追求技术的先进性，而是牢固树立围绕中心，服务大局的理念，立足应用，把当前成熟、实用的信息技术用在我们的信息化建设中，实现最直接、最简单的应用。"韩海青以务实的信息化建设理念，明确指出了国土资源信息化大平台建设的切入点。

"三大系列"信息化：典型案例三

阿里云为澳门装上"城市大脑"[1]

澳门这座古老而现代的国际都市将以开放的姿态全面拥抱云计算和人工智能。2017 年 8 月 4 日，阿里巴巴与澳门特别行政区政府签署《构建智慧城市战略合作框架协议》，将应用阿里巴巴领先的云计算和人工智能技术，在交通管

[1] 新华网，http://www.xinhuanet.com/tech/2017-08/07/c_1121439542.htm。

理、旅游、医疗服务、城市综合管理、人才培训等方面展开合作，为澳门构建城市治理的人工智能中枢，助力澳门发展成一个“以数字引领科技，智能服务民生”的智慧城市。

据悉，最早孵化于杭州的城市大脑将为澳门智慧城市建设提供技术和经验借鉴。阿里云将提供云计算能力和智能技术，协助澳门建立城市治理的人工智能中枢，助力澳门成为亚太区域智慧城市发展的风向标。

该项目将历时四年，在2018年年中初见成效。项目首阶段在2017—2019年期间展开，主要完成云计算中心建设，并逐步开展促进旅游、交通管理、医疗服务、电子政务等智能应用项目；第二阶段合作在2019年7月—2021年6月，除继续完善基础设施建设外，双方将在环境保护、海关通关和经济预测等方面展开合作。

双方合作项目主要聚焦：①推动澳门云计算中心建设；②将澳门打造成新型智慧旅游城市；③构建城市的智能交通网络，通过水路、陆路、空路的资源优化配置，实现交通资源的智能调配；④云计算人工智能人才的培养。

阿里巴巴集团资深副总裁、阿里云总裁胡晓明介绍，本次合作是阿里云进入全球化2.0阶段的成果之一，已经在杭州试点成功的城市大脑相关技术和经验，将为澳门智慧城市建设提供技术和经验借鉴。据介绍，城市大脑是目前全球最庞大的人工智能系统，被誉为AI领域的“登月计划”。此前，城市大脑已经在杭州成功试点，试点路段车辆通行速度最高提升了11%。

（三）以创新性、平衡性、阶段性、安全性为特征

促进基于信息化的政府治理持续性创新

在新的技术条件下进行改变和创新政府管理手段、方式、方法、模式，以适应现代发展的需求。

首先，通过网络强化协同创新管理机制，通过互联网技术实现业务部门信息共享以改善信息不对称，打通协同创新路径；其次，构建网络协同创新平台，包括信息基础设施建设、促进信息联动促进政府治理的协同创新；再次，通过“互联网+”的建设，积极探索公众参与网络化社会管理服务模式，鼓励多途径的信息传递和管理创新实践。

通过公共信息和数据开放促进大众创新。对各个政府治理主体，通过信息

和数据开放强化大数据的创新功能，激发市场的创新潜能。进一步促进政府与市场主体的双向互动，充分发挥大数据的创新活力，以及对经济增长和转型的重要支撑作用。对公众加大公共信息和数据的开放共享力度，在为其生活工作带来各种便利的同时，创造创新氛围和条件，促进大众创新创业。数据高效共享是指针对政府部门之间“信息孤岛”问题，以数据资源协同共享、业务系统互联互通为基本原则和支点。强化各部门间协调和统一规划，打通“数据孤岛”。充分利用各类数据资源，通过更好的信息沟通、共享机制，充分发挥大数据在社会服务和国家治理中的重要作用。一方面要打通政府各部门间数据交换共享的渠道，统一政府各部门数据库和跨部门基础数据库的建设，制定数据集标准和统一发布机制，建立统一、集成的，共建、共用和共享的政府数据网群体系（可以建立部门系统、地方的数据共享平台）。将割裂储存于不同地域、不同层级、不同部门的数据在统一平台上开放，消除政府部门间的“数据孤岛”，最大程度地汇集数据，使政府数据的附加价值被充分发掘。另一方面强力推动各级各部门政府间依法数据共享与协调机制。在数据共享过程中，使得各个部门，除了自己部门的数据之外，可以在有权限的情况下随时从数据中心调取所需的任何数据。同时要重视政府内部各个层级以及跨部门的协调性和整体性，更要加强与社会征信、商业资讯、学术研究等各项社会性信息源的协同推进，以推动形成广域的信息共享，盘活整个大数据世界。使得政府的数据资源能够发挥合力的作用，提高政府的管理和服务效率。

平衡政府“条块关系”，促进部门协作和机构改革

在目前我国的国家治理过程中，传统的公共行政体制依然在很大程度上发挥作用。其基本特征就是中央与地方、上级与基层、部门之间实行垂直化管理，表现为“条块分割”的基本结构，这种国家治理结构在长期发展中虽为稳定政府架构和推进社会有序发展起到了积极作用，但随着我国社会经济发展的逐步转型，其弊端也开始不断凸显出来，如机构臃肿、决策周期长、执行走样等导致行政成本居高不下，缺乏协调性与互动性，致使对社会公众的诉求以及社会信息和市场信息反应迟缓等。针对以上问题采取措施如下：

使用移动互联、云计算等新兴信息技术促进各部门和机构之间的信息共享和业务协同。针对性解决部门间的条块分割、交叉这些行政体制改革中的深层次问题，突破时间、空间上的限制，向社会和公众提供更加规范、透明的管理

和服务。

尤其是应采取以下行动，打破政府部门间的数据孤岛和信息鸿沟现象，优化部门条块关系，提高行政效率和效能。

一是要进行政府数据共享范围的界定。明确行政主体应当公开的内容和不予公开的内容（如国家秘密、商业秘密、个人隐私）。确定数据共享目录，说明数据共享领域和清单，以数据目录为抓手，推进部门和各级政府加快数据共享。

二是要统一数据标准、确保数据质量。所有公布的数据集信息应信息完整，应包括如标题、摘要、数据时间、数据来源、数据收集部门等信息。各级各部门的政府数据，在统一的数据口径下实现多个数据库的互联互通，确保数据的准确性和一致性，切实做到政府数据的对接与整合。完善政府信息发布协调机制，确保不同部门之间发布信息的准确性、一致性和协调性。

三是要通过重点工程予以示范，在国家安全、经济发展、社会稳定等重点领域，选择一批共享数据集，以及一批大数据运用的主体，建设试点工程，逐步推广实践。

把握信息化发展的阶段性，逐步构建治理体系

从生态体系形成的长期性、阶段性着眼，逐步转变政府治理革新和政府职能转变。例如，电子政务经历了部门运用到平台型的发展阶段，基于大数据的智慧城市与智慧政府已成为政府信息化发展的新阶段。应逐步推进以下工作：

一是建立统一的信息化建设协调机制，明确各部委职责与分工。

二是在重要应用领域进行试点示范，建立部门间信息共享机制及管理规范。打破部委层面条块管理的束缚，建立横向之间的联系，使各部门间的信息共享及业务协同在技术标准与制度层面都有章可循。

三是逐步推进虚拟大部制改革，对部门职能相近或相互交织比较多的部门进行信息层面的融合，在现阶段不改变条块分割的情况促进协同共享，充分提高政府治理与服务的效率。

夯实网络与信息安全，保障治理体系的安全性

随着大数据技术的不断成熟和应用范围的不断扩大，通过对互联网企业社交数据、互联网流通数据、国家安全部门数据库、政府部门数据库、统计部门

数据库等数据的模式识别、网络分析，挖掘其蕴涵的大量有意义的信息，为国家安全提供重要的支撑和保障。

研究制定国家信息安全战略和规划，强化顶层设计。落实信息安全等级保护制度，开展相应等级的安全建设和管理，做好信息系统定级备案、整改和监督检查。强化网络与信息安全应急处置工作，完善应急预案，加强对网络与信息安全设备、设施建设的指导和协调。完善信息安全认证认可体系，加强信息安全产品认证工作，减少重复检测和重复收费。

1. 制定基于大数据的网络空间安全战略

正如意大利军事理论家杜黑预言“谁控制了天空，谁就控制了世界”；美国海军历史学家、战略理论家马汉预言“谁控制了海洋，谁就控制了世界”；著名未来学家托夫勒预言“谁掌握了信息、控制了网络，谁就将拥有整个世界”。中国以最大的网民数量、最大的网站数量、最大的手机用户数量和最快的发展速度成为信息化大国。但在数据爆炸的今天，不仅要看到中国在信息、网络领域的发展和进步，同时也要意识到海量数据带来正面效应的同时也带来更加严峻的风险挑战。面对风险我们缺乏清晰的认知、缺乏技术的保障、缺乏制度的引领、缺乏顶层的规划。

失去对数据的掌控，安全便无从谈起。为获取未来网络空间的控制权，要利用好大数据使其成为网络安全防御的核心技术保障，利用大数据来感知和掌控网络安全的动态，实现对风险的监测、预警和分析。因此，要从国家的高度、系统的角度出发制定基于大数据的网络安全发展战略。实现网络空间的可知、可管、可控，营造清朗的网络环境。2017 年 6 月 1 日正式施行的《中华人民共和国网络安全法》为网络安全确定了法律标准，如图 6-6 所示。

图 6-6　中华人民共和国网络安全法于 2017 年 6 月 1 日正式施行

2. 确定优先发展方向和领域

解决大数据安全问题需要先进防护技术的支持，而云计算、物联网、移动互联网等的快速发展，为大数据的收集、处理、应用提出新的安全挑战。同时，大数据时代的数据环境越来越复杂，存在严重的安全问题，如大量的敏感数据分布在大量节点上、软件应用发展迅速、新的网络攻击手段层出不穷，对各国网络安全提出了严峻挑战。

我们应集中人力、智力、财力，选准优先发展方向和领域，确定信息技术发展战略和体系设计，进一步加快信息基础产业的发展，集中力量联合研发适合大数据应用的硬件装备和软件产品，建设大数据公共服务平台，促进大数据技术成果的商业化、民用化。加快研发新型网络空间安全技术，有效增强网络空间的防护水平。

3. 加强安全技术、观念的更新，支持民族安全产业的发展

随着技术的不断更新，高级别、高层次的手段与设备不断出现，使得数据、信息、网络等的定义与认识需要与时更新，与日俱进。同时要增强我国企业在数据信息安全领域的技术水平，增加对数据信息安全产品研发的投入，鼓励技术上的创新，不再依赖于国外的核心技术，形成拥有我国自主知识产权的软、硬件产品。

能够对数据信息安全起到关键作用的必然是民族企业，因此要增强对相关产业的扶持力度，保障其健康发展，开拓产业的市场，提高产品的质量。同时政府采购应优先安排民族企业的安全产品，并且要鼓励国内企业采购民族企业的信息安全产品。在涉及国家重要领域

小贴士——海康威视

海康威视，全称“杭州海康威视数字技术股份有限公司”，是以视频为核心的物联网解决方案提供商，为全球提供安防、可视化管理和大数据服务。

海康威视是全球安防之魁，是全球视频监控数字化、网络化、高清智能化的见证者、践行者和重要推动者。

连续六年（2011—2016）蝉联iHS全球视频监控市场占有率第一位。

连年入选“国家重点软件企业”、“中国软件收入前百家企业”、《A&S：安全&自动化》公布的“中国安防十大民族品牌”、CPS《中国公共安全》“中国安防百强”（位列榜首）。

2016—2017年，在《A&S：安全&自动化》公布的“全球安防50强”榜单中，蝉联全球第一位。

与重要项目上要完全采用自主研发的安全产品。在创新资金、项目贷款、税收政策及其他配套政策方面，政府要大力支持民族安全企业做大做强。只有民族安全产业做大做强才是大数据时代网络安全的重要保证。

4. 建立基于大数据的全方位的网络安全保障机制和国际合作机制

近年来，我国的核心数据泄露事件屡次发生，而据统计人为因素占了较多的成分，相比而言技术因素占比并不高。不仅如此，虽然境外不法人员对我国的核心数据虎视眈眈，调查这些事件背后的因素多数竟然是我方人员泄露造成的安全风险。虽然数据安全管理工作已经得到了国家的高度重视，但是管理力度、执行和监督力上尚显不足；没有先进的防御技术、缺乏配套法律与管理的机制；安全风险评估体系也不够完善，且缺乏统一的标准。

因此，应该健全符合现今时代发展环境的数据安全法律体系，覆盖数据安全所涉及的各个领域，使得在数据的保护上有法可依，并加强执法力度，真正做到违法必究，遏制数据安全犯罪的发生，有效打击犯罪分子，以规范网络的各种不法行为，切实保护数据、网络的安全。

数据从生成到传输、从存储到处理、从分析到应用的整个全过程都伴随着安全的风险。因此，要对大数据的安全监管贯穿其整个生命周期，并制定配套的完善、有效的监督和管理机制。还要提高公民的数据安全防范意识，保证其能够安全、合理、有效地使用数据。要构建一条遍布数据全生命周期、遍布数据应用各个领域，从个人、企业和组织再到国家的数据安全监督和保障机制。

网络空间是一个无国界的、开放的系统，网络安全同样也是一个国际性的问题。十九大报告指出，目前网络安全、

> 小贴士——**网络安全法**
>
> 《中华人民共和国网络安全法》(以下简称《网络安全法》)是我国第一部全面规范网络空间安全管理方面问题的基础性法律，是我国网络空间法治建设的重要里程碑，是依法治网、化解网络风险的法律重器，是让互联网在法治轨道上健康运行的重要保障。
>
> 《网络安全法》以网络空间主权原则和网络安全与信息化发展并重原则为基本，提出制定网络安全战略，明确网络空间治理目标，进一步明确了政府各部门的职责权限，完善了网络安全监管体制。同时也强化了网络运行安全，重点保护关键信息基础设施，完善了网络安全义务和责任，加大了违法惩处力度。将监测预警与应急处置措施制度化、法制化，为网络安全工作提供切实法律保障。

重大传染性疾病、气候变化等非传统安全威胁持续蔓延，人类面临许多共同挑战。中国秉持共商共建共享的全球治理观，倡导国际关系民主化，坚持国家不分大小、强弱、贫富一律平等，支持联合国发挥积极作用，支持扩大发展中国家在国际事务中的代表性和发言权。中国将继续发挥负责任大国的作用，积极参与全球治理体系改革和建设，不断贡献中国智慧和力量。

因此，面对挑战需要加强国家合作，共同维护网络空间的安全。在各国维护争占大数据安全制高点的博弈中，中国作为网络大国之一，正在积极参与和促进平等、公平、公正原则下国际规范的制定和出台。与世界各国分享、沟通和互信，携手共建网络空间命运共同体，共同维护网络空间安全。2017 年，"第四届世界互联网大会"在乌镇成功举办，如图 6-7 所示。

图 6-7　2017 年，"第四届世界互联网大会"在乌镇成功举办

图片来源：互联网。

未来技术典型案例

人工智能[1]

2015 年初，一部并不广为人知的小成本电影《机械姬》（Ex Machina）上映。该片讲述的是一名很有天赋的员工受老板之邀，对一个名为夏娃的智能机器人进行"图灵测试"的故事。故事的结局并不完美但也不出人意料：在图灵测试的过程中，这名员工渐渐爱上了这个机器人，并与机器人一起杀死了老板，但机器人摆脱了人类的束缚以后并未选择跟这名员工在一起，而是头也不回地"潇洒"离去。如果将这个机器人换成是人类，则这部电影无疑非常老套，但机器人毕竟不是真正意义上的"人"，电影《机械姬》海报图如图 6-8 所示。

[1] 张春磊. "电科防务研究"微信公众号，2016.4.11。

图 6-8　电影《机械姬》海报图

于是，我们不得不深深担忧这样一个问题：本来就没有人类天生弱点的机器人，一旦学会利用人类的弱点，那么人类还能剩下什么凭恃？“机器人学的三大法则”[1]足够帮助人类应对这些挑战吗？

其实，机器人一旦“觉醒”，人类就再也无法阻止其“崛起”，这才是人工智能的“铁律”。而且，人工智能的崛起也许并没有人类想象的那么遥远。

2016 年初，谷歌公司开发的人工智能程序“阿尔法狗”（AlphaGo）围棋非常嚣张地战胜了围棋世界冠军李世石，如图 6-9 所示。其实，这并不是棋类世界冠军第一次输给人工智能——早在 1997 年，俄罗斯国际象棋世界冠军加里·卡斯帕罗夫就已经输给了 IBM 公司开发的人工智能程序“深蓝”（Deep Blue）。

“阿尔法狗”程序主要基于一种“深度学习”（Deep Learning）算法，其核心程序有两个：

① 落子选择器（Move Picker），利用具备监督学习功能的策略网络来选择下一步棋的最佳下法；

② 棋局评估器（Position Evaluator），利用价值网络来辅助落子选择器。

可能有人认为围棋的规则相对简单，设计过程相对简单，复杂度相对较低。然而，作为一种已经流传了 4000 多年的博弈性游戏，在貌似简单的规则下，围

[1] 这三大法则是：第一法则，机器人不得伤害人类，或坐视人类受到伤害；第二法则，除非违背第一法则，机器人必须服从人类命令；第三法则，在不违背第一及第二法则的情况下，机器人必须保护自己。

棋实则藏有神鬼莫测的变化。因此，作为一种典型的人工智能，“阿尔法狗”之所以能够战胜李世石，核心是“智能”而非“人工”。

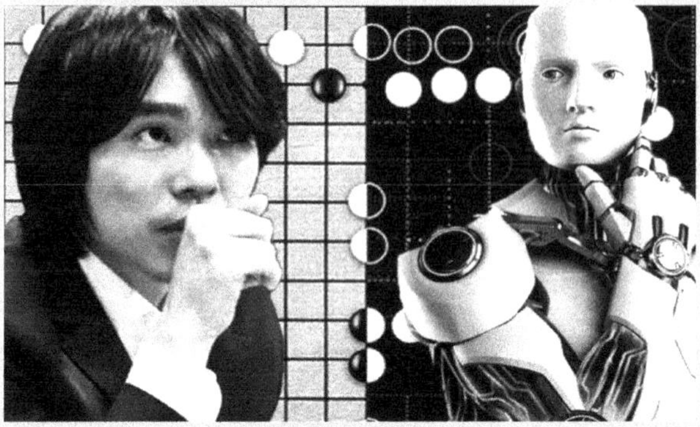

图 6-9 “阿尔法狗”战胜李世石

二、信息化国家治理新挑战

近年来，我国在经济、社会、军事各个领域的信息化建设全面推进、成绩喜人，网络安全和信息化协调发展的意识普遍提高，信息化成果惠及人民取得了实质性进展，在信息领域的国际话语权和影响力不断增强。信息化以其先导性和引领性深刻地改变着我们，已经成为全球化治理的有效手段和国家改革发展稳定的新基石。与此同时，我国的信息化发展也不断遇到新的挑战，这些挑战也具有相当程度的世界性特征。

（一）数据网络化带来的挑战

2015 年 6 月，我国网民规模达 6.68 亿，其中农村网民的占比为 27.9%，规模达 1.86 亿，互联网普及率为 48.8%，手机网民规模达 5.94 亿，网民中使用手机上网的人群占比为 88.9%，且接入网络方式呈现出由电脑端向手机端迁移的明显趋势。移动互联网用户占整体网民的比例接近 90%，在移动互联网及其社会网络服务体系推动下，巨大的电子商务经济体和以创新为特征的网络经济和服务产业蓬勃发展。2018 年，我国网民数量为 7.72 亿，手机网民占比为 97.5%，其中网络购物用户规模为 5.33 亿，网上支付规模为 5.31 亿[1]。虽然我国已有 7

[1] 中国互联网络发展状况统计报告. 中国互联网络信息中心（CNNIC），2018.1.31。

亿多网民，是美国总人口的两倍多，但由于信息基础设施建设能力不足，信息化的城乡差别、区域差异、群体差异仍然明显，“信息化贫困”已经成为一种新型贫困。

数据网络化产生了巨大的市场需求，亟须我们在移动互联网的服务应用、信息产品、数据内容、市场活力、O2O 等方面，进行敏锐的技术创新、产品创新和应用创新。数据在网络共享中增值，信息集成方得智慧。由于数据不能共享而形成的一个个信息孤岛、一座座孤立的智慧城市，都有可能成为治理的孤地。

（二）舆论引导机制扁平化带来的挑战

大数据、云计算、移动互联网等新兴电子信息技术的不断发展，微博、微信、移动客户端、终端自适应等新兴舆论平台的出现，逐步形成立体化、多渠道的传播格局，大众信息传播的覆盖面和影响力不断增强。

借助互联网的强大渗透力和影响力，社会舆论媒体不断扩大在线服务领域、创新服务形式以及提高公众参与度，回应有关资源的热点、焦点问题，提高互联网时代的舆论引导能力。社会组织、个人等在舆论媒体上的影响力不断增强。

同时，政府大力推进信息公开，致力于阳光政府建设。政府信息公开的范围不断扩大，公开的形式越来越丰富，有关信息公开的各项制度越来越完善。各级政府机构通过建设官方网站、开通官方微博和微信平台、组建专门的网络新闻发言人队伍等方式，进一步加强政务公开。这也要求政府不断采用新型信息技术等产品来下放权力、拓展服务。

（三）主体利益多元化带来的挑战

在公共治理方面，信息化将政府的改革从政府内部引向外部，将政府公共服务的提供者角色与生产者角色分开，打破公私界限，把过去由政府机构直接提供生产的社会服务，以各种方式，鼓励非政府机构、半政府机构共同承担。中央政府、地方政府、企业和各种市场主体（包括消费者和代表整体利益的行业组织等）、社会组织（公益性和互益性）、公民和公民各种形式的自组织都成为治理主体，享有治理权力。治理主体的多元化造成了治理权力的分散化，相应的治理责任也分散化了，分散于平台、消费者、企业、第三方治理机构、政府等，这种责任的分散化可能导致治理责任的边界模糊。

在经济发展方面，依托移动互联网、大数据、云计算等现代信息技术，各类企业发展出新型的创业服务模式，建立了一批低成本、便利化、开放式的众创空间和虚拟创新社区，通过建设多种形式的孵化机构，构建“孵化+创投”的创业模式，为创业者提供了工作空间、网络空间、社交空间、共享空间，降低了大众参与创新创业的成本和门槛。

利益的多元化和权力的分散化，决定了未来各个领域的治理很可能不是某个主体能独立完成的任务，必须依赖于各利益主体形成密切合作的机制。此种机制的形成一方面有赖于各主体共享共通的价值观念，另一方面又取决于各主体通过合作关系实现各自的利益追求。各个利益主体之间是相互独立的，它们之间有多种可能关系，可能是委托代理关系、合作关系或是兼具竞争与合作的博弈关系。

三、信息化国家治理新思路

（一）明确信息技术的工具属性

当前，中国信息化行动计划的开启，对整个国家的经济发展、社会进步和政府治理产生的影响日渐显现，信息化的创新性成果与经济社会各领域深度融合以谋求创新性发展已成为共识，利用信息化的优势争取发展先机也成为政府的重要战略议题。信息化被中央政府认知为“经济发展新形态”，处于被引向构建经济社会发展新生态衍变过程的关口，对政府治理亦提出了严峻的挑战。在这种背景下，亟须政府合理定位角色，站立潮头、引领方向、创造条件、营造氛围、提供资源、推动发展。政府应清醒认识到信息化对政府治理的挑战，这种挑战不仅反映在人员素质、办事能力和工作流程等方面，更为严峻的是对思维观念、体制机制、方式方法的全方位冲击，为实施信息化国家治理提供思想和认识基础[1]。

信息化国家治理，从治理的工具手段层面上看，标志着以移动信息化、大

[1] 张锐昕，阎宇，谢微，李汝鹏.“互联网+”对政府治理的挑战. 电子政务，2016，（3）。

数据、云计算、物联网等为核心的现代信息技术及其产品在政府领域的广泛采用和深度应用，显示出传统的治理模式已不能适应信息社会的复杂性，需要建立一种更为弹性、灵活的治理模式。先进工具手段的利用、方式方法的改变和模式能力要求的变化，都需要信息技术及网络等信息基础设施提供支持，以支撑适应信息化生态环境的现代化国家治理生态。

但是我们应当反思：作为信息时代的核心技术，互联网技术在当前国家治理中的应用是否顺应了它的属性与精神，我们是否只是在用新的信息技术“武装”传统的治理手段，信息化对于国家治理的促进是应当在工具操作层面还是在治理范式层面。

技术具有特殊属性，技术内含特殊精神。信息化技术的特殊属性包括超文本、多媒体、互动性等，信息技术内含的特殊精神包括自由、开放、共享等。技术虽然是一种工具，但是违背技术属性与技术精神的使用，将不能发挥技术的优势，甚至会事与愿违。

（二）明确人民政府的协同角色

为适应信息化这一新的生态环境，政府必须更新公共治理的思维观念、行为方式和角色定位。

在“小数据时代”，政府主要依据全面、准确、及时的信息进行管理和决策。而在“大数据时代”，数据收集渠道的增多和处理成本的下降，以及社会分工的细化，都为政府拥有更多数据、掌握更全面的社会发展动态提供了现实可能性和可行性。但真假信息大量混杂存在、不准确性信息时时混淆视听、信息爆炸式增长等状况，需要政府挖掘出有价值的数据、过滤出真实的数据并分析出准确的数据，这是对政府的数据挖掘、过滤、分析和利用能力的极大考验，也是对政府以往秉持的精准思维定式的严峻挑战，这些都直接影响到大数据时代政府管理和决策的质量和效益。此外，数据真实性要依靠人和人为设定的标准、规则来选择和判断，无法摆脱人为因素的影响及主观因素的局限，在此方面需要政府合理引导、有所作为。

信息化时代，在社会生活多元化、社会需求多样化和社会事务动态化的趋势下，以往政府在管理和决策中对社会事务因果关系的强调和倚重已难以为继，因为政府对因果关系的追溯要受到时间、空间、精力、人力和效率等因素的多方掣肘。这就要求治理主体学会借助机器和大数据技术，以信息化思维方式去发现问题、认识问题、分析问题和解决问题，并借助他方力量，将自身所掌握的碎片化数据和知识转变为整体性、结构化的信息和知识。由此，政府主导、其他组织有序参与的技术性竞争与合作将渐成主流。

信息化的实现，可帮助政府快速获取公众需求，从而有望改变政府以往被动的服务意识和服务模式，政府服务将表现出以下特点：

首先，政府的服务不再以特定群体为指向，而是以个体为服务对象，通过大规模的个性化定制来满足每个个体的个性化需求。

其次，政府要借助信息技术和信息化思维向公众主动推送服务，并努力追求一体化、精准化、智能化地提供定制化、一条龙的公共服务。这就要求政府彻底摒弃以往服务与管理不分的工作意识，建立起以每个公民为中心的现代服务意识。

最后，政府的具体服务模式应以事项为中心，以用户体验为核心，建立起系统性、整体性和全流程式、参与式的服务价值链条，透过更加紧密的用户关系以及部门间的资源协同，实现公共产品价值的提升，改进公共服务的质量，提高公共服务的效率。

现实的政府职能向网上迁移也越来越成为必需。对政府而言，要适应信息化环境变迁，作出创新性职能建构，并将现实物理空间中保存下来的政府职能迁移到网络虚拟空间（包括信息化，也包括电子政务网络）去履行，以保证政府在网络虚拟空间中同样能实现“提升好的内部程序化管理和外部服务提供”[1]，并且在保障网络社会秩序和运行环境安全方面同样担负起重要的责任和使命。为此，需要政府清楚地界定自身在网络虚拟空间中履行职能的内容和边界，明确新的角色和定位。各个政府机构需要打破地域、职能和部门的桎梏，形成网状化的组织结构，实现部门之间合作分工，使政府组织中的每个人在充分独立的同时，保障公务人员能够在社会问题与公民需求面前按照规章制度自由组织协作，快速解决与回应社会问题与公民需求。此外，政府还要树立开放的观念，打破政府与社会组织的壁垒，利用政府外部的人力与信息资源解决自身或社会的问题，形成政府与社会的合作治理机制，保障社会的良性、有序发展。

---

[1] 张锐昕，阎宇，谢微,李汝鹏. “互联网+”对政府治理的挑战. 电子政务，2016（3）。

（三）明确国家治理的善治追求

善治是使公共利益最大化的社会管理过程，其本质特征是政府与公民对公共事务的合作管理，是政府与市场、社会的一种新颖关系。善治的本质特征就在于它是政府与公民对公共生活的合作管理，是政治国家与公民社会的一种新颖关系，是两者的最佳状态。善治实际上是国家的权力向社会的回归，善治的过程就是一个还政于民的过程。善治表示国家与社会或者说政府与公民之间的良好合作。

在信息化促进国家治理不断深化的趋势下，信息需求更趋复杂多样，信息组织深度融合，信息活动可以跨越组织和时空的界限进行，信息化所追求和依靠的信息共享、互联互通与强权、集中控制存在冲突，必然要求政府和各行各业以及社会公众共享信息资源、分享公共权力，使传统层级式的治理模式不能适应以电子政务为中心的多中心主体协调、共治的需要，转向一种全新的治理模式——网络化治理模式，即人与人之间、组织与组织之间以及个人与组织之间互相依赖，形成“点对点”的网状结构，这些合作伙伴相互之间的联系、交流、沟通都将依靠网状结构来进行。网络化治理象征着世界上改变公共部门形态的四种有影响的发展趋势正在合流。其一是第三方政府：逐渐出现利用私人公司和非营利机构从事政府工作的模式；其二是协调政府：从“顾客—公民”的角度考虑，采取横向协同、纵向减少程序的做法；其三是数字化革命：技术上的突破大大减少了伙伴之间的合作成本；其四是消费者需求：公民希望增加公共服务选择权的要求在不断提高。[1]

目前，网络化治理的理念在政府实践层面已经出现了多种治理方式的创新，例如，连线政府（Wired Government）、虚拟国家（Virtual State）、电子政府（Electronic Government）、数字化政府（Digital Government）、多层治理（Multi-level Governance）、网络状治理（Network Governance）等。国际关系领域对多边合作（Multi-lateral Cooperation）、全球治理（Global Governance）等的实践探讨，以及地方政府改革中出现的地方辖区（Local Jurisdiction）、多中心治理（Polycentric Governance）等都昭示着治理结构的调整，实际上也代表一种新的治理范式的出现。这些探索为新的治理模式提供了机制选择。

---

[1] 孙健. 网络化治理：公共事务管理的新模式. 学术界，2011（2）：55-60。

信息化促进国家治理深化发展，势必涉及利益格局和管理模式的深度调整。一方面，它可以打破既有的利益分配格局，产生“总体有利，局部阵痛”的再分配效应；另一方面，生产方式的创新性也往往会产生新的管理问题。对地方政府来说，要抓住信息化给予的种种机遇、战胜信息化带来的各种挑战，就必须从思想上端正认识，在努力学习先进知识的基础上，认清形势、创新思维、转变观念、统一认识，同时，从摸清自身底数和排查现实问题入手，在研究、探析问题成因的基础上，针对问题寻求对策、主动出击、改革创新、与时俱进。唯有如此，才能适应信息化这一新的生态环境，在新一轮的竞争与合作中占据主动和优势地位。

国家治理生态的建设必须坚持以习近平新时代中国特色社会主义思想为指导，全面贯彻落实党的十九大和十九届二中、三中全会精神，全面增强信息化发展能力；着力发挥信息化对经济社会发展的驱动引领作用，整体带动和提升新型工业化、城镇化、农业现代化发展，推动经济发展质量变革、效率变革、动力变革，助力经济高质量发展，加快建设现代化经济体系；着力满足广大人民群众对美好生活的新期待，充分释放数字红利，让信息化更好地造福人民；着力发挥信息化在国家治理生态中的作用，推进国家治理体系和治理能力现代化。

四、更遥远的未来：信息技术与社会形态

（一）未来信息技术：信息覆盖自然

技术是人类在认识和改造自然的过程中，为实现各种需要而创造发展起来的具有实用性价值的经验、知识、方法技巧的总称，是人类制作和使用外物、改变和控制环境的一切方法、手段的综合。

未来的技术，必将不断从前沿基础研究向宏观拓展、微观深入和极端条件方向交叉融合发展。随着技术手段的不断进步，人类对宇宙起源和演化、人脑与意识、暗物质与暗能量、微观物质结构、极端条件下的奇异物理现象、复杂系统等的认知将越来越深入，人类对客观世界与主观世界的基本认知会提升到前所未有的新高度。这些认识成果的集中表现形式便是信息技术的高度发展。

未来的信息技术，将呈现出“网络极大化、节点极小化”的基本特征，即无所不在的网络，将实体空间、虚拟空间融为一体，人、机、环境甚至人的意识皆被网络连接，虚拟空间（网络空间等）和实体空间将统一于信息，它们是“空间”概念的一体两面，是不可分割的。“空间”被感知、控制的基础则是“空间”被人的意识“信息化”。另一方面，随着人类技术的不断演进，作为网络节点的各类客观存在，将呈现出越来越小的发展趋势，纳米将成为技术实现的基本尺度，微系统将成为功能实现的基本单元[1]。

> **小贴士——信息覆盖自然**
>
> 未来世界关于“人”的基本定义将更加丰富，存在即有痕迹，联系即有信息；实体空间可观察痕迹，虚拟空间可搜索信息。未来世界人类的活动、财富甚至社会关系，不仅在实体空间而且在虚拟空间将得到极大扩充。
>
> 未来世界的繁荣将体现在高度发展的智能方面。这种智能不仅仅是传统意义上生物智能的逻辑化和符号化，也不仅仅是人工智能的精确化和拟人化，而是人、机器、社会同在“回路”的群体性智能、体系性智能。我们将不再只是“站在巨人的肩膀上”，而是“站在全人类的智慧深处”。
>
> 未来的不确定性也许会使人惶恐，但根据科技发展预见的未来也会令人着迷。让预见成为现实，最重要的是依靠科技进步创造未来。“如果现在你不创造未来，那么未来你将生活在过去。”
>
> ——吴曼青（中国工程院院士）

具体而言，未来的信息技术具有以下五个特征。

1. 网络一切：未来世界将构建在网络之上

未来，“互联网+”将更加深入蓬勃发展，全方位改变人类的生产生活。新一代信息技术的发展和无线传输、无线充电等技术的实用化，为实现从人与人、人与物、物与物、人与服务互联向“互联网+”“网络一切”的发展提供丰富高效的工具与平台。随着大数据的不断普及、深化，人类活动和生存环境将全面数据化，云计算等各类信息技术为数据的大规模生产、分享和应用提供了基础。工业互联网、能源互联网、车联网、物联网、天地一体化网络信息体系等新网络形态不断涌现，智慧星球、智慧城市、智慧物流、智能生活等应用技术不断

[1] 吴曼青. 信息技术会创造什么样的未来. 人民日报，2017.03.23（07 版）。

拓展，将形成无时不在、无处不在的网络信息环境，对人们的交流、教育、交通、通信、医疗、物流、金融等各种工作和生活需求作出全方位的及时智能响应，推动人类生产方式、商业模式、生活方式、学习和思维方式等发生深刻变革，如图 6-10 所示。

图 6-10 未来技术发展的智能图景

2. 万物互联：集大成者方得智慧

在“网络一切”的基础上，“万物互联”的根本价值在于：数据在网络共享中增值，信息集成方得智慧。各类信息技术成为未来数字经济乃至数字社会的“大脑”和“神经系统”，帮助人类实现“信息随心至、万物触手及”的用户体验，并带来一系列产业创新和巨大的经济及战略利益。

信息共享是依托网络信息的可流动性，在标准化和规范化基础上，信息和信息产品在不同层次、不同部门信息系统间实现交流与共享的活动。信息共享将促进资源合理配置、创造更大价值。信息流动性是指信息的动态可用性，通过业务规则、信息系统、体系结构、标准以及指南、政策，可以增强信息的流动性，满足计划中的或不可预知的信息共享合作伙伴的要求。信息共享具有突破空间（网络空间、社会空间、物理空间）、突破时间（历史、现在、未来）、突破内容（文本、音频、视频等）、突破领域（政治、经济、文化等）等特征。

3. 时空压缩：物理极限面临挑战

信息技术的不断发展，使实体空间和网络空间的内部甚至两个空间之间的沟通联系越来越便捷，部分社会运行的规则面临冲击，传统意义上的物理“时空”概念因感知、连接、数据、计算、智能等因素被不断压缩。

未来，工业经济时代奉行的一些规则、原理将被打破，例如，边际报酬可能递增。梅特卡夫定律所揭示的网络价值，恰恰能够通过需求创造新的需求，免费使用的应用收费模式可能成为未来趋势。

4. 虚实融合：存在即信息

“虚实融合”展现了信息将虚实空间连接起来的情形，与其密切相关的“时空压缩”则体现了不同空间通过信息的跨界流动实现快捷联系的特征。

实是“存在”，虚是“联系”，虚实融合是“动向”。实体空间可观察痕迹，虚拟空间可搜索信息。“虚实融合”的一个重要实现方式是：全面采集实体空间的痕迹与虚拟空间信息，运用大数据技术进行深入关联分析，形成“联系链”，记录各类信息，对其进行采样、聚类、自然语言处理、数据挖掘、社会行为模型分析匹配、地理空间标记，构建虚实空间融合系统。

5. 协同共享：从认知到行动的全面协同

信息时代的利益多元化和权力分散化，决定了未来的数据获取和分析不是某个主体能独立完成的任务，而必须依赖于各利益主体形成密切合作的机制。此种机制的形成一方面有赖于各主体共享共通的价值观念，另一方面取决于各主体通过合作关系实现各自的利益追求。

未来的技术将使得数据和信息的开放、流动、共享成为常态，信息技术的不断发展，使不同主体的认知协同成为可能，参与高度一体化的协同行动，同时协同行动的技术手段也将十分成熟。

技术的发展永无止境，科技创新的未来激动人心。正如雨果所说：“与有待创造的东西相比，已经创造出来的东西是微不足道的。”我们要准确把握世界科技发展新趋势，树立创新自信，抢抓战略机遇，实施创新驱动发展战略，加快建成世界科技强国，为决胜全面建成小康社会、夺取新时代中国特色社会主义伟大胜利、实现中华民族伟大复兴的中国梦提供强有力的科技支撑。

（二）未来社会形态：智能美好生活

新一轮信息化经济社会展望

新一代信息通信技术与制造业的融合发展，是新一轮科技革命和产业变革的主线，也是德国工业 4.0、美国工业互联网的核心。其内涵体现为：

一是智能制造正成为新一轮产业竞争的制高点。新一代信息通信技术的持续演进，推动着制造业产品、装备、工艺、管理、服务的智能化，同时，高度智能化产品的商业化步伐不断加快。跨领域、协同化、网络化的创新平台正在重组传统的制造业创新体系。

二是消费互联网持续扩张，工业互联网快速兴起。互联网日益融入媒体、教育、医疗、物流、金融等领域的各个环节，推动形成新的消费理念、商业模式和产业形态。工业互联网快速发展，新的生产方式、产业形态和商业模式不断涌现，信息经济新形态、新模式竞相浮现。

三是互联网日益成为创新驱动发展的先导力量。创新主体互动、创新资源组织和创新成果转化更加网络化、全球化和快捷化，开启了以融合创新、系统创新、迭代创新、大众创新、微创新为突出特征的“创新时代”。

人工智能治理

我们即将走向人工智能（AI）时代，也终将实现从“网络治理”到“AI治理”的转变。以人工智能（AI）行业治理为参考，“多层次治理”正是将前述现代化治理机制予以落地的实践方式。

2016 年，AlphaGo 战胜李世石，这一事件为世人瞩目。然而当下，政府部门和社会接触到的人工智能研究进度与信息，多数来自科技研究机构，而如何对这些机构进行有效监管，仍然是亟待解决的问题。当前的政府仍然主要以“战略布局者”的角色参与人工智能（AI）治理。

例如，美国在 2016 年 10 月出台“国家人工智能研究和发展战略计划”和“为人工智能的未来做好准备”研究报告，我国在 2016 年 5 月出台《“互联网+”人工智能三年行动实施方案》，但这些政策和文件均只有路线规划和方针指引，尚无体系化的监管制度。这既是因为相关产业尚不成熟，也源自相关技术的复杂性与高门槛。公共政策的制定者难以深入了解现有的人工智能技术及风险，只能选择原则性指导和观望。AI 科技公司的自我监管会因利益驱动而趋于无效，必须引入外部监管。因此，商业自治的非中立性与缺乏权威，是多元治理主体面对新兴科技需要协力破解的困局。

对政策制定者而言，要实现对 AI 行业的有效治理，需要对其进行充分的调查研究，若是直接套用已有的监管政策，监管效果必然会大打折扣，甚至可能扼杀创新。

作为公共政策制定者的政府往往缺乏专业的技术知识和技术预见力，而作为技术开拓者的企业则无法保持令人信服的中立性与权威性，社会生活和基本权益受到实质影响的公民社会又难以成为主导性力量。

在这种情况下，最为合理的方式是鼓励各方积极参与，在对话、协商与博弈中为人工智能行业的发展规划出最佳路径，并对其中的风险与责任进行分配。

未来社会发展展望

全球化进程持续推进，人类面临共同挑战与不同解决途径的矛盾统一。未来，全球一体化将达到并维持在一个较高水平。一方面，随着不同文化主体之间的借鉴交流和国际贸易的不断扩大，国与国之间的相互理解不断加深，并保持频繁交往，绝大多数国家实现了利益捆绑，均存在一种内在的、加强国际合作的需求。不同国家之间的利益分歧将向人类共同面对的难题妥协，疾病、老龄化、资源短缺、环境污染、恐怖主义等问题形成的外在压力将各个国家更紧密地联系在一起，国际组织的数量与作用将大幅提升。另一方面，以中国为代表的新兴国家崛起，势必与美国等西方传统强国维护其全球霸权和既有国际秩序的决心产生冲撞，人类共同挑战和不同解决路径之间的斗争与统一将成为国际关系的主要议题。

民族国家继续存在，国家角色向基本属性回归，民主政治模式百花齐放。未来，不同政体对于民主政治模式的探索与运用将呈现百家争鸣的局面。普通公民的政治素养与法治观念大幅提升，更大程度、更深入地参与到制度设计、政策制定、组织建设等政治活动之中。在政治制度与法律法规不断完善的情况下，对于公民而言，国家的作用将向最基础的角色回归，即提供最基本的公共品，如法律制度、外交、国防、公共安全、社会保障等。政府与市场、社会之间将建立起良性的伙伴关系。

网信经济、共享经济、绿色经济促进“第三类经济形态”形成，成为继工业经济、农业经济后的人类社会基本形态。未来，网信经济在全球经济总量中所占的比例将不断提升，相比之下，第一产业与第二产业生产将限于满足人类衣食住行及相关的基本需求，产业集中度随之大幅增加。以网信经济、共享经济、绿色经济为代表的“第三类经济形态”将成为全球最普遍的经济形态，信息、知识、思想将超越土地、人力成为核心生产要素，信息经济的发展同时体现为对于其他产业形态的融合与重塑。除此之外，基于各国对资源节约和环境保护达成的共识，新经济形态滋生的新商业模式将成为经济增长的另一条主线。

“相对贫困”取代绝对贫困成为主要社会问题，贫富分化加重，中产阶层数量剧增。未来，贫富两极分化的程度将更严重，同时中产阶级的数量剧增。但是由于社会福利与社会保障程度的大幅提升，以及社会组织的蓬勃发展，贫困人口的生存状态将不是传统意义上的朝不保夕，而呈现出以“信息化贫困”为特点的相对意义上的贫困。社会组织在国家治理中将发挥更加重要的作用，甚至在某些方面实现了对政府与市场的替代。公共领域与私人领域之间的衔接更加紧密，两者之间的间隙像被流水填满一样被社会组织的触角触及，由此积累了大量的社会资本。在各种作为正式规则补充品的非正式规则的约束与引导下，社会的稳定、和谐与信任程度达到相当高的水平。

小贴士——绿色经济

“绿色经济”一词出自英国环境经济学家皮尔斯于1989年出版的《绿色经济蓝皮书》一书。

绿色经济是一种融合了人类的现代文明，以高新技术为支撑，使人与自然和谐相处，能够可持续发展的经济，是市场化和生态化有机结合的经济，也是一种充分体现自然资源价值和生态价值的经济。它是一种经济再生产和自然再生产有机结合的良性发展模式，是人类社会可持续发展的必然产物。绿色经济的范围很广，包括生态农业、生态工业、生态旅游、环保产业、绿色服务业等。

“绿色经济”既可指具体的一个微观单位经济，又可指一个国家的国民经济，甚至指全球范围的经济。

参 考 文 献

[1] 张国庆. 公共行政学（第三版）[M]. 北京：北京大学出版社，2007.

[2] 俞可平. 治理与善治[M]. 北京：社会科学文献出版社，2000.

[3] 王浦劬. 政治学基础（第三版）[M]. 北京：北京大学出版社，2014.

[4] 古德诺. 政治与行政[M]. 王元，译. 北京：华夏出版社，1987.

[5] 泰勒. 科学管理原理[M]. 马风才，译. 北京：机械工业出版社，2013.

[6] 连玉明. 大国治理：中国社会治理创新的基层实践[M]. 北京：当代中国出版社，2014.

[7] 蔡晓明. 生态系统生态学[M]. 北京：科学出版社，2001.

[8] 杜飞进. 中国现代化的一个全新维度——论国家治理体系和治理能力现代化[J]. 社会科学研究，2014（05）.

[9] 何显明. 政府转型与现代国家治理体系的建构[J]. 浙江社会科学，2013（06）.

[10] 敬乂嘉. 政府扁平化：通向后科层制的改革与挑战[J]. 中国行政管理，2010（10）.

[11] 容志，陈奇星. 稳定中国：中国维稳困境的政治学思考[J]. 政治学研究， 2011（05）.

[12] 金太军，赵军峰. 基层政府维稳怪圈：现状、成因与对策[J]. 政治学研究，2012（04）.

[13] 金碚. 中国经济发展新常态研究[J]. 中国工业经济，2015（01）.

[14] 应松年. 依法行政论纲[J]. 中国法学，1997（01）.

[15] 王叶子. 抵触网络社交的法国人[R]. 2015 年法国数字与经济社会指数报告，2015.11.

[16] 张铠麟. 关于发展分享经济的思考[N]. 中国改革报，2015.09.18.

[17] 杨道玲，王璟璇. “十三五”电子政务转型发展的路径选择[J]. 电子政务，2015（4）.

[18] 杨道玲. 我国政府网站发展情况分析及对策建议[J]. 信息化研究，2015（05）.

[19] 周进，王燕. “1831” 助推江苏污染源监管信息公开[J]. 江苏科技信息，2014（01）.

[20] 蔡翠红. “互联网+” 塑造美国数字版图[OL]. 互联网经济，2015.05.04.

[21] 许李彦，张沈伟. 智能城市发展的中外比较[OL]. 财新网，2012.06.27.

[22] 刘鹏. 政府支持创新和创业的国际经验借鉴[OL]. 国家信息中心网，2016.01.22.

[23] 钱春燕. 港城宁波的新型城镇化发展路径[N]. 浙江日报，2016.06.01.

[24] 江宝章，刘泰山，吕绍刚. 深圳：转型创新不停步[N]. 人民日报（北京），2016.05.10.

[25] 蒋惠岭. 司法公开理论问题[M]. 北京：中国法制出版社，2012.

[26] 高一飞，龙飞. 司法公开基本原理[M]. 北京：中国法制出版社，2012.

[27] 最高人民法院司法公开研究中心，黄永维. 人民法院执行信息化培训读本[M]. 北京：人民法院出版社，2014.

[28] 朱景文. 法理学[M]. 北京：中国人民大学出版社，2008.

[29] 费尔迪南•德•索绪尔. 普通语言学教程[M]. 高名凯，译. 北京：商务印书馆，1980.

[30] 约瑟夫•奈. 软实力：权力，从硬实力到软实力[M]. 马娟娟，译. 北京：中信出版社，2013.

[31] 卢梭. 社会契约论[M]. 何兆武，译. 北京：商务印书馆，2011.

[32] 戴维•米勒，韦农•波格丹诺. 布莱克维尔政治学百科全书[M]. 邓正来，译. 北京：中国政法大学出版社，2002.

[33] 塔尔科特•帕森斯. 社会行动的结构[M]. 张明德，夏翼南，彭刚，译. 南京：译林出版社，2003.

[34] 哥伦比斯，沃尔夫. 权力与正义[M]. 白希，译. 北京：华夏出版社，1990.

[35] 福柯. 权力的眼睛：福柯访谈录[M]. 严锋，译. 上海：上海人民出版社，1997.

[36] 朱光磊. 当代中国政府过程[M]. 天津：天津人民出版社，2002.

[37] 伯特兰•罗素. 权力论：新社会分析[M]. 吴友三，译. 北京：商务印

书馆，1991.

[38] 安东尼•吉登斯. 社会的构成[M]. 李康，李猛，译. 北京：生活•读书•新知三联书店，1998.

[39] 威廉姆•尼斯坎南. 官僚制与公共经济学[M]. 王浦劬，等译. 北京：中国青年出版社，2004.

[40] 道格拉斯•诺斯. 制度、制度变迁与经济绩效[M]. 杭行，译. 上海：格致出版社，上海人民出版社，2008.

[41] 王琦，安晨曦. 时代变革与制度重构：民事司法信息化的中国式图景[J]. 海南大学学报（人文社会科学版），2014（05）.

[42] 许耀桐，刘祺. 当代中国国家治理体系分析[J]. 理论探索，2014（01）.

[43] 左卫民. 信息化与我国司法——基于四川省各级人民法院审判管理创新的解读[J]. 清华法学，2011（04）：91-94.

[44] 徐昕. 虚拟法院——司法的数字化生存[N]. 人民法院报，2012.（02）.

[45] 苏力. 论法院的审判职能与行政管理[J]. 中外法学，1999（05）.

[46] 苏力. 基层法院审判委员会制度的考察及思考. 北大法学评论，1998（02）.

[47] 陈潭. 大数据时代的国家治理[M]. 北京：中国社会科学出版社，2015.

[48] 黄晓辉. 论国家权力监控机制[J]. 福建师范大学学报（哲学社会科学版），2009（02）.

[49] 蒋惠岭. 论权力机关对法院的监督[J]. 人民司法，1995（10）.

[50] Anthony Giddens. New Rules of Sociological Method[M]. New York：Basic Books，1993.

[51] Robert Dahl. The Concept of Power. Behavioral Science[J]，1957（07）：202-203.

[52] Lowell，Dittmer. Chinese Informal Politics[J]. The China Journal，1995（06）：1-34.